最終改訂版 우주간의 법 해설

정본(正本)
반야바라밀다심경
(般若波羅蜜多心經)

彌勒佛 譯

(주)阿那

彌勒佛 譯 (一名 : 金鉉斗)

법화경 해설서	▶	『(最終改訂版) 우주간의 법 해설 정본(正本) 반야바라밀다심경』(2016) 『무량의경(無量義經) 약본(略本)』(2015) 『(改訂版) 우주간의 법 해설 무량의경』(2009) 『(改訂版) 우주간의 법 해설 삼일신고』(2015) 『화엄일승법계도 근본진리해설』(2002) 『묘법연화경 해설 1~14』(총 14권)
경전 해설서	▶	『우주간의 법 해설 금강경』(2007) 『천부경 천부진리 해석 완역』(2003) 『관보현보살행법경 해설』(2006)
단행본	▶	『(改訂版) 妙法華(묘법화)의 실상(實相)의 법(法)』(2015) (陰의 실상의 법) 『진실(眞實)된 세계(世界)의 역사(歷史)와 종교(宗敎) 上』(2015) (陽의 실상의 법) 『진실(眞實)된 세계(世界)의 역사(歷史)와 종교(宗敎) 下』(2015) (陽의 실상의 법) 『미륵불과 메시아(Maitreya Buddha and Messiah)』(2015) 『(改訂版) 우주간의 법 해설 대승보살도 기초교리』(2015) 『(改訂版) 불교기초교리핵심 81강』(2015) 『미륵부처님께서 밝히시는 한민족(韓民族)들이 가야만 하는 길』(2013)(무료 배포) 『미륵부처님께서 밝히시는 문명(文明)의 종말(終末)』(2011) 『현대과학 용어로 본 유식사상과 여래장과 선』(2003)
예언서 해설		『우주간의 법 해설 요한계시록』(2008) 『격암유록 남사고비결 해설 上』(2001) 『격암유록 남사고비결 해설 下』(2001)
경전 독송용	▶	『관보현보살행법경 독송용』(2006) 『약사유리광여래본원공덕경』(2008)
절판도서		『미륵부처님께서 밝히시는 우르난쉐(Ur-Nanshe)님에 대한 진리(眞理)』(2014) 『북두칠성연명경해설』(2005) 『묘법연화경 해설 제 이십사 관세음보살보문품』(2005)

※ 품절 및 기타 절판 도서 소개는 생략합니다.

(最終改訂版) 우주간의 법 해설 정본(正本) 반야바라밀다심경

지은이	彌 勒 佛 譯
펴낸이	최 원 아
펴낸곳	(주) 아나, 2001년 1월 22일 등록 제 16 - 9호
입력	혜경

초판 발행	2002년 6월 22일 (1판 1쇄)
1차 개정판 발행	2008년 4월 15일 (2판 1쇄)
2차 개정판 발행	2015년 6월 12일 (3판 1쇄)
최종 개정판 발행	2016년 12월 21일 (4판 1쇄)

주소	부산광역시 기장군 기장읍 차성남로 62 아나빌딩 3층
전화번호	(051) 723-2261 ~ 3
팩스	(051) 723-2264
홈페이지	http://www.brahmanedu.org (브라만법화연수원)
	(메시아이신 미륵부처님의 직강 동영상과 법문 공개)
저작권	ⓒ 2015, (주)아나
가격	24,000원
ISBN	978-89-89958-57-4 (03220)

「이 도서의 국립중앙도서관 출판예정도서목록(CIP)은 서지정보유통지원시스템 홈페이지(http://seoji.nl.go.kr)와 국가자료공동목록시스템(http://www.nl.go.kr/kolisnet)에서 이용하실 수 있습니다.(CIP제어번호: CIP2016028552)」

서 문 (序文)

　　필자는 2002년 6월에 도서출판《아나》를 통하여《천부진리해설》《반야심경(般若心經)》이라는 제호(題號)로 첫 번째《반야심경(般若心經)》을 발표한 이후 다시 2008년 4월에 경(經)의 제호를《우주간의 법 해설 정본(正本) 반야바라밀다심경》으로 하고 두 번째로《반야심경(般若心經)》을 발표한 바가 있다. 이러한《반야심경(般若心經)》의 발표가 극히 잘못된 발표였음을 모든 불자(佛者)들 뿐만 아니라 세간(世間)의 여러분들께 먼저《미륵불》이 정중히 사과를 드리는 바이다.

　　이렇듯《미륵불》이 고개 숙여 사과드리는 이유는 지금으로부터《100억 년(億年)》전(前) 천상(天上)에서 최고의《악마(惡魔)의 신(神)》으로서《대마왕신(神)》인《비로자나》와 최고의《대마왕》《다보불》과《대마왕》《관세음보살》이《석가모니 하나님 부처님》께 반기를 드는《1차 우주 쿠데타》이후 그 연장선상에서 BC 27년《로마 제국(帝國)》탄생과 동시에《지상(地上)》에서 선포된《2차 우주 쿠데타》가 지금까지 진행되는 가운데, 그 전모가 드러나지 않아 빚어진 일들로써 이제《1차 우주 쿠데타》와《2차 우주 쿠데타》세력을《석가모니 하나님 부처님》과《미륵불》이 모두 척결함으로써 그동안 드러나지 않았던《석가모니 하나님 부처님》께서 설(說)하신《반야심경(般若心經)》의 원문(原文)이 밝혀진 것이다.

즉,《반야심경(般若心經)》원문(原文)이 앵무새 부처(佛) 놀이를 하던《악마(惡魔)의 신(神)》인《화신(化神)의 석가모니》가 육신(肉身)의 죽음을 맞이한 후, 곧바로 우주의 어머니(母) 노릇을 하던《대마왕》《관세음보살》이《1차 우주 쿠데타》연장선상에서《사리프타(Sariputta)》로 이름된《문수사리》에게《반야심경(般若心經)》을 왜곡할 것을 지시함으로써《석가모니 하나님 부처님》께서《성문(聲聞)》의 불법(佛法)을 남기시면서 설(說)한《반야심경(般若心經)》을 불법(佛法) 파괴하여 경(經)의 원문(原文)으로 위장하고,

이러한 불법(佛法) 파괴된《반야심경(般若心經)》을《당마왕불교(唐魔王佛敎)》를《다보불》과《문수보살》의 주도로 만들 때《악마의 신(神)》으로서《대마왕신(大魔王神)》《천관파군 1세 분신》인

《당 현장(唐玄裝)》(AD602~AD664)이 다시 《반야심경(般若心經)》 원문(原文)을 《2차 우주 쿠데타》 연장선상에서 불법(佛法) 파괴함으로써 일어난 일들이기 때문에

이제 《1차 우주 쿠데타》와 《2차 우주 쿠데타》가 평정이 된 가운데 모든 진실(眞實)이 밝혀지는 지금의 때에 《석가모니 하나님 부처님》께서 설(說)하신 왜곡되지 않은 《반야심경(般若心經)》을 불자(佛者) 여러분들과 세간(世間)의 모든 이들에게 돌려 드리는 차원에서 3차로 《정본(正本) 반야바라밀다심경》을 집필하여 발표하는 바이오니 이를 깊이 공부하시어 《성불(成佛)》하시기를 간곡히 당부 드리면서 첫 머리글로 인사를 드리는 바이다.

서기(西紀) 2014년 11월 6일

譯者 彌勒佛 拜

목 차

서 문(序文) ·· 4
목 차 ·· 7

제 1 장 불법(佛法) 파괴와 《반야심경(般若心經)》

1. 불법(佛法) 파괴의 실상(實相) ·· 25
   [1] 《천상(天上)》의 대처 ··· 35
   [2] 《악마(惡魔)의 신(神)》인 《고타마불(佛)》에 의한 1차 불법(佛法) 파괴
       (503BC~497BC) : 《빔비사라(Bimbisara) 왕》의 죽음과 《묘법연화경(妙法蓮華經)》 ····· 48
   [3] 1차 경전(經典) 대결집 : 《굴내결집(窟內結集)》 ················ 56
   [4] 2차 불법(佛法) 파괴 : 《굴외결집(窟外結集)》 ···················· 58
   [5] 《악마(惡魔)의 신(神)》인 《화신(化神)의 석가모니》에 의한 3차 불법(佛法)
       파괴 : 《대중부 독각불교》 ··· 60
   [6] 『《대마왕》《관세음보살 1세》에 의한 4차 불법(佛法) 파괴』
       : 《상좌부 연각과 독각 불교》 ·· 64
   [7] 『《대마왕》《다보불(佛)》에 의한 5차 불법(佛法) 파괴』
       : 《당마왕불교》 ··· 69

7

[8]『마왕(魔王) 관음불교(觀音佛敎)와 《문정왕후(文定王后)》』 ················ 79
　　(1) 마왕관음불교 ··· 82
[9] [관음신앙(觀音信仰)] ·· 85
2. [성문(聲聞)의 불법전래(佛法傳來)] ··· 91
3. 대마왕(大魔王) 관세음보살 ··· 107
　[1] 《대마왕》《관세음보살》의 《음모(陰謀)》 ······························ 114
　[2] 《악마(惡魔)의 신(神)》인 《화신(化神)의 석가모니》의 성불(成佛) ······ 117
4. [반야심경(般若心經)과 법화4부경(法華四部經)]
　　: 《미륵부처님》과 《정본(正本) 반야바라밀다심경》 ················ 123

제 2 장 《정본(正本)》 반야바라밀다심경(般若波羅蜜多心經)

1. 《정본(正本)》 반야바라밀다심경 이해를 위한 진리(眞理) ············ 143
　[1] 〔석삼극(析三極)과 《1-3의 분열》의 법칙과 음양(陰陽)의 법칙 ····· 145
　　(1) 《1-3의 분열》 ··· 147
　　　① 《첫 번째 음양(陰陽) 분리》 ·· 148
　　　② 《두 번째 음양(陰陽) 분리》 ·· 149
　　(2) [석가모니 하나님 부처님과 《불(佛)의 용(用)의 수(數) 4》 ····· 153
　　(3) [대공(大空)] ·· 159
　　　① 정명궁(正明宮) ·· 161
　　　② 진명궁(眞明宮) ·· 164
　　　③ 음(陰)의 36궁(宮) 경계 ·· 168
　　　④ 상천궁(上天宮)과 북극성과 북두칠성 ··························· 170
　[2] [진공(眞空)] ··· 171
　[3] 《반야공(般若空)》 ··· 177
　　(1) [삼합(三合)과 육합(六合)의 법칙]과 [오행(五行)의 법칙] ····· 179
　　　① 《삼합(三合)》 ·· 179
　　　② 《육합(六合)》 ·· 185

    [4] [음양(陰陽)의 법칙과 오행(五行)의 법칙] ················· 193
        (1) [오온(五蘊)의 작용(作用)] ································· 194
            ① [식(識)] ··· 200
                가> 《남방기류(南方氣流)》 ···························· 205
                나> 《북방기류(北方氣流)》 ···························· 209
            ② [영신(靈身)] ·· 212
        (2) [《선천우주(先天宇宙)》와 《후천우주(後天宇宙)》의 진화(進化)] ······· 222
            ① 《선천우주(先天宇宙)》의 진화(進化) ················ 222
            ② 《후천우주(後天宇宙)》의 진화(進化) ················ 228
2. 《정본(正本)》 반야바라밀다심경(般若波羅蜜多心經) 원문(原文) ······· 239
3. 《정본(正本)》 반야바라밀다심경(般若波羅蜜多心經)의 과판(科判) ······· 241
    [1] 심경(心經)의 제호(題號) ···································· 241
    [2] 총론(總論) ·· 242
    [3] 본론 ··· 242
        (1) 인(因) ··· 242
        (2) 연(緣) ··· 243
        (3) 과(果) ··· 243
        (4) 보(報) ··· 244
    [4] 결론(結論) ·· 244
    [5] 비밀주(秘密呪) ··· 244
4. 창조(創造)와 진화(進化) ·· 247
    [1] 《창조(創造)》 ·· 247
    [2] 《진화(進化)》 ·· 250
    [3] 만물(萬物)의 진화(進化) ···································· 251
5. 『정본(正本) 반야바라밀다심경(般若波羅蜜多心經)』의 해설(解說) ········ 255
    [1] 심경(心經)의 제호(題號) 해설(解說) ··················· 255
        (1) 반야(般若) ··· 256
        (2) 바라밀다(波羅蜜多) ·· 266
        (3) 심(心) ··· 269

　　　　※ 깨달음을 위한 장(章) ··· 283
　　(4) 경(經) ·· 287
　　(5) 심경(心經) 제호(題號) 해설(解說)의 정리 ······································ 287
[2] 총론(總論)의 해설(解說) ·· 290
　　(1) 경문(經文) ·· 290
　　(2) 경문(經文)의 부분 해설(解說) ·· 290
　　　① 佛言 般若波羅蜜多行(불언 반야바라밀다행) ······························ 290
　　　② 照見 五蘊〈自性〉皆空 度一切苦厄
　　　　　(조견 오온 〈자성〉 개공 도일체고액) ·· 292
　　　　가〉『오온(五蘊)』 ·· 292
　　　　　ㄱ) 색(色) ·· 294
　　　　　　　※ 이해를 위한 장(章) : 법의 일어남 ································ 296
　　　　　　　※ 이해를 위한 장(章) : 암흑물질 ·· 298
　　　　　ㄴ) 수(受) ·· 299
　　　　　ㄷ) 상(相) ·· 301
　　　　　ㄹ) 행(行) ·· 302
　　　　　ㅁ) 식(識) ·· 303
　　　　나〉자성(自性) ·· 305
　　　　다〉照見(조견)과 皆空(개공) ·· 308
　　　　라〉度一切苦厄(도일체고액) ·· 308
　　　　마〉②항 해설(解說)의 정리 ·· 309
　　　③ 〈諸 菩薩 阿羅漢〉 應如是覺(〈제 보살 아라한〉 응여시각) ············ 310
　　　　가〉《제 보살(諸 菩薩)》 ·· 310
　　　　나〉《아라한(阿羅漢)》 ·· 312
　　　　다〉《응여시각(應如是覺)》 ·· 312
　　　　라〉③항의 해설(解說) 정리 ·· 313
　　(3) 총론(總論)의 경문(經文) 해설(解說)의 정리 ···································· 313
　　　　　※ 깨달음을 위한 장(章) ··· 317
　　(4) 다섯 기초 원소와《쿼크》의 진화(進化) ·· 319
　　　① 다섯 기초 원소 ·· 319

                가〉 혜(慧) ··· 321
        ② 《쿼크》의 진화(進化) ··· 333
                가〉 [감법혼색 3원색설] ······································· 334
                나〉 [가법혼색 3원색설] ······································· 336
                다〉 색소광(色素光)과 색광(色光) ······························ 337
                라〉 양자(陽子)《쿼크》의 진화(進化) ·························· 338

[3] 본론(本論) 인(因)의 해설(解說) ··· 341
    (1) 본론(本論) 인(因)의 경문(經文) ·· 341
    (2) 본론(本論) 인(因)의 경문(經文) 부분 해설 ························ 341
        ① 色性是空 空性是色(색성시공 공성시색) ························· 341
        ② 色不異空 空不異色(색불이공 공불이색) ························· 345
        ③ 色卽是空 空卽是色(색즉시공 공즉시색) ························· 347
        ④ 受相行識 亦復如是(수상행식 역부여시) ························· 348
        ⑤ 識性是空 空性是識(식성시공 공성시식) ························· 349
        ⑥ 識不異空 空不異識(식불이공 공불이식) ························· 351
        ⑦ 識卽是空 空卽是識(식즉시공 공즉시식) ························· 352
    (3) 본론(本論) 인(因)의 경문 해설(經文解說) 종합 ················· 353

[4] 본론(本論) 연(緣)의 해설(解說) ··· 355
    (1) 본론(本論) 연(緣)의 경문(經文) ·· 355
    (2) 본론(本論) 연(緣)의 경문(經文) 부분 해설 ························ 355
        ① 〈諸 菩薩 阿羅漢〉 是諸法空相 不生不滅 不垢不淨 不增不減
            (〈제 보살 아라한〉 시제법공상 불생불멸 불구부정 부증불감) ············· 356
        ② 是故 空中無色 無受相行識 (시고 공중무색 무수상행식) ············ 358
        ③ 無眼耳鼻舌身意 無色聲香味觸法 無眼界 乃至 無意識界
            (무안이비설신의 무색성향미촉법 무안계 내지 무의식계) ················ 360
        ④ 無無明 亦無無明盡 乃至 無老死 亦無老死盡
                    (무무명 역무무명진 내지 무노사 역무노사진) ··············· 361
            [십이인연법(十二因緣法)] ··· 362
        ⑤ 無苦執滅道 無智亦無得(무고집멸도 무지역무득) ················ 367
    (3) 본론(本論) 연(緣)의 경문 해설(經文解說) 종합 ················· 371

[5] 본론(本論) 과(果)의 해설(解說) ·· 373
  (1) 본론(本論) 과(果)의 경문(經文) ··· 373
  (2) 본론(本論) 과(果)의 경문(經文) 부분 해설 ························ 373
    ① 以無所得故 菩提薩埵〈依般若空進化〉
      (이무소득고 보리살타〈의반야공진화〉) ··················· 373
    ※ 이해를 위한 장(章) ·· 375
    ② 依般若波羅蜜多故 心無罣碍 無罣碍故 無有恐怖
      (의반야바라밀다고 심무가애 무가애고 무유공포) ···· 377
    ③ 遠離顚倒夢想 究竟涅槃(원리전도몽상 구경열반) ······ 378
  (3) 본론(本論) 과(果)의 경문해설(經文解說) 종합 ·················· 379
[6] 본론(本論) 보(報)의 해설(解說) ·· 381
  (1) 본론(本論) 보(報)의 경문(經文) ··· 381
  (2) 본론(本論) 보(報)의 경문(經文) 부분 해설 ························ 381
    ① 三世諸佛 依般若波羅蜜多故(삼세제불 의반야바라밀다고) ··· 381
    ② 得阿耨多羅三藐三菩提 故知(득아뇩다라삼먁삼보리 고지) ···· 382
      [무상(無上) 정등(正等) 정각(正覺)] ······························· 384
    ③ 般若波羅蜜多 是大神呪 是大明呪 是無上呪 是無等等呪
      (반야바라밀다 시대신주 시대명주 시무상주 시무등등주) ···· 389
      가〉 등각위(等覺位) ··· 390
      나〉 묘각위(妙覺位) ··· 392
      다〉《등각위(等覺位) 두 가지 도(到)》와《묘각위(妙覺位) 두 가지
          도(到)》 ··· 396
  (3) 본론(本論) 보(報)의 경문 해설(經文解說) 종합 ················ 399
[7] 결론(結論)의 해설(解說) ·· 400
  (1) 결론(結論)의 경문(經文) ··· 400
  (2) 결론(結論)의 경문(經文) 부분 해설 ···································· 400
    ① 能除一切苦 眞實不虛(능제일체고 진실불허) ················ 400
    ② 故說 般若波羅蜜多呪 卽說呪曰(고설 반야바라밀다주 즉설주왈) ···· 401
  (3) 결론(結論)의 경문 해설(經文解說) 종합 ···························· 402
[8] 비밀주(祕密呪)의 해설(解說) ·· 403

(1) 비밀주(祕密呪)의 경문(經文) ··· 403
(2) 비밀주(祕密呪)의 경문(經文) 부분 해설 ·································· 403
　　① 阿帝阿帝(아제아제) ··· 404
　　② 波羅阿帝(바라아제) ··· 406
　　③ 波羅乘阿帝(바라승아제) ··· 406
　　④ 菩提 娑婆訶(모지 사바하) ··· 408
(3) 비밀주(祕密呪)의 경문 해설(經文解說) 종합 ·························· 408
[9] [《진언(眞言)》과 《다라니》의 의의(意義)] ··································· 410
[10] 정본(正本) 반야바라밀다심경(般若波羅蜜多心經) 한문경(韓文經) ············ 414
[11] 정본(正本) 반야바라밀다심경(般若波羅蜜多心經) 한글경 ················· 416
[12] [마왕불법(魔王佛法)과 진언(眞言)] ·· 421
(1) [아제(阿帝)] ··· 422
　　① [아만(阿曼)과 나반(那般)] ··· 422
　　② [《석가모니 하나님 부처님》과 작은곰자리(the Little Bear) 《베타성(β星)》 ··· 423
　　③ [황제(皇帝)와 상제(上帝)와 천제(天帝)] ················· 426
　　④ [황제(皇帝)와 제국(帝國)] ··· 428
[13] [당(唐) 현장 역(譯) 《반야바라밀다심경(般若波羅蜜多心經)》] ··············· 431
(1) [《당(唐)》《현장 역(譯)》 반야심경(般若心經) 진언(眞言)의 문제점] 431
(2) [현장 역(譯) 《반야심경》 진언(眞言)의 해설] ························ 432
　　① 《揭諦揭諦(게제게제)》 ··· 433
　　　※ 특기(特記) ··· 434
　　② [《波羅揭諦(바라게제)》] ·· 434
　　③ [《波羅乘揭諦(바라승게제)》] ·· 435
　　④ 《菩提娑婆訶(모지사바하)》 ··· 436
　　⑤ 《진언(眞言)》 전체의 뜻 ··· 436

※ 부록

○ 특별법문(2016.7.2.) : 좌익사상을 근본 바탕으로 한 글로벌화(세계화) 체제 붕괴의 시작 ·· 441
　　[그림] 본성(本性)과 본능(本能) ·· 447
○ [특별법문(2016.7.2.)]에 대한 보충 강의(2016.7.16.): ····························· 448
○ 미륵부처님께서 밝히시는 묘법화사부경(妙法華四部經) ··························· 452
○ 팔정도(八正道)와 육바라밀행 ··· 453
　　[그림] 팔정도(八正道) ··· 455
　　[그림] 육바라밀행 ··· 456

○ 불법(佛法) 왜곡된 반야심경의 해독(害毒) ··· 457
○ 지옥으로부터 스스로 벗어날 수 있는 길. ··· 457
○ [표] 불교 구분 ·· 458
○ [표] 불교 경전 결집과 불법(佛法) 파괴 ··· 459

○ 한단불교(桓檀佛敎)의 역사 그리고 대마왕과 대마왕신(大魔王神)들에 의한 마왕불교(魔王佛敎)의 한국(韓國) 전래 ··· 461
　　[그림] 진화(進化) 정도에 따른 불교 구분 ······································· 461
　　[그림] 원천창조주이신 석가모니 하나님 부처님의 북반구 문명 최초 종교인 한단불교 창시와 인도 전래 ····························· 462
　　[그림] 굴내결집본인 성문의 불법(佛法) 전래 ··································· 462
　　[그림] 상좌부(上座部) 불교 남방 전래 ·· 463
　　[그림] 굴내결집본인 성문의 불법의 한반도 전래 경로 ··············· 463

○ 한국(韓國)에서의 한단불교(桓檀佛敎) 불법(佛法) 파괴 ··························· 464
　　[그림] 북반구 문명 최초 종교인 한단불교와 관련된 주요 사건 일부 ··· 464
　　[그림] 신라보살불교 말살을 위한 당마왕불교(唐魔王佛敎)의 한반도 유입 ··· 465

○ [표] 상좌부 연각과 독각 불교(上座部 佛敎)의 특징 ············· 466
○ 악마의 신(神)인 화신(化神)의 석가모니가 원천창조주이신 석가모니 하나님 부처님 호를 도적질한 목적과 그가 반쪽짜리 부처인 이유
　··· 467

○ 공(空)의 이해 ··· 468
　　[그림] 1. 법공(法空)과 대공(大空) ······························ 469
　　[표] 2. 진공(眞空)과 반야공(般若空) ·························· 472
○ 금강궁과 보물우주 ·· 473
　　[표] 금강궁(金剛宮)
　　[표] 보물우주

○ [그림] 악(惡)의 탄생 : 비로자나 1세의 역사 ··············· 474
○ [표] 최고 대마왕신(大魔王神) 비로자나 1세의 나이 ······· 475
○ [표] 현 법공(法空) 진화기(6번째 법공 진화기)에서의 최고 대마왕신(大魔王神) 비로자나 1세의 최초 반란과 1차 우주 쿠데타 ················· 476

○ 지상에서의 문명 ··· 481
　　[그림] 지상에서의 문명과 지도하신 부처님 ················ 481
　　[그림] 짐승 영신, 물고기 영신, 어패류 영신, 곤충 영신들이 인간 영신으로 진화하기 위한 기간 ····························· 483
　　[표] 우주 쿠데타, 지상에서의 마지막 문명, 그리고 인간 추수기
　　··· 484
　　[표] 최근 10만 년간 지상(地上)에서 문명(文明)이 펼쳐진 이유와 목적 ·· 485

○ 사선근위(四善根位)와 오행(五行)의 원천 ······················ 486
　　[표] 사선근위(四善根位)
　　[표] 세제일법(世第一法) 순수 진공(眞空) 5 : 오행(五行)의 원천

15

○ 법공도(法空圖) ·· 487
　　[그림] 휴식기 법공도
　　[그림] 진화기 법공도

○ [표] 알파와 오메가(십거일적수, 十鋸一積數) ······························ 488
○ [표] 기(氣)의 실체 ··· 488
○ [표] 음양(陰陽)의 가변성 ·· 488

○ 현재 우주의 좌표 ·· 489
　　[그림] 법공(法空), 대공(大空), 상천궁(上天宮) 위치와 크기 ········· 489
　　[그림] 법공(法空)의 파동으로부터 상계의 우주 하늘과 북극성을 포
　　　　 함한 북두칠성 탄생 역사 ·· 490
　　[그림] 우주 탄생과 진화 경로 및 위치 ···································· 491
　　[그림] 오리온좌 성단의 알파성과 트라피스트-1(Trappist-1)의 우주적
　　　　 좌표 ··· 492
　　[그림] 현재 우리들 태양계의 좌표 ··· 493
　　[그림] 트라피스트-1(Trappist-1)의 탄생 ··································· 494

○ 영체(靈體) 진화(進化) ·· 495
　　[그림] 진명궁(眞明宮)과 진명궁(眞命宮)의 육합(六合) ··············· 495
　　[그림] 영체 진화에서 지상의 인간 무리들의 진화적 위치 ······ 496
　　[그림] 법공(法空) 내 작용으로 살펴본 창조와 진화의 범위 ······ 497
　　▷ 보살(菩薩) ··· 498
　　[그림] 인간 평면도 ··· 498
　　[표] 인간 육신 ··· 499
　　[그림] 마음층 ·· 499
　　▷ 한민족(韓民族) 문자 ·· 499

○ 우파니샤드 해설편 ·· 500
　　[표] 까우쉬 따끼 우파니샤드 제3장 2항 ······························· 500

[표] 마이뜨리 우파니샤드 제6장 27편 ······································· 500
[표] 마이뜨리 우파니샤드 제3장 2~3편 ······································· 501
○ 정본(正本) 반야바라밀다심경 해설편 ·· 502
　　[표] 한문(韓文) 정본 반야바라밀다심경 ·· 502
　　[표] 정본(正本) 반야바라밀다심경 제호 해설 ·································· 503
　　[표] 정본(正本) 반야바라밀다심경 총론 해설 ·································· 503
　　[표] 정본(正本) 반야바라밀다심경 본론-인(因)의 해설 ···················· 504
　　[표] 정본(正本) 반야바라밀다심경 본론-연(緣)의 해설 ···················· 505
　　[표] 정본(正本) 반야바라밀다심경 본론-과(果)의 해설 ···················· 506
　　[표] 정본(正本) 반야바라밀다심경 본론-보(報)의 해설 ···················· 507
　　[표] 정본(正本) 반야바라밀다심경 결론 해설 ·································· 508
　　[표] 정본(正本) 반야바라밀다심경 비밀주 해설 ······························ 508

※ 표, 그림 목록

[그림] 진화(進化) 정도에 따른 불교 구분 ·· 25
[그림] 정본(正本) 반야바라밀다심경 - 현재의 우주가 탄생하기 이전 현재의 우주를 탄생시키기 위한 준비기간 100억 년간의 진화의 진리 ··················· 27
[그림] 지상(地上)에서의 문명과 지도하신 부처님 ································ 28
[표] 남반구 문명과 북반구 문명의 유적 ·· 29
[그림] 상천궁(上天宮) 10성(星)의 탄생 ··· 31
[그림] 인도 고타마불(佛) 당시의 불법(佛法) 수호 및 파괴에 참여한 인물도 ·· 33
[그림] 천일궁(天一宮)을 포함한 천일우주(天一宇宙) 100의 궁(宮) ············ 38
[표] 악마의 신(神) 고타마불(佛) 때의 불법(佛法) 수호와 파괴 ················ 40
[그림] 악마(惡魔)의 신(神) 고타마불(佛) 시대 전후의 불교(佛教) 경전 결집과 불법(佛法) 파괴 ··· 49
[표] 한단불교(桓檀佛教) 4대 경전 ·· 53
[그림] 악(惡)의 축(軸)이 당(唐)나라를 세운 근본 목적 ·························· 70
[지도] 신라보살불교 말살을 위한 당마왕불교(唐魔王佛教)의 한반도 유입 ·· 73
[표] 미륵부처님의 불법(佛法) 수호와 악(惡)의 축(軸)에 의한 당(唐)나라에서의 불법(佛法) 파괴 ·· 77
[표] 마왕관음불교 ··· 81
[표] 대공(大空)의 음양(陰陽) ·· 83
[표] 마왕불교내에서의 관음신앙 ··· 88
[지도] 굴내결집본(497BC~496BC)인 성문(聲聞)의 불법(佛法) 전래 ·········· 91
[지도] 상좌부(上座部) 불교(佛教)의 남방 전래 ··································· 92
[지도] 굴내결집본(497BC~496BC)인 성문(聲聞)의 불법(佛法)의 한반도 전래 경로 ·· 95
[표] 한반도에서 발견된 대승보살불교 유적 ·· 96
[그림] 법공(法空)에서의 지옥의 위치 ··· 100
[표] 천상(天上)의 벌 ·· 101

[그림] 영혼(靈魂)과 영신(靈身)이 완전히 사라지는 벌을 받은 후의 진화
과정 ·· 103
[표] 성문(聲聞)의 불법(佛法) 전래와 상좌부 연각과 독각 불교 전래 ··· 104
[표] 한국(韓國)에서의 주요 불교 역사 ·· 105
[그림] 법공(法空) 1회 진화 주기 ·· 108
[그림] 인간(人間)의 진화 ··· 109
[그림] 천일우주(天一宇宙) 100의 궁(宮) 실물 성단도 ···················· 111
[그림] 천일궁(天一宮)에서의 1차 우주 쿠데타 발발 ······················· 118
[그림] 석가모니 하나님 부처님께서 4의 수리(數理)를 즐겨 쓰시는 이유
·· 125
[그림] 사제법(四諦法) ·· 126
[표] 법화사부경(法華四部經) ··· 127
[표] 법화사부경(法華四部經)에 대한 불법(佛法) 파괴 ···················· 130
[그림] 날숨 때의 마음 작용도 ··· 131
[그림] 4만개 유전자 도형 ··· 131
[표] 정본(正本) 반야바라밀다심경과 불법(佛法) 파괴된 반야심경의 비교 ·
·· 140
[그림] 휴식기 법공도(法空圖) ·· 146
[표] 법성(法性) ·· 146
[표] 법성(法性)의 1-6체계의 분열 ··· 148
[표] 법성(法性)의 1-6체계의 두 번째 음양(陰陽) 분리 ·················· 150
[그림] 사선근위(四善根位) ·· 152
[그림] 법공(法空)의 팽창기(법공의 파동으로부터 4억년째) ············· 152
[표] 석가모니 하나님 부처님의 영혼(靈魂)과 영신(靈身) ················ 153
[표] 원천창조주 ··· 154
[표] 석가모니 하나님 부처님의 실체 ·· 154
[그림] 법공(法空)의 팽창기(법공의 파동 이후 4억년째~5억년째) ····· 156
[그림] 법공(法空)의 팽창기(법공의 파동 이후 5억년째~10억년째) ··· 157
[그림] 법공(法空)의 팽창기(법공의 파동 이후 10억년째~15억년째) · 160
[그림] 법공(法空)의 팽창기(법공의 파동 이후 15억년째~20억년째) · 163

[그림] 법공(法空)의 팽창기(법공의 파동 이후 20억년째~25억년째) ········· 165
[그림] 법공(法空)의 팽창기(법공의 파동 이후 25억년째~30억년째) ········· 167
[그림] 진공(眞空)에서 다섯기초원소 생성까지의 과정 ········· 174
[표] 성불(成佛) ········· 179
[표] 삼합(三合)과 오행(五行) ········· 180
[그림] 반야공(般若空)으로 살펴본 성격과 성질 ········· 181
[도형 1, 2] 1.3.3.3 합(合)의 법칙 : 가로 팽창과 세로 팽창 ········· 183
[도형 3] 정명궁(正明宮)과 진명궁(眞明宮)의 도형 ········· 188
[도형 4] 정리된 정명궁(正明宮)과 진명궁(眞明宮)의 도형 ········· 188
[도형 5] 진명궁(眞明宮)과 진명궁(眞命宮) ········· 188
[표] 불(佛)의 용(用)의 수(數) 4 ········· 191
[표] 상생상극의 법칙(오행의 법칙) ········· 193
[표] 64 반야공(般若空) ········· 195
[그림] 오온(五蘊) ········· 196
[표] 다섯 기초 원소 : 만물의 씨종자 ········· 198
[표] 오온(五蘊)의 반야공(般若空)과 다섯 기초 원소 생성 장소 ········· 199
[그림] 식(識)의 반야공(般若空)이 음양(陰陽) 분리된 경우 ········· 202
[표] 기(氣)의 실체 ········· 204
[그림] 기류의 진화 ········· 205
[그림] 식(識)이 분리된 기(氣)의 사상(四象) 구분(區分) ········· 207
[그림] 기류(氣流)의 진화 과정 ········· 210
[그림] 지상의 인간 무리들의 영혼(靈魂)과 영신(靈身) 탄생 ········· 214
[그림] 인간으로 태어나기 위한 1.3.3.3 합(合)의 법칙 ········· 215
[그림] 영혼(靈魂)과 영신(靈身)의 작용 ········· 217
[표] 인간 육신(肉身)을 가지고 태어날 수 있는 영신(靈身) 8종류의 구분 ·
········· 219
[표] 대마왕과 악마의 신(神)인 대마왕신(大魔王神)들의 대표적인 사상 · 221
[그림] 물질 진화와 영체 진화의 비율 ········· 222
[표] 악(惡)의 근원과 마성(魔性) ········· 225
[그림] 팽창기 우주 ········· 229

[그림] 중앙천궁상궁(中央天宮上宮) 운행 ··· 230
[표] 이데올로기(사상)과 영신(靈身)과의 관계 ···························· 232
[표] 후천우주(後天宇宙)에서의 이치 변경 ·································· 233
[그림] 휴식기 법공도 ··· 248
[그림] 진화와 인간 추수 ·· 248
[그림] 만물의 진화 법칙 ·· 251
[그림] 만물의 진화 ··· 253
[표] 부처님들의 세계와 중생들의 세계 ···································· 254
[표] 반야(般若)의 의미 ·· 257
[그림] 지혜(智慧)의 의미 ··· 258
[그림] 지혜(智慧)와 지혜명(智慧明) ··· 258
[표] 인간 구조 ··· 260
[그림] 4만 개 유전자 도형 ··· 262
[표] 올바른 선(禪) 수행 ··· 262
[표] 천궁(天宮)에서의 퀘이샤(Quasar) 현상(빛의 잔치) ············ 262
[표] 음(陰)의 영신(靈身)인 전자영 6이 상온에서 핵융합 반응을 일으키는 전제 조건 ·· 263
[표] 성령(性靈)을 이루면 ··· 263
[그림] 반야바라밀다 ·· 266
[사진] 천(天)과 인(人)의 우주에서의 천궁(天宮) ······················ 267
[표] 바라밀다(波羅蜜多) ··· 268
[그림] 들숨 때의 마음 작용도 ·· 270
[그림] 날숨 때의 마음 작용도 ·· 272
[표] 성(性)에서의 음기(陰氣)와 양기(陽氣) ······························ 273
[표] 인체내에서의 두 갈래 길 ·· 276
[지도] 원천창조주이신 석가모니 하나님 부처님의 북반구 문명 최초 종교인 한단불교(桓檀佛敎)의 창시와 인도 전래 ············· 278
[표] 성명정(性命精) ·· 285
[표] 오온(五蘊)의 의미 ·· 292
[표] 법(法)의 일어남 ·· 298

[그림] 진성광(眞性光)과 진명광(眞命光) ·· 300
[그림] 오온(五蘊) ··· 304
[표] 자성(自性) ·· 307
[그림] 보살승과 성문 4과(果) ·· 311
[그림] 진화(進化)와 창조의 범위 ·· 320
[표] 성(性)의 30궁(宮)과 인간 육신 ·· 325
[표] 성(性)의 30궁(宮)의 역사 ··· 326
[표] 복(福) ·· 333
[그림] 감법혼색 3원색 ·· 335
[그림] 가법혼색 3원색 ·· 336
[표] 십팔계(十八界) ·· 360
[표] 십이인연법(十二因緣法) ··· 362
[표] 명색(名色) ·· 364
[그림] 아뇩다라삼먁삼보리=무상정등정각 ································· 386
[표] 아뇩다라삼먁삼보리=무상정등정각 ··································· 387
[그림] 화엄(華嚴) 52위(位) 또는 보살의 수행 계위 52위 ············· 390
[표] 하늘 ·· 424
[표] 석가모니 하나님 부처님의 육신 ·· 425
[표] 제(帝)의 칭호 ·· 427

제 1 장

불법(佛法) 파괴와 《반야심경(般若心經)》

1. 불법(佛法) 파괴의 실상(實相)

진화 정도에 따른 불교 구분

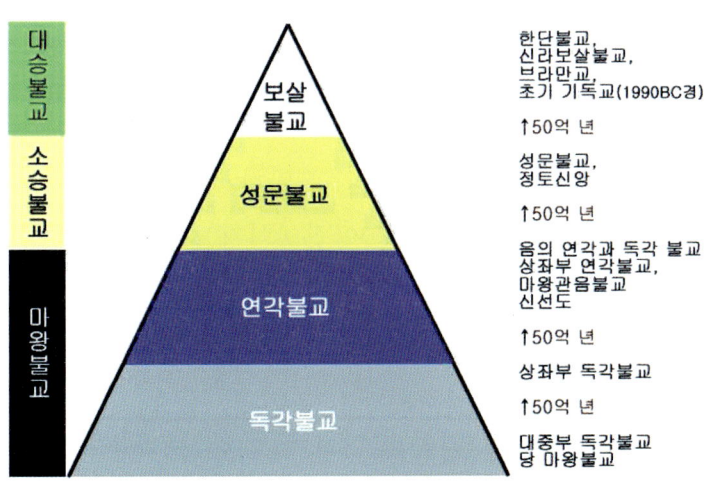

〔진실(眞實)된 세계(世界)의 역사(歷史)와 종교(宗敎) 上〕(미륵불 저, 2015)에서〔제1장 불교란 과연 어떠한 종교인가-1. 진화(進化)와 창조(創造)〕편에서 밝혔듯이, 우주간(宇宙間)과 세간(世間)에 대한《진화(進化)》와《창조(創造)》가 원천창조주이신《석가모니 하나님 부처님》에 의해 주도된다.

사정이 이렇다 보니《개천(開天)》으로 이름되는《상천궁(上天宮)》이 만들어지는《5억 년(億年)》부터인 지금으로부터《115억 년(億年)》전(前)부터 진화(進化)를 거쳐 최초의 인간(人間) 무리들이 태어났을 때《석가모니 하나님 부처님》께서는 이러한 인간 무리들이 올바른 사상(思想)과 관념(觀念)을 가지고 진화(進化)할 수 있도록 가르침을 베풀게 됨으로써 자연스레《석가모니 하나님 부처님》을 믿고(信) 그 가르침을 따르는《불교(佛敎)》가 종교(宗敎)로써 자리한 것이다.

즉,《불교(佛敎)》는 전우주적인 유일한 종교(宗敎)로써《교주(敎主)》는 당연히《원천창조주》이신《석가모니 하나님 부처님》이 되신다.

이와 같은《불교(佛敎)》를 찬탈하여 인간 무리들을《정신적(精神的)》으로 지배하기 위해 최고의《대마왕신(神)》으로서《악

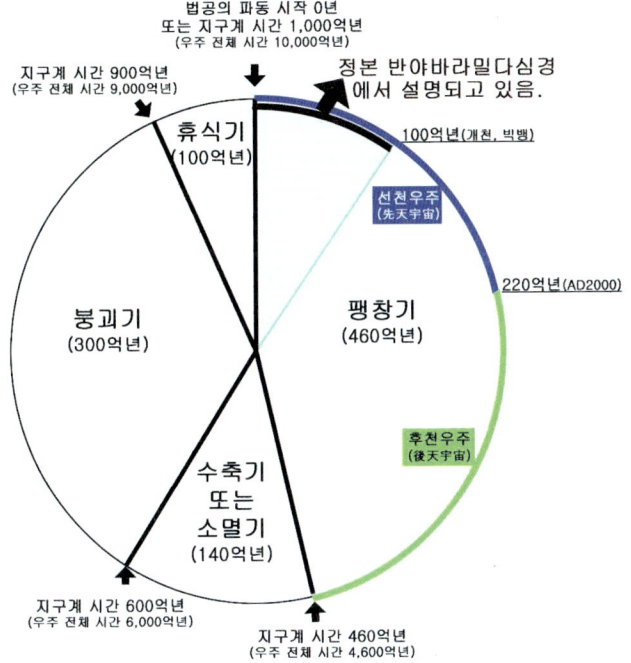

마(惡魔)의 신(神)》인 《비로자나 1세》가 때에 《상천궁(上天宮)》에서 아들을 낳고 아들의 이름을 《원천창조주》이신 《석가모니 하나님 부처님》의 호(號)를 도적질하여 《석가모니》로 이름하게 된다.

이러한 이후 지상(地上)에서 인류 문명(文明)이 처음 시작된 때가 십만 년 전(前)으로써 이때부터《일만 년 전(前)》까지의 《9만 년(九萬年)》은 현재《북극성(北極星)》이 있는《천일우주(天一宇宙)》100의 궁(宮)의 9개 성단(星團)의 인간 무리들이 완벽한 인간 육신(肉身)의 진화를 위해 법공(法空)의 0(ZERO) 지점에 위치한 지구상(地球上)으로 와서 1만 년을 주기로 하여 1개 성단(星團)의 인간 무리들이 문명기(文明期)를 열고 문명(文明)의 종말을 맞으면서 완벽한 인간 육신(肉身)의 진화(進化)를 마치고 자기네 성단(星團)으로 돌아감으로써 9개 성단(星團)의 인간 무리들이 모두 인간 육신(肉身)의 진화를 위해 문명기 시작과 문명기 몰락을 거치기를 9차례 하면서 9만 년(九萬年)의 시간을 지상(地上)에서 소요한 것이다.

이와 같은《9만 년》문명기 중《1만 년》에서《6만 년》문명기를 지날 때까지《석가모니 하나님 부처님》께서 설(說)하

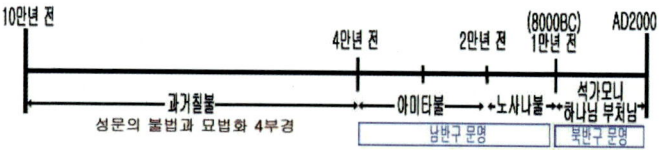

지상에서의 문명과 지도하신 부처님

※ 서기 2000년은 선천우주 마감이자 후천우주 시작의 때이다. 현재로써는 문명의 종말인 중앙천궁상궁 운행은 지연된 상태이다.

표) 남반구 문명과 북반구 문명의 유적

문명 구분	시기	유적	
남반구 문명	4만년전~3만년전	남미 페루의 나스카 문양	정토 불교
	3만년전~2만년전	스핑크스(관세음보살 상징)	
	2만년전~1만년전	멕시코 문명 : 테오티우아칸(Teotihuacan), 태양신전(Pyramid of the Sun). 에콰도르의 지구라트, 페루문명 등.	
북반구 문명	1만년전~서기2000년(현재)	수메르 문명, 우르 문명, 그리스 문명, 인도 문명, 구막한제국 문명(황화문명으로 잘못 알려져 있음), 마야 문명, 등	
※ 산스크리트어는 선대문명 때의 신(神)들의 문자이다.			

신 불법(佛法)이 《성문(聲聞)》을 위한 불법(佛法)과 《묘법화(妙法華)》 4부경(四部經)이다.

 이러한 이후 《7만 년 ~ 9만 년》까지 《3만 년》의 문명기를 《남반구(南半球)》 문명이라고 하는데, 이러한 《남반구 문명》 3만 년 중 2만 년의 문명기가 《아미타불》께서 《남미(南美)》와 《이집트》를 오가며 펼치신 문명기로 이때 《아미타불》께서 전하신 불법(佛法)이 《아미타경》, 《무량수경》, 《승만경》, 《유마경》 등이 있으며 때에 남겨진 유적이 《관세음보살》을 형상화한 《스핑크스》이며, 《8만 년 ~ 9만 년》까지의 《1만 년 문명 기간》이 《노사나불》께서 《남미(南美)》 《멕시코》에서 문명을 일으킨 때인 것이다.

　이와 같은 《9만 년》 문명기 동안의 문자(文字)가 《석가모니 하나님 부처님》께서 창작하신 《신(神)》들의 문자(文字)로 알려진 《산스크리트어》가 남아 있는 것이다.

　지금까지 설명된 《9만 년》 문명기 다음으로 마지막 남은 《일만 년》 문명기가 《BC 8000년》부터 《AD 2000년》까지로써 이때를 《북반구 문명(北半球文明)》이라고 하며, 이러한 《북반구 문명》 연장선상에 지금의 인간 무리들이 살고 있는 것이다.

　이와 같은 《북반구 문명》은 지상(地上)에서 구석기인으로 진화하여온 무리들을 진화시키기 위해 《석가모니 하나님 부처님》 주도로 착함(善)을 근본 바탕으로 한 《신(神)》들인 《불보살(佛菩薩)》들에 의해 문명(文明)이 일어나 인간들의 진화(進化)를 도모하여 《북반구 문명》이 끝이 나는 때에 인간 무리들을 이상세계(理想世界)가 펼쳐지는 《후천우주(後天宇宙)》로 인도하기 위한 《선천우주(先天宇宙)》 마지막 문명기가 《지상(地上)》에 펼쳐지는 때가 《북반구 문명》인 것이다.

이러한 때 지상(地上)에 펼쳐진《수메르 문명》과《우르 문명》과《그리스 문명》과《이집트 문명》과 동양의《인도 문명》과《한국(韓國)》을 중심한《구막한제국(寇莫韓帝國)》(3898BC~2333BC) 문명과《한단불교(桓檀佛敎)》등이 모두《한민족(韓民族)》조상불(祖上佛)들에 의해 일어나고 만들어져 인간들의《정신세계(精神世界)》를 지배(支配)하여《도덕성(道德性)》과《정의(正義)》를 가르쳐 인간들의 진화를 도모한 것이다.

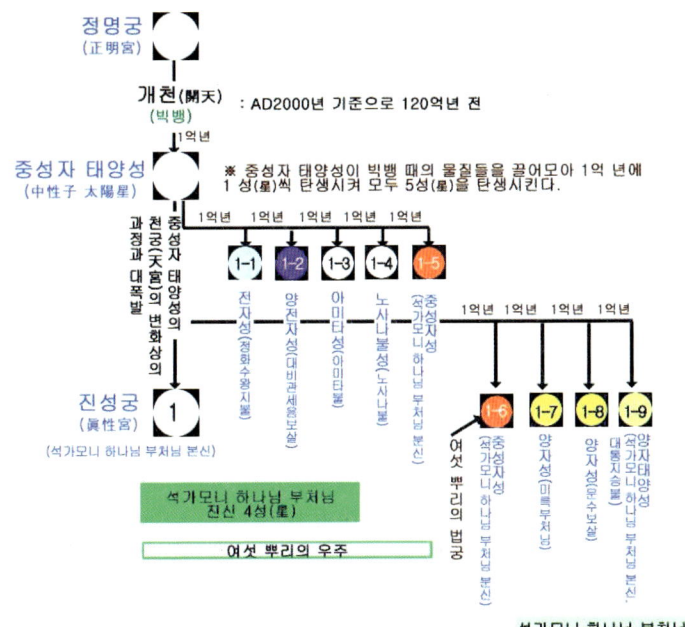

이러한 일에 크게 자극을 받은 《악(惡)》을 근본 바탕으로 하는 《대마왕신(神)》들로서 《악마(惡魔)의 신(神)》들 중 최고의 《대마왕신(神)》인 《비로자나 1세》가 그들이 가진 《지배욕(支配慾)》과 《권력욕(權力慾)》으로써 《후천우주(後天宇宙)》를 정복하여 《욕망(慾望)》하는 우주로 만들기 위해

최고의 《대마왕신(神)》으로서 《악마(惡魔)의 신(神)》인 《비로자나 1세》는 《상천궁(上天宮)》에서부터 그가 세웠던 계획을 구체화하여 실행하는 차원에서 먼저 《지상(地上)》의 인간 무리들 《정신세계(精神世界)》 정복을 위해 《우주간(宇宙間)》의 종교(宗敎)인 《불교(佛敎)》를 탈취할 목적으로 반복(反復)되는 윤회(輪廻)로 때에 《중인도》 《카필라국(Kapilavastu)》의 《정반왕(淨飯王)》으로 이름하고 오게 된다.

이와 같이 《정반왕(淨飯王)》으로 이름하고 온 최고의 《대마왕신(神)》 《비로자나 1세》는 때에 《마야 부인》으로 이름한 최고의 《악마(惡魔)의 신(神)》들 중 하나인 《가이아 신(神)》 사이에서 《악마(惡魔)의 신(神)》인 《화신(化神)의 석가모니》를 《싯다르타》 태자(太子)로 이름하고 《BC 577년》에 생산하게 된다.

이렇게 하여 태어난 《대마왕신(神)》인 《싯다르타》 태자(생몰 577BC~497BC)는 《30세》에 출가(出家)하여 《6년》 고행(苦行) 끝에

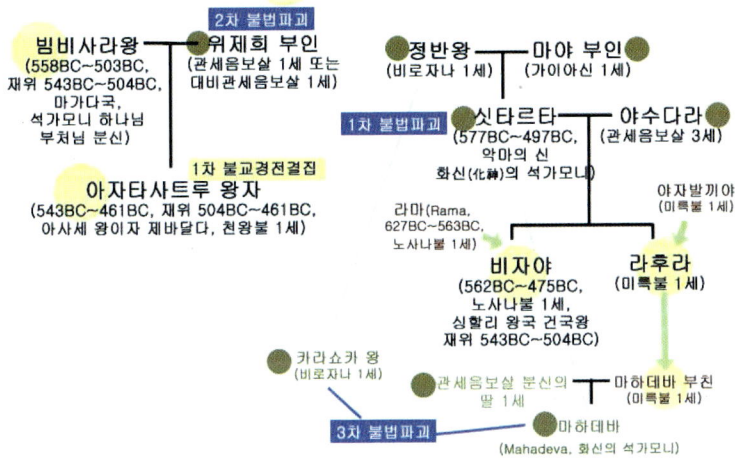

《36세》되던 해에 반쪽짜리 부처(佛)인《고타마불(佛)》을 이루고 이때를 위해 일찍이《천상(天上)》에서부터 이름하였던 그의 이름인《화신(化神)의 석가모니》를 호(號)로 하여《악마(惡魔)의 신(神)》으로서《대마왕신(神)》인《화신(化神)의 석가모니》가《고타마불(佛)》로 거듭 태어나는 것이다.

이러한《악마(惡魔)의 신(神)》인《고타마불(佛)》의 성불(成佛)은《불법(佛法)》일치를 이룬 완전함의 깨달음을 얻으신《아미타불(佛)》이나《노사나불(佛)》과는 달리《법(法)》의 완성을 이루지 못한 반쪽짜리《대마왕신(神)》부처(佛)를 이루었기 때문에 스스로의 《법(法)》은 없는 것이다.

　이 때문에 마왕신 부처(佛)를 이룬 《악마(惡魔)의 신(神)》인 《고타마》는 최고 《악마(惡魔)의 신(神)》인 《비로자나 1세》의 도움으로 《천상(天上)》과 《지상(地上)》에서 《석가모니 하나님 부처님》께서 설(說)하신 《불법(佛法)》을 훔쳐 와서 마치 《악마(惡魔)의 신(神)》인 《고타마》가 《석가모니불(佛)》 행세를 하며 자기 법(法)인 양 앵무새처럼 《설법(說法)》을 하며 《부처(佛)》 놀이를 한 것이다.

　이와 같이 하여 반쪽짜리 《대마왕신(神)》 부처(佛)로서 《악마(惡魔)의 신(神)》인 《화신(化神)의 석가모니》가 반쪽짜리 부처(佛)를 이룬 목적이 《석가모니 하나님 부처님》께서 설(說)하신 《불법(佛法)》을 왜곡하여 《불교(佛敎)》를 탈취한 후 《불교(佛敎)》를 신앙하는 인간 무리들의 《정신세계(精神世界)》를 지배하는 것이 목적이었던 것이다.

　이러한 《악마(惡魔)의 신(神)》으로서 《대마왕신(神)》 부처(佛)를 이룬 《고타마불(佛)》인 《화신(化神)의 석가모니》가 목적하는 바를 잘 파악하고 있던 《원천창조주》이신 《석가모니 하나님 부처님》께서 대처하신 일들을 먼저 살펴보도록 하자.

[1] 《천상(天上)》의 대처

《악마(惡魔)의 신(神)》인《화신(化神)의 석가모니》는《싯다르타》태자(太子)(Siddhartha Gautama, 577BC~497BC)로 이름하고 그의 나이《16세》되던 해에 절세의 미모를 갖춘《야수다라(Yasodharā)》와《혼인》을 약속하자마자 그녀와 동침하여 그녀로 하여금 임신을 하게 한다. 이때 임신된 아이가《노사나불 1세》로서 이 사건 이후《싯다르타》태자(太子)(577BC~497BC)와《야수다라(Yasodharā)》는 곧바로 혼인을 하여《비자야(Vijaya)》(생몰 562BC~475BC)로 이름한《노사나불 1세》를 탄생시키는 것이다.

이와 같이《노사나불 1세》가《악마(惡魔)의 신(神)》인《화신(化神)의 석가모니》의 장남(長男)으로 태어난 사연을 밝혀 드리면,《노사나불 1세》가《야수다라비(Yasodharā)》의 자궁(子宮)에 잉태되기 이전의 삶이《라마야나(Ramayana)》로 유명한《라마(Rama)》(생몰 627BC~563BC)였으며,

이러한《라마(Rama)》가 인간 육신(肉身)의 죽음을 맞이하자《석가모니 하나님 부처님》께서《라마(Rama)》였던《노사나불 1세》에게《우주 쿠데타》같은 허망한 생각을 버리고《순리(順理)》를 따라 그의 후손들을《신선도(神仙道)》인《연각승(緣覺乘)》

의 도(道)로부터 《4-1의 길》《성문승》의 도(道)로 인도하라는 마지막 기회 부여와 함께

《악마(惡魔)의 신(神)》인《화신(化神)의 석가모니》가 천상(天上)과 《지상(地上)》에서 훔쳐온《석가모니 하나님 부처님》의《성문(聲聞)》의《불법(佛法)》을 왜곡하여 설(說)하는 것을 감시하는 차원에서《석가모니 하나님 부처님》의 명령으로《라마(Rama)》의 육신(肉身) 죽음 이후 곧바로《야수다라비(Yasodhara)》의 자궁(子宮) 속으로 들어가서 일정 기간이 지난 이후《비자야(Vijaya)》생몰 562BC~475BC)로 태어난 것이다.

이러한 이후《싯다르타》태자가《6년》고행(苦行) 끝에 반쪽짜리 부처(佛)인《대마왕신(神)》부처(佛)를 이루고《고타마불(佛)》로 이름하였을 때《관세음보살 3세》인《야수다라 비》는《비자야》의 출생이 반쪽짜리 부처(佛)를 이룬《대마왕신(神)》《고타마불(佛)》에게 좋지 않은 영향을 미칠 것을 우려하여《비자야》생몰 562BC~475BC)를 설득하여 추종자《700명》과 함께《인도》땅을 떠나게 하는 것이다.

이로써《비자야》는 그의 추종자들과 함께 거북 모양의 선박에 올라타고 바다를 건너《스리랑카》서부 해안에 도착하여《BC 543년》《비자야》나이《20세》에《스리랑카》최초의

왕으로 추대되어 《싱할리》 왕국의 주춧돌을 놓게 된 것이다.

이로써 《마왕신》 부처(佛)로서 《악마(惡魔)의 신(神)》인 《화신(化神)의 석가모니》는 그에게 걸림돌이 되는 《비자야》로 이름한 《노사나불》을 제거한 것이다.

이러한 사실이 당대로써는 《악마(惡魔)의 신(神)》인 《고타마불(佛)》에게는 명예롭지 못한 일이었기 때문에 이를 감추기 위해 『인도 대륙 북동부가 고향인 한 공주가 사자와 사랑에 빠져 아들 《비자야(Vijaya)》를 낳았다』라고 허위 기록을 남기고 있는 것이다.

한편, 《천일궁(天一宮)》에서 《대마왕》 불보살들과 《악마(惡魔)의 신(神)》들인 《대마왕신(神)》들이 《아미타불》을 살해하는 《1차 우주 쿠데타》 이후 이들에게 항복한 《관세음보살 1세》께서 《대마왕》으로 돌변한 이후 최고의 《악마(惡魔)의 신(神)》으로서 《대마왕신(神)》인 《비로자나 1세》와 결탁하고 《악마(惡魔)의 신(神)》인 《화신(化神)의 석가모니》로 하여금 《마왕신(神) 부처》를 이룰 수 있도록 하기 위해

생명(生命) 탄생의 임무를 가진 《대마왕》 《관세음보살 1세》는

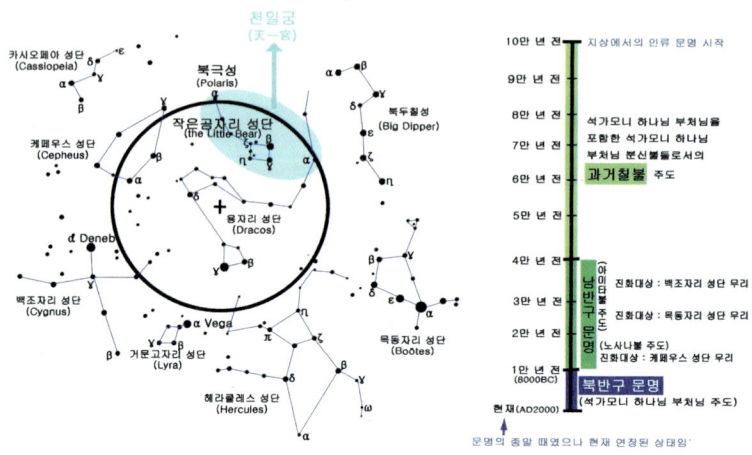

세세생생《악마(惡魔)의 신(神)》인《화신(化神)의 석가모니》를《메시아(Messiah)》이신《미륵불(彌勒佛)》에게《3번》 태어나게 하면《한 번》꼴은 그의 본래의 부모인 최고의《악마(惡魔)의 신(神)》들인《비로자나 1세》와《가이아 신(神)》으로부터 태어나게 하는 전통을《지상(地上)》의《인류 북반구 문명》시작 이후도 계속함으로써《악마(惡魔)의 신(神)》인《화신(化神)의 석가모니》는《메시아(Messiah)》이신《미륵불》의 아들로 끈질기게 태어난 것이다.

그러나《악마(惡魔)의 신(神)》인《화신(化神)의 석가모니》가 반쪽짜리 부처(佛)인《고타마 부처(佛)》를 이루기 위해《싯다르타》 태자(太子)로 태어났을 때는 그가 훗날《마왕신 부처(佛)》를 이루고 부처(佛) 놀이를 하면서 그가 훔쳐온《석가모니 하나님 부처님》의《법(法)》을 왜곡하는 것을 막기 위해 이번에는 반대로《메시아(Messiah)》이신《미륵》이 꼭 한 번 그의 아들로 태어나《라후라》로 이름한 것이다.

이러한 전후 사정을 파악한《악마(惡魔)의 신(神)》인《싯다르타》태자가《메시아(Messiah)》이신《미륵》이 그의 아들로 태어나자마자 탄식하면서 이름한 것이《라후라》로서,《라후라》역시《석가모니 하나님 부처님》의《불법(佛法)》을 지키고자《대마왕신(神)》인《싯다르타》태자의 아들로 태어나게 된 것임을 분명히 밝혀 드리는 것이다.

이와 같이《싯다르타》태자가 반쪽짜리 부처(佛)를 이루고《고타마불(佛)》로 이름한 이후,《라후라(Rāhula)》는《8세》때에 출가(出家)를 하게 되고,《라후라(Rāhula)》의《12년》연상이 되는 형(兄)으로서의《비자야(Vijaya)》(생몰 562BC~475BC, 재위 543BC~505BC)는 추종자《700명》과 함께 인도 땅을 떠나 거북 모양의 선박에 올라타고 바다를 건너《스리랑카》서부 해안에 도착《BC 543년》《비자야(Vijaya)》나이《20세》에 스리랑카 최초의 왕으로 추대되어《싱할리》왕국의 주춧돌을 놓은 것이다.

다음으로 《대마왕신불(佛)》이 된 《악마(惡魔)의 신(神)》인 《고타마》가 《석가모니 하나님 부처님》의 불법(佛法)을 왜곡하여 파괴하지 못하도록 한 결정적인 사안이 때에 《석가모니 하나님 부처님》 분신(分身)께서 때맞춰 고대 《인도》《마가다국(Magadha empire)》《빔비사라(Bimbisara) 왕》(생몰 558BC~503BC, 재위 543BC~504BC)으로 이름하시고 오신 것이며, 《빔비사라 왕》의 부인으로서

표) 악마의 신(神) 고타마불(佛) 때의 불법(佛法) 수호와 파괴

연도	주요 사건
577BC	정반왕(비로자나 1세)과 마야부인(가이아신 1세) 사이에서 싯다르타(악마의 신인 화신(化神)의 석가모니) 출생.
562BC(싯다르타 16세)	불법(佛法) 수호를 위해 싯다르타와 야수다라(관세음보살 3세)의 장남으로 비자야(노사나불) 출생.
549BC	불법(佛法) 수호를 위해 라후라(미륵불) 출생.(비자야와 12살 차이)
547BC(싯다르타 30세)	싯다르타 출가.(라후라 2세)
543BC	비자야(노사나불)은 20세에 싱할리 왕국 초대 왕(543BC~505BC)에 추대됨.
542BC(싯다르타 36세)	싯다르타가 대마왕신 부처 이룸. 라후라(8세) 출가.
534BC	빔비사라왕(석가모니 하나님 부처님 분신. 558BC~503BC, 재위 543BC~504BC)과 위제희 부인(관세음보살 1세) 사이에서 제바달로 알려진 아자타사트루 왕자(천왕불) 출생.
504BC	아자타사트루 왕자는 그의 부친 빔비사라왕을 투옥시키고 왕위에 오름.
503BC	위제희 부인의 독려로 빔비사라왕 처형됨. 고타마불(佛)이 무량의경 설법을 모두 마친 해.
503BC~497BC	고타마불(佛)이 묘법연화경 설한 기간.(묘법화경의 왜곡)
	497BC 고타마불(佛) 독살됨.
497BC~496BC	아사세왕(천왕불)의 비호하에 1차 경전대결집(굴내결집, 성문불법).

《위제희(韋提希)》 부인으로 이름한 《대마왕》《관세음보살 1세》와의 사이에 《아자타사트루》 왕자를 낳으신 것이다.

이러한 《아자타사트루(Ajatasatru)》 왕자가 《천왕불(佛)》이 반복(反復)되는 《윤회(輪廻)》로 《석가모니 하나님 부처님》 분신(分身)이신 《빔비사라 왕》의 아들로 태어나 《아자타사트루》 왕자로 이름한 것이다.

이러한 《아자타사트루》 왕자가 《악마(惡魔)의 신(神)》인 《고타마》가 《제바달다》(생몰 534BC~461BC)로 이름한 분이며, 훗날 《빔비사라 왕》 다음으로 왕위(王位)에 올랐을 때의 이름이 《아사세(阿闍世) 왕》(재위 504BC~461BC)으로서 《아자타사트루》 왕자와 《제바달다》와 《아사세 왕》은 각각 따로 이름을 가진 것이나 동일인(同一人)임을 《메시아(Messiah)》이신 《미륵불(彌勒佛)》이 분명히 하는 것이다.

이와 같이 《제바달다》로 이름된 《아자타사트루(Ajatasatru)》 왕자가 《악마(惡魔)의 신(神)》인 《고타마》가 부처(佛) 놀이를 하면서 《석가모니 하나님 부처님》께서 설(說)하신 《불법(佛法)》을 파괴하여 자신의 법(法)으로 탈취하고자 한 행위를 막은 결정적인 역할을 한 것이다.

즉,《아자타사트루》왕자가 장성하여 성년(成年)이 되었을 때 아버지이신《빔비사라 왕》으로부터《마왕신 부처》로서《악마(惡魔)의 신(神)》인《화신(化神)의 석가모니》에 대한 이력과 그가 현재 설(說)하고 있는《성문(聲聞)의 불법(佛法)》이《석가모니 하나님 부처님》의《양(陽)의 불법(佛法)》임을 일러주고《마왕신 부처》가 이러한《성문(聲聞)의 불법(佛法)》을 왜곡함이 없이 설(說)하고 있는지를 살펴보고 만약 이를 왜곡할 낌새가 보이면 즉각 보고를 하도록 당부를 하시는 것이다.

이와 같은 아버지로부터의 당부를 받은《아자타사트루》왕자는 가끔《마왕신 부처》의 설법 장소에 들러서《마왕신 부처》에게 허튼 짓을 하지 못하도록 경고를 하는 가운데 때로 이상한 낌새가 감지되면《마왕신 부처》에게《성문(聲聞)의 불법(佛法)》을 왜곡하여 법설(法說)을 하면《마왕신 부처》의 이력을 만천하에 알리고 그 죄(罪)를 물어 공개처형도 할 수 있음을 협박이 아닌 강력한 경고를 한 때도 있었던 것이다.

이러한 때마다《마왕신 부처》는 그의 제자들에게 경고하는 자를《불법(佛法)》설(說)함을 방해하는 자로 규정짓게 하고 이렇게 방해하는 자(者)가《빔비사라 왕》의 아들인《아자타사트루》왕자임을 감추기 위해 따로《제바달다(Devadatta)》라고 이름 지어 부른 것이다.

이로써《아자타사트루(Ajatasatru)》왕자의 이름이《제바달다(Devadatta)》로 따로 이름을 갖게 되었음을《메시아(Messiah)》이신《미륵불》이 분명히 밝히는 것이다.

이러한 이후《마왕신 부처》에 대한《제바달다》로 이름된 《아자타사트루》왕자의 경고는 시간이 흐를수록 자주 하게 되고《마왕신 부처》로서《악마(惡魔)의 신(神)》인《화신(化神)의 석가모니》가《마왕신 부처》를 이루고 설법(說法)을 한 지도 40여 년의 세월이 흘렀을 때까지도 처음《악마(惡魔)의 신(神)》들인《대마왕신(神)》들과《대마왕》들이 계획한 파괴된 불법(佛法)을 설법(說法)하고자 하는 조짐이 보이지 않자,《대마왕》《관세음보살 1세》인《위제희》부인은 이러한 모든 일들이《석가모니 하나님 부처님 분신》이신《빔비사라 왕》이 인간 육신(肉身)을 가지고 살아 있기 때문임을 알고 있는 그는 중대한 결심을 하고 이를 실행에 옮기는 것이다.

이러한 중대한 결심이《아자타사트루》왕자를 불러 왕자가 태어나자마자《빔비사라 왕》께서 왕자의 탄생은 잘못된 탄생이므로 부인인《위제희》로 하여금 왕자를 높은 곳에서 떨어뜨려 살해하라고 하여《위제희》부인이 왕자를 포대기에 싸서 높은 누각에서 떨어뜨렸으나 왕자는 아무 곳도 다친 데 없이 살아난 이야기를 마치 아버지이신《빔비사라 왕》이 시켜서 그러한 일을 한 것인 양 꾸며서 이야기하면서 눈물까지 보인 것이다.

이에 《아자타사트루》 왕자는 어머니의 꾸며낸 이야기를 헤아려 보지도 않고 평소 자상하고 자애로왔던 부왕(父王)에 대한 심한 배신감으로 분노하여 그 길로 부왕(父王)을 감옥에 가두고 어머니이신 《위제희》 부인은 연금 상태로 두게 됨으로써 《왕위(王位)》를 찬탈한 것이다.

이러한 이후 《아자타사트루》 왕자는 《아사세(阿闍世)》534BC~461BC, 재위 504BC~461BC) 왕이 되고 부왕(父王)인 《빔비사라 왕》을 일 년 가까이 감옥에 가두어 두고 어느 날 《빔비사라 왕》의 처형을 명령한 뒤 그는 일시 출타를 하는 것이다.

통상적인 예로는 사형 명령을 왕으로부터 다시 한 번 더 확인한 후 처형을 하는 것이 관례로 되어 있어서 이날도 신하들은 《아사세 왕》이 돌아온 후에 처형을 하기로 하였으나

《아사세 왕》의 어머니이신 《위제희》 부인의 개입으로 《아사세 왕》이 환궁하기 이전에 《아사세 왕》의 명령을 핑계로 어머니이신 《위제희》 부인이 신하들을 독려하여 감옥에 갇혀 있

는《빔비사라 왕》을《BC 503년》에 무참히 살해하고《위제희》부인이신《관세음보살 1세》는 비밀한 장소로 종적을 감추는 것이다.

한편,《빔비사라 왕》의 처형을 명령한 후 출타하였던《아사세 왕》은 이러한 일들이 어머니이신《위제희》부인의 간계일 수도 있다는 생각이 순간 스쳐 지나감으로써《빔비사라 왕》의 처형을 중지시키기 위해 서둘러 왕궁으로 돌아왔을 때는 이미 어머니이신《위제희》부인의 독려에 의해《빔비사라 왕》은 살해되고 어머니이신《위제희》부인은 종적을 감춘 후가 된 것이다.

이로써 이 모든 일들이 어머니이신《위제희》부인의 간계에 의해 일어났으며 그가 어렸을 때 당하였던 모든 일들이 어머니이신《위제희》부인이 저지른 짓임이 밝혀지게 된 것이나 이미 때는 늦은 것이었다.

이때 저지른 큰 실수가《아사세 왕》으로서는 두고두고《한(恨)》이 된 것이며, 이러한《아사세 왕》의《한(恨)》이《마왕신 부처》인《악마(惡魔)의 신(神)》인《고타마불(佛)》이 독살당한 후 1차 경전(經典) 대결집이《굴내결집》(497BC~496BC)으로 시작이 될 때 《아사세 왕》의 적극적인 비호 아래 《경율 2장》으로 된 《굴내결집본》인 《성문(聲聞)의 불법(佛法)》이 온전히 탄생하게 된 것이다.

이로써 《굴내결집본》인 《성문(聲聞)의 도(道)》를 따르는 《성문(聲聞)의 불법(佛法)》은 《아자타사트루》 왕자 시절부터 이를 지키고자 노력하여 왔고 《아사세 왕》이 된 후에는 부왕(父王)이신 《빔비사라 왕》을 신중하지 못한 처신으로 잃게 된 《한(恨)》이 부왕(父王)께서 그토록 신경을 써왔던 《석가모니 하나님 부처님》의 《양(陽)의 불법(佛法)》인 《성문의 불법》을 훼손 없이 지켜 세상에 빛을 보게 한 공덕은 한때 《제바달다》로 이름된 《아자타사트루》 왕자와 왕위(王位)에 올랐을 때의 《아사세 왕》의 공적이 크다고 아니할 수 없는 것이다.

이와 같이 《굴내결집본》인 《성문(聲聞)의 불법(佛法)》이 완성이 되자마자 《아사세 왕》은 믿을 만한 심복을 시켜 이를 《싱할리 왕국》을 이루고 있던 《노사나불》이신 《비자야 왕》562BC~475BC, 재위 543BC~504BC)이 《왕위(王位)》를 물러나 있을 때 이를 전달함으로써 일찍부터 훼손되지 않은 불법(佛法)이 《비자야》에게 전달이 된 것이다.

그리고 이러한 참기 어려운 모든 수모를 인연법(因緣法) 따라 묵묵히 감내하신《빔비사라 왕》으로 이름하신《석가모니 하나님 부처님 분신》께서 바라시는바 뜻이 온전한《성문(聲聞)의 법(法)》이 세상에 정착하기를 바라시는 마음이 모든 굴욕을 감내하시게 하였다는 뜻을 분명히 하는 바이며,《빔비사라 왕》의 죽음은《아사세 왕》의 명령을 핑계한《대마왕》《관세음보살 1세》인《위제희》부인이 획책한《살해》였음을 아울러 분명히 밝혀 두는 바이다.

[2] 《악마(惡魔)의 신(神)》인 《고타마불(佛)》에 의한
1차 불법(佛法) 파괴(503BC~497BC)

: 《빔비사라(Bimbisara) 왕》의 죽음과 《묘법연화경(妙法蓮華經)》

《아사세 왕》의 처형 명령을 핑계하여 감옥에 갇혀 있는 《빔비사라 왕》을 《위제희》 부인으로 이름한 《대마왕》《관세음보살 1세》가 《아사세 왕》의 일부 신하들과 함께 《빔비사라 왕》을 무참히 살해한 해가 《BC 503년》이다.

이러한 이후 훗날 《마왕신 부처》인 《악마(惡魔)의 신(神)》인 《고타마불(佛)》을 《대마왕》《관세음보살 1세》가 그의 추종 세력들 중 두목급에 자리한 《문수사리》인 《사리프타》와 《지장보살 1세》인 《목건련》 등 《대마왕》들에게 명령을 내려 그들의 수하 《마왕》들로 하여금 《독살》을 감행한 해가 《BC 497년》이다.

즉, 《빔비사라(Bimbisara) 왕》이 죽음을 당한 《BC 503년》에서 《마왕신 부처》인 《악마(惡魔)의 신(神)》으로서 《고타마불(佛)》인 《화신(化神)의 석가모니》가 죽은 해가 《BC 497년》으로써, 이

사이의 《6년간》이 《마왕신(神) 부처》로서 《악마(惡魔)의 신(神)》인 《화신(化神)의 석가모니》가 《석가모니 하나님 부처님》께서 설(說)하신 《묘법화경(妙法華經)》을 《관세음보살》을 의식하여 《관세음보살》의 상징 꽃인 《연꽃》의 상징 글자인 《연(蓮)》을 경(經)의 제호(題號)에 삽입하여 《묘법연화경(妙法蓮華經)》으로 이름하고 이러한 《묘법연화경》을 설(說)한 기간이 되는 것이다.

이와 같은 《빔비사라 왕》이 죽음을 당하신 《BC 503년》 때까지 《마왕신 부처》로서 《악마(惡魔)의 신(神)》인 《화신(化神)의 석가모니》는 《무량의경(無量義經)》 설법을 모두 마친 때이다.

그러나 훗날 《마왕신 부처》로서 《악마(惡魔)의 신(神)》인 《고

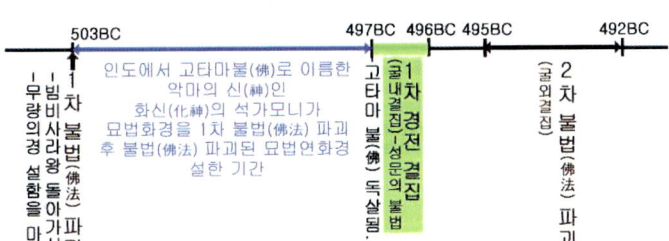

타마불(佛)》이 《불법(佛法)》 파괴된 《묘법연화경(妙法蓮華經)》을 설(說)하게 되는 목적을 정리하여 이미 먼저 《설(說)》한 《무량의경》《제2 설법품 ⑤항》에 삽입하여 넣고 마치 《무량의경》을 설(說)할 때 대중들에게 설(說)한 것인 양 위장하여 놓고 있다.

이러한 《무량의경》《제2 설법품 ⑤항》을 말씀드리면 다음과 같다.

⑤ "착한 남자여, 내가 스스로 도량 보리수 아래 육 년을 단정히 앉아서 위없이 높고 바르며 크고도 넓으며 평등한 깨달음 이룸을 얻었느니라. 부처님의 눈으로써 일체의 모든 법을 관하였으되 가히 베풀어 설할 수 없었나니, 까닭은 무엇인가 하면, 모든 중생의 성이 하고자 하는 것이 같지를 아니함일세. 성이 하고자 하는 것이 같지를 아니하므로 가지가지로 법을 설하였으며 가지가지의 법을 설하되 방편의 힘으로써 하였으며, 사십여 년 동안 진실을 나타내지 아니하였느니라. 이런 까닭으로 중생이 도를 얻음에도 차별이 있어 빨리 위없는 깨달음 이룸을 얻지 못하니라."

『무량의경(無量義經)』「제2 설법품 ⑤항」

상기 인용문 중 "『가지가지의 법을 설하되 방편의 힘으로써 하였으며, 사십여 년 동안 진실을 나타내지 아니하였느니라.』"라는 대목이 《무량의경(無量義經)》을 설(說)하기까지가 《사십여 년》을 하였다는 뜻으로,

이때까지 《마왕신 부처》가 《설(說)》한 법(法)이 《방편》의 힘으로 한 것으로써 《진실》을 나타내지 않았다는 뜻은 《무량의경》을 설하기까지 설(說)한 《성문(聲聞)의 불법(佛法)》이 진정한 자기의 《법(法)》이 아닌 《석가모니 하나님 부처님》의 불법(佛法)을 《방편》으로 한 것이며 《진실》을 나타내는 법(法)은 따로 설(說)하겠다는 의미를 담고 있는 내용이 상기 내용이 되는 것이다.

　상기 대목에서 그가 《진실》을 나타내는 《법(法)》으로 이야기하는 것은 《무량의경》 다음으로 설(說)하여지는 경(經)이 《묘법연화경》밖에는 없기 때문에 그가 뜻하는 바의 《진실》을 나타내는 《법(法)》은 《빔비사라 왕》이 죽고 난 다음 설(說)하게 되는 《불법(佛法)》 파괴된 《묘법연화경》밖에는 없는 것이다.

　즉, 그가 《진실》을 나타낸 《법(法)》으로 이야기하는 《경(經)》은 《불법(佛法)》 파괴된 《묘법연화경》이라는 뜻이 되는 것이다.

이와 같이 《마왕신 부처》로서 《고타마불(佛)》인 《화신(化神)의 석가모니》가 《무량의경》 다음으로 설(說)하게 되는 《묘법연화경》은 필자가 여러 저서(著書)에서 여러 번 밝힌 바 있듯이, 《경내(經內)》에는 《천부수리(天符數理)》로 된 《석가모니 하나님 부처님》의 《진리(眞理)의 법(法)》이 《3의 비율》로 담겨 있으며 《문자반야(文字般若)》가 《1의 비율》로 되어 《석가모니 하나님 부처님》 《불(佛)의 용(用)의 수(數) 4》*의 의미로 구성되어 있는 《경(經)》이 《묘법연화경》으로써 이를 한마디로 말씀드리면 《석가모니 하나님 부처님》 《진리(眞理)의 경(經)》이라고 하는 것이다.

쉽게 말씀드리면, 《묘법연화경》에는 《천부수리(天符數理)》로 된 《석가모니 하나님 부처님》 《진리(眞理)의 법(法)》이 《75%》의 뜻을 가지고 있고 《문자(文字)》로 쓰여진 《경(經)》이 《25%》의 뜻을 가지고 있다는 뜻이다.

이렇게 구성되어 있는 《묘법연화경》에서 《천부수리(天符數理)》로 된 《진리(眞理)의 법(法)》 《75%》는 《마왕신 부처》의 실력으로써는 그 뜻을 바꾸거나 변조할 수 없는 《우주(宇宙)의 진리(眞理)》가 고스란히 담겨 있는 부분이기 때문에 《마왕신 부처》인 《악마(惡魔)의 신(神)》인 《화신(化神)의 석가모니》는 이 부분에

---

* (개정판) 우주간의 법 해설 대승보살도 기초교리 (미륵불 저, 2015), 118쪽

대하여서는 손도 대어 보지 못하고

다만 《문자(文字)》로 된 《경(經)》에서 본래 그가 뜻한 《악마(惡魔)의 신(神)》들인 《대마왕신(神)》들과 《대마왕》들을 《불(佛)》, 《보살(菩薩)》로 호칭을 하고

《수기(受記)》를 줄 형편도 못되는 《마왕신(神) 부처》가 《악마(惡魔)의 신(神)》들인 《대마왕신(神)》들과 《대마왕》들에게 《수기》를 준다고 호들갑을 떨며 《경(經)》을 믿고 따르는 중생들에게 《사기극》을 벌이고 있는 것을 보면 기가 찰 지경이며,

《묘법연화경》에서 《제오 약초유품》과 《제7 화성유품》과 《제15 여래수량품》과 《제20 여래신력품》을 제외한 전품(全品)에서 《악마(惡魔)의 신(神)》들인 《대마왕신(神)》들과 《대마왕》들에 대

표) 한단불교(桓檀佛敎) 4대 경전

한단불교(桓檀佛敎) (3512BC)	브라만교(Brahmanism, 婆羅門敎) (3370BC)	
천부경(天符經)	삼히타(Samhita)	리그베다(Rig Vedas)
삼일신고(三一神誥)	브라흐마나(Brahmanas)	
황제중경(皇帝中經)	아란야까(Aranyakas)	
황제내경(皇帝內經)	우파니샤드(Upanishads)	

※ 한단불교(桓檀佛敎)는 기원전 3512년 구막한제국(寇莫韓帝國)의 5대 태우의 한웅님(신명:석가모니 하나님 부처님, 재위 3512BC~3419BC)께서 세우신 북반구 문명의 최초 종교이다.

한 날조되고 왜곡된 기록들로 분탕질하여 꾸며 논 것이《묘법연화경》문자(文字)로 된《경(經)》인 것이다.

《묘법연화경》을 믿고 따르는 자들 중《묘법연화경》에 담겨있는《석가모니 하나님 부처님》《진리(眞理)의 법(法)》을 꿰뚫어 보고 이해하는 자(者)는 하나도 없다.

이렇게 없는 이유가 일찍부터《악마(惡魔)의 신(神)》들인《대마왕신(神)》들과《대마왕》들이《석가모니 하나님 부처님》께서 지상(地上) 최초로 만드신《한단불교(桓檀佛敎)》의 모든 자취를 깡그리 없애 버렸기 때문에《묘법연화경》에 담긴《진리(眞理)의 법(法)》을 해석하지 못하기 때문에 접근을 할 수가 없게 되어 있는 것이다.

사정이 이렇기 때문에 모든 자(者)들은 오로지《경(經)》의《문자(文字)》에만 끄달리게 되는데, 이러한《문자(文字)》로 기록된《경(經)》이《마왕신 부처》로서《고타마불(佛)》인《화신(化神)의 석가모니》에 의해 철두철미하게 짓밟혀《진실(眞實)》이 아닌《거짓 기록》들로 변하여 있음을 분명히 하는 것이며,

이렇게 왜곡된《묘법연화경》을《마왕신 부처》로서《고타마불

(佛)》인 《화신(化神)의 석가모니》는 《부처(佛)》놀이를 하며 중생들을 기만하고 《6년간》 엉터리 《묘법연화경》을 설(說)하였음을 《메시아(Messiah)》이신 《미륵불(彌勒佛)》이 분명히 하는 것이다.

이와 같이 하여 《마왕신 부처》로서 《고타마불(佛)》인 《화신(化神)의 석가모니》는 진리(眞理)도 아닌 것을 《진리(眞理)》인 양 위장을 하고 《악마의 신(神)》들인 《대마왕신(神)》들과 《대마왕(大魔王)》들이 획책하는 《지배욕(支配慾)》과 《권력욕(權力慾)》 충족을 하기 위해서 인간 무리들에게는 《이기심》을 부채질하고 《기복신앙》을 가지게 하여 모든 인간 무리들을 《정신적(精神的)》으로 지배하기 위해 《종교(宗敎)》라는 이름으로 인간 무리들을 《파멸(波滅)》로 이끌고 있는 《악마(惡魔)의 신(神)》으로서 《대마왕신불(佛)》일 뿐임을 분명히 아시기 바라며,

이러한 이후 반복(反復)되는 《윤회(輪廻)》로 《악마(惡魔)의 신(神)》인 《대마왕신불(佛)》 노릇을 하며 《악행(惡行)》을 저지르는 그의 행적을 밝히기 위해 《실상(實相)》의 《역사》*도 여러분들에게 강의하였음을 아시기 바란다.

---

* 진실된 세계의 역사와 종교 上(미륵불 저, 2015).
  제43회~제45회 '진실된 세계의 역사와 종교 - 제1장 불교란 과연 어떠한 종교인가'에 대한 강의 동영상(2013.8.3.~8.17)

[3] 1차 경전(經典) 대결집 : 《굴내결집(窟內結集)》

《빔비사라 왕》(생몰 558BC~503BC)을 살해(殺害)하고 종적을 감춘 《위제희(韋提希)》 부인으로 이름한 《대마왕(大魔王)》《관세음보살 1세》는 《마왕신(神) 부처》로서 《고타마불(佛)》인 《화신(化神)의 석가모니》가 불법(佛法) 파괴된 《묘법연화경(妙法蓮華經)》 설법(說法)을 모두 마치자 《대마왕신(神) 부처》의 소임이 끝난 것으로 결론 내리고,

《대마왕신(神) 부처》로서 《고타마불(佛)》인 《화신(化神)의 석가모니》가 사라져야 《경전결집(經典結集)》을 통해 《마왕신(神) 부처》 생전(生前)에 설(說)한 《성문(聲聞)의 불법(佛法)》을 《위제희(韋提希)》 부인이 살아 있는 동안 그가 주도하여 《마왕 불법(佛法)》으로 만들기 위해

서둘러 그의 추종 세력들인 《마왕신 부처》의 제자로 있던 《문수보살 2세》인 《문수사리》와 《목건련》으로 이름한 《지장보살 1세》에게 명령하여 《대마왕신(神) 부처》로서 《고타마불(佛)》인 《화신(化神)의 석가모니》를 독살할 것을 지시함으로써, 이들은 그들의 수하 《마왕》 승려들을 동원하여 이를 실행함으로써 《BC 497년》에 《마왕신 부처》 독살에 성공하는 것이다.

이러한 이후 《아사세 왕》의 비호로 《BC 497년》에 《대가섭존자》가 상좌가 되어 《500비구》들이 모여 《아난존자(Ananda)》의 구술에 의한 1차 경전(經典) 대결집(大結集)을 이듬해까지 하여 《경율(經律) 2장》으로 된 《굴내결집본(窟內結集本)》을 완성하는 것이다.

이로써 《1차 경전(經典)》 대결집(大結集) 기간은 《BC 497년 ~ BC 496년》이 되는 것이다.

이로써 탄생한 것이 《석가모니 하나님 부처님》의 뜻이 왜곡되지 않은 《성문(聲聞)의 불법(佛法)》이 탄생한 것이며, 이러한 《성문(聲聞)의 불법(佛法)》에는 《악마(惡魔)의 신(神)》인 《고타마불(佛)》이 불법(佛法) 파괴한 《묘법연화경(妙法蓮華經)》은 제외된 것이다.

[4] 2차 불법(佛法) 파괴 :《굴외결집(窟外結集)》

　　이러한《경율(經律) 2장》으로 된《굴내결집본》이 발표된 후《위제희(韋提希)》부인으로 이름한《관세음보살 1세》와《문수사리》와《목건련》등이 직접 참여하여

　　그들의 수하 마왕 승려들인《바사파》를 중심한 비구 무리들이 모여《굴내결집본》을 가지고《BC 495년 ~ BC 492년》까지《3년》에 걸쳐《그리스》《자연사상(自然思想)》에 입각한《경전(經典)》재결집을 하여

　　《성문(聲聞)의 불법(佛法)》인《굴내결집본》을《불법(佛法)》이 2차로 파괴된《연각승(緣覺乘)》과《독각(獨覺)》의 무리《경전(經典)》으로 탈바꿈시켜《음(陰)》의《연각(緣覺)과 독각(獨覺) 불교(佛敎)》경전(經典)으로 완성을 하는 것이다.

　　이러한 이후 그들은 그들이 2차《불법(佛法)》파괴한 것을 감추기 위해 이를《굴외결집(窟外結集)》으로 이름한 것이다.

　　이와 같은 그들이 말하는《굴외결집(窟外結集)》의 총지휘자는

《위제희(韋提希)》부인으로 이름한《대마왕》《관세음보살 1세》이며, 수하《대마왕》들 중 크게 공로를 세운 자가《문수사리》와《목건련》이며《바사파》를 중심한 비구 무리들은 들러리와 같은 존재였음을《메시아(Messiah)》이신《미륵불》이 분명히 하는 것이다.

이러한 2차《불법(佛法)》파괴에서 특별히《대마왕》《관세음보살 1세》가 신경을 쓴 경(經)이《반야심경(般若心經)》으로써 이를《문수사리》가 직접 왜곡한 경(經)임을 아울러 밝혀 두는 바이며,

이러한《반야심경(般若心經)》이《팔만대장경》에서 지금까지 전하여져 오는《반야심경》으로써 극히 최근에《메시아》이신《미륵불》이《석가모니 하나님 부처님》께서 직접 설(說)하신《반야심경》을 복원하여 제호(題號)를《정본(正本)》《반야바라밀다심경(般若波羅蜜多心經)》으로 이름하여 세간(世間)에 발표를 한 것이다.

[5] 《악마(惡魔)의 신(神)》인 《화신(化神)의 석가모니》에 의한 3차 불법(佛法) 파괴

: 《대중부 독각불교(獨覺佛敎)》

《고대(古代)》《인도》에 있어서 《바이샬리(Vaishali, 비사리)》는 《악마(惡魔)의 신(神)》들인 《대마왕신(神)》들과 《대마왕》들의 본거지가 있는 곳이다.

이러한 《바이샬리(Vaishali, 비사리)》에서 《마왕신 부처》 불멸후(佛滅後) 《114년》되는 《BC 383년》에 《자이나교(Jainism)》에서 《창조주(創造主)》 노릇을 하던 최고(最高)의 《대마왕신(神)》인 《비로자나 1세》가 이번에는 반복(反復)되는 윤회(輪廻)로 《카라쇼카(Kalasoka) 왕(王)》으로 와서 《3차 불법 파괴》를 주최하는 가운데,

전생(前生)에 《마왕신 부처》를 이루었던 《악마(惡魔)의 신(神)》인 《화신(化神)의 석가모니》가 반복(反復)되는 윤회(輪廻)로 때에 다시 태어난 《미륵보살》과 《관세음보살 1세》의 분신(分身)의 딸 1세 사이에서 《마하데바(Mahadeva)》로 이름하고 태어나게 된다.

이렇게 하여 태어난 《마하데바(Mahadeva)》는 성년(成年)이 된 후 그를 낳아준 어미인 《관세음보살 1세》 분신(分身)의 딸 1세와 《밀통(密通)》을 한 후 똑같은 생활을 계속하다가 《부도덕(不道德)》한 생활이 들통이 날 때쯤 돼서 그 어미인 《관세음보살 1세》 분신(分身)의 딸 1세와 공모하여 그의 아비가 되는 《미륵보살》을 독살(毒殺)을 하게 된다.

이러한 이후 《마하데바(Mahadeva)》는 반복(反復)되는 윤회(輪廻)로 《카라쇼카(Kalasoka)》 왕으로 이름하고 와 있는 전생(前生)의 그의 아비인 최고 《악마(惡魔)의 신(神)》인 《비로자나 1세》를 찾아가서 《3차 불법(佛法)》 파괴를 하겠다고 자청한 후

《왕(王)》의 허락을 얻고 그가 전생(前生) 한때에 《대마왕신(神) 부처》를 이루고 설(說)하였던 《성문(聲聞)의 불법(佛法)》을 《마왕신(神) 부처》를 이루기 이전 《악마(惡魔)의 신(神)》들인 《대마왕신(神)》들과 《대마왕》들이 의도하였던 대로 파괴된 불법(佛法)으로 만들기 위해 《BC 383년 ~ BC 348년》까지 《35년》간 일찍이 《대마왕》《관세음보살 1세》의 주도로 만든 《굴외결집본》을 가지고 《경전(經典)》 결집을 다시 하게 되는 것이다.

이러한 《경전(經典)》 결집을 후세인(後世人)들은 《2차 경전 대결집》이라고 이름하는 것이다.

이와 같이 하여《마하데바(Mahadeva)》는 불법(佛法) 파괴된 경전(經典)을 결집하면서《마왕신 부처》인《악마(惡魔)의 신(神)》《화신(化神)의 석가모니》를《창조주(創造主)》로서의《구원자(救援者)》로 둔갑시키고 그 스스로는《독각(獨覺)》의《하나님》이라고 자처하며 거들먹거리고 그가 불법(佛法) 파괴하여 결집한 경전(經典)을《대중부불교(大衆部佛敎)》경전이라고 호칭을 한 것이다.

    이러한 호칭을《메시아(Messiah)》이신《미륵불》께서는 색깔을 분명히 하기 위해《대중부 독각불교(大衆部獨覺佛敎)》경전이라고 이름하는 것이다.

    그리고 이러한《대중부 독각불교(大衆部獨覺佛敎)》의 특징은《관음신앙(觀音信仰)》을 포용(包容)하고《천상(天上)》이나《지상(地上)》에서《관세음보살 1세》분신(分身)의 딸 1세가《악마(惡魔)의 신(神)》인《화신(化神)의 석가모니》《기(氣)》를 끌어 모아 탄생시킨《관세음보살 1세》분신(分身)의 딸 2세를《관세음보살》로 내세우고 훗날 이 여인(女人)과 결혼을 함으로써《관음신앙(觀音信仰)》마저《대마왕신(神) 부처》로서《악마(惡魔)의 신(神)》인《화신(化神)의 석가모니》가 장악을 하여《대중부 독각불교(大衆部獨覺佛敎)》에서는《관세음보살》을《대마왕신(神) 부처》를 보좌하는《보살(菩薩)》로서 격하(格下)를 시킨 것이다.

이와 같이 하여 만들어진 《대중부 독각불교(大衆部獨覺佛敎)》는 《석가모니 하나님 부처님》《양(陽)의 불법(佛法)》인 《성문승(聲聞乘)》의 불법(佛法)을 고치고 왜곡한 《불법(佛法)》 파괴된 경전을 또 다시 왜곡하여 만든 《마왕불교(佛敎)》라는 점을 《메시아(Messiah)》이신 《미륵불》이 정확히 밝히는 것이다.

[6] 『《대마왕》《관세음보살 1세》에 의한
　　　　　　　　　　　　4차 불법(佛法) 파괴』

: 《상좌부 연각과 독각 불교(上座部 緣覺과 獨覺 佛敎)》

《대마왕》《관세음보살 1세》가《위제희(韋提希)》부인으로 이름하고 와서《2차 불법(佛法) 파괴》를 주도하여 만든《굴외결집본(窟外結集本)》은《연각(緣覺)》과《독각(獨覺)》을 아우르는 불교(佛敎)의 경전(經典)으로써 이를《음(陰)의 연각과 독각 불교(佛敎)》라고 한다.

그러나《마왕신 부처》로서《악마(惡魔)의 신(神)》인《화신(化神)의 석가모니》가 반복(反復)되는 윤회(輪廻)로《대마왕신(神) 부처》《불멸후(佛滅後)》《114년 후》《마하데바(Mahadeva)》로 이름하고 와서《3차 불법(佛法) 파괴》한《대중부 독각불교(大衆部獨覺佛敎)》는《독각불교(獨覺佛敎)》가《관음신앙(觀音信仰)》을 흡수 통합한 형태이기 때문에《독각불교(獨覺佛敎)》가《관음신앙》보다 상위(上位) 개념에 있는 불교(佛敎)이다.

이와 같이《대마왕신(神) 부처》로서《악마(惡魔)의 신(神)》인《

화신(化神)의 석가모니》가《마하데바(Mahadeva)》로 이름하고 와서 《대중부 독각불교》를 만들면서 스스로를《창조주(創造主)》로서 《구원자(救援者)》라고 칭하고《관세음보살》을《마왕신 부처》 인《악마(惡魔)의 신(神)》으로서《화신(化神)의 석가모니》를 보좌 하는《보살(菩薩)》로 격하(格下)를 시킨 것이다.

　　이러한《대마왕신(神) 부처》로서《악마(惡魔)의 신(神)》인《화 신(化神)의 석가모니》가《코흘리개》시절인《100억 년 전(億年前)》에 이미《마왕 부처》를 이루고 호(號)를《운뢰음수왕화지불 (雲雷音宿王華智佛)》로 이름하였던《관세음보살 1세》로 봐서는 뒤 늦게《지상(地上)》에 와서야《대마왕신(神) 부처》를 이룬《악마 (惡魔)의 신(神)》인《화신(化神)의 석가모니》가 그가 만든《대중부 독각불교(大衆部獨覺佛敎)》에서《관세음보살》을 그를 보좌하는《 보살(菩薩)》로 격하(格下)시킨데 크게 자극을 받게 된다.

　　이로써《관세음보살 1세》는 때에 반복(反復)되는 윤회(輪廻)로 《남자(男子)》몸을 가지고 고대《인도》《마우리아(Maurya)》왕 조(王朝)의《아쇼카(Ashoka)》(재위 274BC~232BC) 왕(王)으로 이름하고 오시면서《출산(出産)》을 담당하는 임무를 가지신《우주(宇宙)》 의《어머니(母)》답게《관세음보살 1세》가 주도하였던《2차 불 법(佛法) 파괴》당시《굴외결집본(窟外結集本)》을 만들어《음(陰)》 의《연각과 독각 불교(佛敎)》를 탄생시켰던《대마왕》《문수사리》와《목건련》으로 이름하였던《지장보살 1세》와 관계《비구》들 모두를《반복(反復)》되는《윤회(輪廻)》로 모두《아쇼카왕》주위에 태어나게 한 후 이들을 그가 가진《권력(勸力)》의 힘으로 모두 한자리에 모이게 하여

그가 처음 주도하여 만든《음(陰)》의《연각과 독각 불교(佛敎)》를 다시 파괴하는《4차 불법(佛法) 파괴》를 감행하여《상좌부 연각과 독각 불교(上座部 緣覺과 獨覺 佛敎)》를 탄생시킨 것이다.

이러한《4차 불법(佛法) 파괴》를 후세인(後世人)들은《3차 경전 대결집(經典大結集)》이라고 하는 것이다.

이와 같은《상좌부 연각과 독각 불교》가《연각(緣覺)》과《독각(獨覺)》을 아우르는《음(陰)의 연각과 독각 불교》와 다른 점은《관세음보살》이《연각(緣覺)》의《창조주(創造主)》로서《구원자(救援者)》가 되어《상위(上位)》에 자리한 점과《경율(經律)》2장으로 된《마왕 불법》에서《논서(論書)》로 된《논장(論藏)》을 첨가시켜《마왕 불법(佛法)》을《삼장(三藏)》으로《결집(結集)》을 한 점이 다른 것이다.

이러한《상좌부 연각과 독각 불교》는《독각(獨覺)》의《창조

주(創造主)》로서의 《구원자(救援者)》로 자리한 《대중부 독각불교(獨覺佛敎)》의 《대마왕신(神) 부처》로서 《악마(惡魔)의 신(神)》인 《화신(化神)의 석가모니》보다 《상위(上位)》에 있는 《창조주(創造主)》로서의 《구원자(救援者)》가 《연각(緣覺)》의 《창조주(創造主)》로서의 《구원자(救援者)》이며, 이러한 《연각(緣覺)》의 《창조주(創造主)》로서의 《구원자(救援者)》가 《연각(緣覺)》과 《독각(獨覺)》 모두를 아우르는 《불교(佛敎)》라 하여 《상좌부 연각과 독각 불교(上座部 緣覺과 獨覺 佛敎)》라고 호칭을 한 것이다.

한마디로 말씀드리면, 《관세음보살》을 믿고 따르는 길이 곧 《부처(佛)》를 믿고 따르는 길이며 《부처(佛)》를 믿고 따르는 길이 곧 《관세음보살》을 믿고 따르는 길이라는 《논리(論理)》로 만든 《불교(佛敎)》가 《상좌부 연각과 독각 불교》인 것이다.

이러한 《논리(論理)》의 근거가 진행을 하면서 말씀드린 《100억 년 전(億年前)》 《관세음보살》이 《마왕 부처》를 이룬 《운뢰음수왕화지불(雲雷音宿王華智佛)》이시기 때문이다.

이와 같은 《상좌부 연각과 독각 불교》의 특징은 《마왕 불법》을 《삼장(三藏)》으로 만듦으로써 《마왕 불법》을 방대하게 만들게 됨으로 《부처(佛)》를 믿고 따르는 일반 불자(佛者)들로

하여금《불법(佛法)》에 접근하는 것을 차단하는 결과를 낳게 되는 것이며,

이로써《마왕 승려》들의 입(口)으로 통하여서만이《불법(佛法)》을 대하는 경우가 대부분이며 이로써《기복신앙》으로만 자리 잡게 하는 술책이《상좌부 연각과 독각 불교》저변에 깔려 있는 것이 특징이다.

그리고 이렇게 하여 만들어진《상좌부 연각과 독각 불교(上座部 緣覺과 獨覺 佛敎)》를《아쇼카왕》(재위 273BC~236BC)으로 이름한 《관세음보살 1세》는 세계(世界) 도처로 사자를 파견하여 전한 것이며, 이러한 때《중원 대륙》에 처음으로《상좌부 연각과 독각 불교》가 전하여진 것이며《동남아시아》에도《스리랑카》를 통한 해상(海上) 루트를 따라 전하여진 것이다.

이와 같은《상좌부(上座部) 연각과 독각 불교》도《마왕불교》임을《메시아(Messiah)》이신《미륵불》이 분명히 밝혀 두는 바이다.

[7] 『《대마왕》《다보불(佛)》에 의한 5차 불법(佛法) 파괴』

:《당 마왕불교(唐魔王佛敎)》

　《2차 불법(佛法) 파괴》로 등장한《음(陰)의 연각과 독각 불교(佛敎)》가 탄생한 이후《성문승(聲聞乘)》과《연각승(緣覺乘)》간의 심한 갈등이 표출이 되다가《마왕신(神) 부처》불멸후(佛滅後)《114년》이 지난 후《3차 불법(佛法) 파괴》로《대중부 독각불교》가 등장한 이후부터는《부파불교》시대가 본격적으로 도래하여《성문(聲聞)》과《연각(緣覺)》과《독각(獨覺)》이 각각 따로 따로 자기들의 주장을 굽히지 않고 심한 다툼을 벌인 시대를《부파불교》시대라고 하며

이후《4차 불법(佛法) 파괴》로 등장한《상좌부 연각과 독각 불교》가《경율론(經律論)》《삼장(三藏)》을 들고 나와 스스로를《대승불교(大乘佛敎)》로 선전하며 거들먹거리는 것이다.

　《미륵불》이 분명히 밝히되,《대승불교(大乘佛敎)》는《보살불교(菩薩佛敎)》를 말하는 것으로써 이러한《보살불교》가 꽃피어졌던 곳은《한반도(韓半島)》《신라》,《고구려》,《백제》등 삼국시대(三國時代)《600년》기간 밖에 없으며 이러한《보살불교》도

이후는 영원히 사라져 간 것이다.

이와 같이 《상좌부 연각과 독각 불교》가 《대승(大乘)》을 자처하고 난 이후 오랜 세월이 지나 이들의 다툼을 그동안 묵묵히 지켜보고만 있던 최고의 《대마왕》《다보불 1세》와 《문수보살 1세》가 당시 《중원 대륙》에 만연해 있던 《상좌부 연각과 독각 불교》와 《한반도(韓半島)》에 꽃피워져 있던 《보살불교》를 타파한 후,

《중원 대륙》과 《한반도(韓半島)》와 《일본 열도》 등에 거주하고 있는 모든 인간 무리들의 《정신적(精神的)》인 지배(支配)를 위해 《악마(惡魔)의 신(神)》들인 《대마왕신(神)》들과 《대마왕》들로 하여금 《당(唐)》나라(AD618~AD907)를 건국하게 하고

[악(惡)의 축(軸)이 당(唐)나라를 세운 근본 목적]

신라, 백제, 고구려에 찬란히 꽃피워졌던 보살불교를 타파하기 위하여
(한반도에서 보살불교가 창궐하여 세계로 뻗어나가게 되면 악의 세력들한테는 치명적이기 때문이다.)

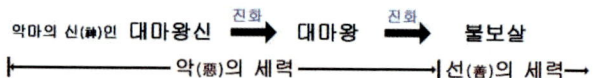

메시아이신 미륵부처님의 직강 '제6회 (개정판) 정본 반야바라밀다심경 강의 동영상(2016.3.19)'에서 인용

《당(唐)》《현장(玄奘)》(AD602~AD664)으로 이름한《악마(惡魔)의 신(神)》인《대마왕신(神)》《천관파군 1세 분신(分身)》을 시켜《인도》로 들여보내 당대《인도 사회》에 널리 퍼져 있는《경전(經典)》들을 수집하여 돌아오도록 한다.

이때《당 현장(唐玄奘)》이 수집하여온 경전(經典)들이《대중부 독각불교》에서 편찬한 경전들이 대부분이었으며, 이때까지도《인도 사회》는 부파불교의 부파들이 상당한 세력을 형성하고 있었음을《당 현장》은 전하고 있는 것이다.

이러한 이후《당 현장》이 수집하여 온《경전(經典)》들과 미리부터《중원 대륙》에 들어와 있던《상좌부 불교》경전(經典)들을 모두 한 곳에 모아《다보불 1세》와《문수보살 1세》가 총지휘를 하고 산하에는《당 현장》을 중심한《마왕 승려》들인《비구 무리》들을 끌어 모아 새로운《번역》사업을 대규모로 진행을 하면서

경전(經典)들에 깃들어 있는《관음사상》으로 대표되는《연각(緣覺)》의 자취를 철두철미하게 지우고 최고《대마왕》《다보불 1세》가《창조주(創造主)》로서《구원자(救援者)》로 자리하는 순수한《독각(獨覺)》들만의 경전으로 번역을 하면서

때에 《악마의 신(神)》으로서 《대마왕신(神)》《천관파군 1세 분신》인 《당 현장(唐玄裝)》(AD602~AD664)에 의해 《반야심경(般若心經)》 원문(原文) 파괴가 2차로 이루어짐으로써 《5차 불법(佛法) 파괴》를 하는 것이다.

이렇게 하여 탄생한 것이 순수 《독각(獨覺)》들만의 《양(陽)의 독각불교》가 탄생한 것이다.

이러한 《양(陽)》의 《독각불교》의 경전들을 그들은 《신역(新譯)》으로 이름하고 《상좌부 연각과 독각 불교》의 경전들을 《구역(舊譯)》으로 이름하여 《권력(勸力)》의 힘으로 철두철미하게 《상좌부 연각과 독각 불교》를 배척하여 《중원 대륙》에서 그 자취를 없애 버린 것이다.

이와 같은 《양(陽)의 독각불교》를 《당 마왕불교(唐魔王佛敎)》라고도 하는 것이다.

이와 같은 《당 마왕불교(唐魔王佛敎)》를 《다보불 1세》와 《문수보살 1세》는 《신라(新羅)》 제27대 《선덕여왕》으로 이름한 《대마왕》《관세음보살 2세》 때 《자장율사》(AD590~AD658)로 이름한

《대마왕》《미륵 3세》와 《두순》(AD566~AD640)으로 이름한《악마(惡魔)의 신(神)》인《대마왕신(神)》《천관파군 1세》와 《도선》(AD596~AD667)으로 이름한《악마(惡魔)의 신(神)》인《대마왕신(神)》중의 최고 악질인《천관파군 2세》로서의《이오 신(神)》《분신(分身)》등을 시켜

《대마왕》인《신라 27대》《선덕여왕》의 비호 아래 권력(勸力)을 등에 업고《당 마왕불교(唐魔王佛敎)》를《신라 사회》에 뿌리

신라보살불교 말살을 위한 당마왕불교의 한반도 유입

의정(AD635~AD713)으로 이름한 관세음보살 1세가 천수경 만듦.

관세음보살 1세의 지원으로 측천무후(재위 AD690~A705)로 이름한 묘음보살은 당마왕불교 경전 일부를 파괴하여 천수경을 만들고 연각의 수행법인 선법을 활성화하여 당마왕불교에 접목시킴으로써 관음신앙을 부활시킴.

2차 유입

1차 유입

두순(AD566~AD640, 천관파군 1세)
: 화엄종 초조.
두순으로 이름한 천관파군 1세는 대마왕 다보불과 문수보살 1세의 지원으로 관음신앙이 철두철미하게 삭제한 당마왕불교 만듦.

선덕여왕(재위 AD632~AD647)으로 이름한 관세음보살 2세는 한반도 보살불교 말살을 위해 자장율사(AD590~AD658)로 이름한 미륵불 3세를 통해 당마왕불교 들여옴.

주요 관련 인물 :
천태지자(AD538~AD597, 문수보살 1세) : 천태종
두순 또는 당 고조 이연(재위 AD618~AD626, 천관파군 1세) : 화엄종
당 태종(재위 AD626~AD649, 무곡성불)
당 현장(AD602~AD664, 천관파군 1세 분신)
도선(AD596~AD667, 이오신 분신) : 계율종

내리게 하여, 이후《통일신라》기에 들어가서 완전히《보살불교》인《대승불교(大乘佛敎)》를《한반도(韓半島)》에서 사라지게 함으로써

최고의《대마왕》《다보불 1세》는《당(唐) 마왕불교》로써 이후의《한반도내(韓半島內)》인간 무리들을《정신적(精神的)》으로 지배하게 된 것이 오래도록 계속되고 있은 것이다.

특히, 이참에 분명히 밝혀 두는 바는《화엄종》을 만들어 거들먹거린《두순》(AD566~AD640)은《당 고조(唐高祖)》《이연》(생몰 AD566~AD640, 재위 AD618~AD626)으로서, 이 자(者)가 2대《당 태종(唐太宗)》(재위 AD626~AD649)으로 이름한《대마왕》《무곡성불》에게 왕위(王位)를 물려주고《두순》으로 이름하고《당(唐)》나라에서《14년》동안《마왕 중놈》노릇을 하며 만든《화엄종》을《미륵 3세》인《자장율사》(AD590~AD658)를 통해《당 마왕불교(唐魔王佛敎)》가 신라에 뿌리내리도록 한 동일인(同一人)임을 밝혀 두는 것이다.

이와 같이《5차 불법(佛法) 파괴》가 되어 만들어진《양(陽)의 독각불교》인《당 마왕불교(唐魔王佛敎)》에서《연각(緣覺)》의 도(道)로 자리하였던《관음신앙(觀音信仰)》을 철두철미하게 삭제하자

《상좌부 연각과 독각 불교》를 만들었던《대마왕》《관세음보살 1세》는 그의《분신(分身)의 딸 1세》의《분신(分身)》으로 태어난 바 있는《묘음보살》을《측천무후》(재위 AD690~AD705)로 태어나게 하여

《당 마왕불교》경전 중 다시 일부를 파괴하고《천수경》을 만들고《연각(緣覺)》의 수행인《선법(禪法)》을 활성화시켜《양(陽)의 독각불교》인《당 마왕불교》에 접목시킴으로써

《관음신앙》이 다시 살아나서《관세음보살》로서는《대마왕》《관세음보살 1세》《분신(分身)의 딸 1세》가 자리하고《측천무후》(재위 AD690~AD705)로 이름하였던《묘음보살》은《천수천안관음》으로 자리를 한 것이다.

이로써《측천무후》(재위 AD690~AD705)로 이름하였던《대마왕신(神)》《묘음보살》은《양(陽)의 독각불교(獨覺佛敎)》가 일부 파괴된《경전(經典)》들과《관음신앙(觀音信仰)》을 대변하는《천수경》과 그들의 수행법으로 활용하는《선법(禪法)》을《교외별전(敎外別傳)》으로 이름하고 2차로 이를《한반도(韓半島)》로 들여보냄으로써《한반도(韓半島)》에《관음신앙(觀音信仰)》이 뿌리 내리게 된 것이다.

이와 같이 하여 《5차 불법(佛法) 파괴》로 만들어진 《양(陽)의 독각불교》인 《당 마왕불교(唐魔王佛敎)》나 《측천무후》로 이름하였던 《대마왕신(大魔王神)》《묘음보살》이 접목시킨 《관음신앙(觀音信仰)》이나 《교외별전》된 《선법(禪法)》 모두가 《마왕불교》임을 《메시아(Messiah)》이신 《미륵불》이 분명히 하는 것이다.

표) 미륵부처님의 불법(佛法) 수호와
악의 축에 의한 당나라에서의 불법(佛法) 파괴*

불교구분	종파	관련인물	신명(神名)	비고
보살 불교		축법호(竺法護) (생몰 AD265~AD317)	미륵불 1세	
		구마라습(Kumārajīva) (생몰 334AD~413AD)	미륵불 1세	묘법연화경을 한문(韓文)화함.
		달마조사 (생몰 AD423~AD528)	미륵불 1세	면벽수행을 가르친 바 없음. 二入四行論(이입사행론)이 아니라 理入四行論(리입사행론)임. 양 무제(신명 : 악마의 신(神)인 화신(化神)의 석가모니)에게 살해당하심.
당마왕 불교	천태종	천태지자 (AD538~AD597)	문수보살 1세	구마라습(신명 : 미륵불 1세)의 묘법연화경을 왜곡함. 법화삼부경(法華三部經) - 법화사부경(法華四部經)에서 반야심경을 제외시킴.
	화엄종	두순이자 당 고조 (AD566~AD640)	천관파군 1세	다보불과 문수보살 1세의 후원으로 당나라를 건국하고 화엄종을 세움.
	계율종	도선(AD596~AD667)	이오신 분신	

* 메시아이신 미륵부처님 직강 : 미륵불과 메시아(미륵불 저, 2015), 강의 동영상
제5회 정본(正本) 반야바라밀다심경 강의 동영상(2016.3.5.)
제6회 정본(正本) 반야바라밀다심경 강의 동영상(2016.3.19.)

		당 현장 (AD602~AD664)	천관파군 1세 분신	자신의 해설을 신역이라 하고 구마라습(신명: 미륵불 1세)께서 번역하신 것을 구역으로 내몰음.
보살 불교		의상대사 (생몰 AD625~AD702)	미륵불 1세	**당나라를 방문한 목적**은 당나라로부터 한반도로 유입되는 당마왕불교(唐魔王佛敎)를 직접 확인하러 가신 것임. 불법(佛法)의 파괴를 확인하시고 화엄경의 대의를 묶어 『**화엄일승법계도**』를 창작하심.
관음 신앙	천수경	의정(義淨) (AD635~AD713)	관세음보살 1세	천수경 저자
		측천무후 (재위 AD690~AD705)	묘음보살	관음신앙을 당마왕불교에 접목. 교외별전된 선법 전함.

[8] 『마왕(魔王) 관음불교(觀音佛敎)와 《문정왕후(文定王后)》』

《을사사화》(AD1545)와 《정미사화》(AD1547)의 피비린내 나는 살육과 유배로 대신(大臣)들을 침묵시킨 후 《문정왕후》로 이름한 《관세음보살 1세》《분신의 딸 1세》는 《윤원형》, 《이기》 등을 움직여 《선교 양종》 부활을 명분으로 하여 전국 《당 마왕 불교》 사찰에 대한 조사를 계속한 후 《승과(僧科)》를 부활시키고

미리 계획된 대로 《윤원형》의 처(妻)로 들여보낸 기생 《정난정》으로 이름한 《대마왕》《관세음보살 1세》《분신의 딸 3세》로 하여금 《문정왕후》로 이름한 《관세음보살 1세》《분신의 딸 1세》 전생(前生)의 남편인 《보우》(AD1509~AD1565)로 이름한 《악마(惡魔)의 신(神)》인 《화신(化神)의 석가모니 2세》를 불러오게 하여 《AD 1550년》에 《선교 양종》을 분리한 후 《봉은사》에는 《연각불교》인 《선종(禪宗)》을 두고 《보우》로 하여금 주지를 맡게 하고 《봉선사》에는 《독각불교》인 《교종(敎宗)》을 둠으로써 《선교 양종》을 분리하는 한편,

《윤원형》은 《상진》과 더불어 300여 사찰(寺刹)을 국가 공인 정찰(淨刹)로 하고 《도첩제(度牒制)》에 따라 2년 동안 《연각불교》인 《관음신앙》에 정통한 4,000여 명의 《마왕 승려》들을 뽑는

《승과시(僧科試)》를 부활한 후 이들을 각 사찰(寺刹)에 배치함으로써

일찍이 최고의《대마왕》《다보불 1세》와《문수보살 1세》가 만든《당 마왕불교》를 일거에 혁파하여《마왕관음불교》로 전환을 시켜 새로운《불교 중흥》을 도모하는 전격적인 업적을 남김으로써《종교적(宗敎的)》인《사대사상(事大思想)》을 청산한 것이다.

이러한 일에《유교 사상가》들의 반발이 극심하였으나《문정왕후》는 이를 강하게 밀어붙여 임금인《명종》도 이를 통제하지 못하였던 것이다.

이로써 훗날《연각불교(緣覺佛敎)》인《선종(禪宗)》에는 일찍부터《교외별전》된《선법(禪法)》에 익숙한《조계종》이 그들 내부에 자리하였던《당 마왕불교》를 청산하고 마왕《관음불교》로 돌아 앉아 자리하고,《독각불교(獨覺佛敎)》인《교종(敎宗)》에서는 《고려 불교》때의《태고 보우국사》(AD1301~AD1382)로 이름하였던《악마(惡魔)의 신(神)》인《대마왕신(神)》《천관파군 1세 분신(分身)》을 종주(宗主)로 하여《태고종(太古宗)》으로 이름하고 자리한 것이다.

이러한 《문정왕후》로 이름한 《관세음보살》《분신 1세》가 《한반도(韓半島)》에서 《당 마왕불교》를 혁파하여 《관음불교(觀音佛敎)》로 전환시킨 것은 진화(進化)가 한참 덜된 《독각불교》를 이

표) 마왕관음불교*

주체	문정왕후(관세음보살 1세 분신의 딸 1세)	
정책	승과시 부활	
	선종과 교종 분리 (1550AD)	선종 : 연각불교(緣覺佛敎). 봉은사의 주지로 보우(1509~1565, 악마의 신(神)인 화신(化神)의 석가모니 2세)를 앉힘.
		교종 : 독각불교(獨覺佛敎). 봉선사. 고려 불교 때의 태고 보우국사(1301~1382, 천관파군 1세 분신)를 종주로 하여 태고종으로 이름함.
	도첩제	
특징	소의경전	불법(佛法) 파괴된 금강경
	수행법	교외별전된 선법(간화선, 조사선, 묵조선 등), 참선 등.
	기복신앙 부추기는 경	관음경, 천수경, 신묘장구대다라니, 왜곡된 반야심경
비고	※ 금강경(金剛經)이 대공(大空)의 원천 바탕을 깨우치게 하기 위해 설해진 성문불교의 최고 경전이지만, 불법(佛法) 파괴된 금강경을 대중부 독각불교와 마왕관음불교에서 소의경전으로 하고 있다. ※ 평가 : 마왕관음불교는 당마왕불교(唐魔王佛敎)보다는 진화가 앞선 불교이기는 하나 연각불교로써 마왕불교이다. 연각불교(緣覺佛敎)는 기복불교로써, 한반도의 불교를 기복불교(祈福佛敎)로 전락시켰다.	

* 메시아이신 미륵부처님 직강 : 제6회, 제7회 정본 반야바라밀다심경 강의 동영상(2016.3.19.)

들보다 우주적(宇宙的)으로 《150억 년(億年)》 진화(進化)가 빠른 《연각불교(緣覺佛敎)》인 《관음불교(觀音佛敎)》로 바꾼 업적으로 평가가 되나 이 역시 《마왕불교》이기 때문에 《마왕관음불교》라고 하는 것이다.

이러한 이후 《문정왕후》인 《관세음보살 1세》《분신의 딸 1세》도 《AD 1565년》에 육신(肉身)의 죽음을 맞이하게 되며 이로써 《마왕관음불교》 탄생에 있어서 지대한 영향력을 발휘하였던 《윤원형》으로 이름하였던 《문수보살 2세》와 그의 부인이었던 《정난정》으로 이름하였던 《관세음보살 1세》《분신의 딸 3세》도 《윤원형》이 《AD 1565년》《명종 21년》에 실각한 후 언관들의 계속되는 탄핵으로 이들 부부는 《강음현》에서 자결함으로써 파란만장한 일생(一生)을 살다가 간 것이다.

(1) [마왕관음불교]

《마왕관음불교》의 소의(所意) 경전(經典)은 《금강경》으로써 이의 수행법이 《교외별전》된 《선법(禪法)》이며 《기복신앙》을 위하여서는 《관음경》과 《측천무후》가 《당(唐)》에서 전(傳)한 《천수경》에 의지하고 때로는 일찍부터《관세음보살 1세》의 지시에 의해《문수사리보살》과《당(唐)》《현장》에 의해 불법(佛法) 파괴로 만들어진《반야심경》에 의지하는 가운데,《수행승》들은《참선(參禪)》에만 매달리는《불교(佛敎)》의 한 분파가《관음불교》라고 정의하는 것이며 오늘날《조계종》이 전형적인《관음불교》의 총본산인 것이다.

참고로 부언 설명 드리면,《대공(大空)》전체가《석가모니 하나님 부처님》의 몸(身)임을 여러 차례 밝힌 적이 있다. 이러한《대공(大空)》도 음양(陰陽)으로 나뉘어져《대공(大空)》의 바탕이 되는 음(陰)의 세계를 다스리는 분이《석가모니 하나님 부처

표) 대공(大空)의 음양(陰陽)*

	음(陰)	양(陽)
	대공(大空)의 바탕	대공내의 별들의 세계 (석가모니 하나님 부처님 나뉨으로서의 별들)
	관세음보살	석가모니 하나님 부처님
선천우주(先天宇宙)	관세음보살 1세 (대비관세음보살)	석가모니 하나님 부처님
후천우주(後天宇宙) 에서의 중계(中界)의 우주	용시관세음보살	석가모니 하나님 부처님 2세 (미륵부처님)

※ 대공(大空) 전체가 석가모니 하나님 부처님 몸이다.

* 메시아이신 미륵부처님 직강 : 제6회 정본 반야바라밀다심경 강의 동영상
  (2016.3.19.)

님》의 부인으로서《관세음보살 1세》가 되고《대공(大空)》속의 모든 별(星)들의 세계가《양(陽)》으로써《석가모니 하나님 부처님》나뉨인 것이다.

　이로써《금강경》은《대공(大空)》의 원천 바탕을 깨우치게 하기 위해 설(說)하여진 경(經)이기 때문에《마왕관음불교》의 최고 경전(經典)으로써《소의(所意)》경전이 되는 것이며,《천수경》은《당(唐)》나라《측천무후》때에《의정》(AD635~AD713)으로 이름하였던《관세음보살 1세》께서 창작하시어《측천무후》에게 준 것을《측천무후》로 이름한《묘음보살》또는《천수천안관음》이《한반도(韓半島)》로 전한 것이《천수경》이다. 이로써 이 역시《마왕관음불교》의 경전(經典)으로 볼 수가 있는 것이다.

　이와 같이《조선 왕조(朝鮮王朝)》에서 만들어진 마왕《관음불교》가 비록《마왕불교》이기는 하나《대중부 독각불교》나《상좌부 연각과 독각 불교》나《당(唐) 마왕불교》보다는 진화(進化)가 많이 된 진일보한《마왕관음불교》로써《상좌부 연각과 독각 불교》와는 엄격히 구분되는《마왕관음불교》임을《메시아(Messiah)》이신《미륵불》이 분명히 하는 것이다.

[9] [관음신앙(觀音信仰)]

후손(後孫)들에 대한 강한《보호본능(保護本能)》이 광적(狂的)인《집착(執着)》이 되어《대마왕(大魔王)》이 된 후 생명체(生命體)의 출산(出産)을 담당하는《천상(天上)》의 임무를 가진《관세음보살》이 윤리적(倫理的) 도덕성(道德性)은 눈을 씻고 찾아볼래야 볼 수 없는《대마왕(大魔王)》이 되어 그의 후손(後孫)들《정신세계(精神世界)》를 지배함으로써 최고의《악마(惡魔)의 신(神)》으로서《대마왕신(神)》인《비로자나 1세》와 그의 수하에 있는《악마(惡魔)의 신(神)》들인《대마왕신(神)》들과 최고의《대마왕》《다보불 1세》와 그의 수하에 있는 여러《대마왕》들로부터 그의 후손(後孫)들이《정신적(精神的)》으로 지배(支配)를 받지 않게 하기 위하여《종교적(宗敎的)》으로 만들어진 것이《관음신앙(觀音信仰)》이다.

때문에《원천창조주》이신《석가모니 하나님 부처님》을 제거하고 모든《우주(宇宙)》를 정복하고자 한 최고의《악마(惡魔)의 신(神)》인《대마왕신(神)》《비로자나 1세》와 최고의《대마왕》《다보불 1세》와는 달리《대마왕(大魔王)》이 된《관세음보살》은 이들에 동조하여《대마왕(大魔王)》 노릇을 하였으나《본질적(本質的)》으로는《악마(惡魔)의 신(神)》들인《대마왕신(神)》들과

《대마왕(大魔王)》들과는 다르게 그의 후손(後孫) 보호에 뜻을 두고 있었기 때문에 《지상(地上)》에서 펼쳐진 각종 《문명권》에서 《신(神)》들을 분류할 때 《선신(善神)》 대열에 이들을 포함시키게 되는 것이다.

이러한 《관세음보살》이 《마왕 종교(魔王宗敎)》를 위해 《석가모니 하나님 부처님》의 뜻을 거부한 원인이 《천일우주(天一宇宙)》 100의 궁(宮)에서 최고의 《악마(惡魔)의 신(神)》인 《대마왕신(神)》들과 《대마왕》들에게 굴복하여 진화(進化)하는 과정에서 그의 후손(後孫) 보호를 위해 너무 깊이 그들의 의도에 말려 든 탓에 빚어진 일들이었기 때문이다.

이로써 《악마(惡魔)의 신(神)》들인 《대마왕신(神)》들과 《대마왕(大魔王)》 후손(後孫)들과는 달리 《관세음보살》의 후손(後孫)들은 《원천창조주》이신 《석가모니 하나님 부처님》께서 행(行)하시는 《구원(救援)》의 대열에 들어 있기 때문에 이제는 《관음신앙》도 버리고 진정한 종교(宗敎)인 《보살불교(菩薩佛敎)》로 회귀(回歸)할 것을 《미륵불》이 강력히 요청을 하고 있는 것이다.

지금까지 《불법(佛法)》 파괴의 《실상(實相)》을 간추려 발표하면서 분명히 알려드리는 사항은 《대중부 독각불교》나 《상좌부 연각과 독각 불교》나 《당 마왕불교》와 《마왕 관음불교》 교주(敎主)가 되는 자(者)들이 《창조주(創造主)》로서 《구원자(救援者)》로 행세를 하고 각종 종교(宗敎)에서 《창조주(創造主)》를 사칭하고 《구원자(救援者)》로 자처하는 자(者)들 모두가 《악마(惡魔)의 신(神)》들인 《대마왕신(神)》들과 《대마왕》들로서 《구원(救援)》의 능력이 없는 자(者)들이다.

이로써 《인간》들 뿐만 아니라 만물을 《구원(救援)》할 수 있는 분은 오로지 《원천창조주》이신 《석가모니 하나님 부처님》 한 분 밖에는 없음을 《미륵불》이 분명히 하는 것이며,

이렇듯 각종 종교(宗敎)를 통해 인간 무리들의 《정신세계(精神世界)》를 지배하고 있는 《악마(惡魔)의 신(神)》들인 《대마왕신(神)》들과 《대마왕》들은 그들이 지배하고 있는 인간 무리들을 《파멸(波滅)》로 이끌고 있는 자(者)들이라는 사실을 《미륵불》이 분명히 밝히는 바이니 인간 무리들은 이러한 《미륵불》께서 당부하는 내용들을 깊이 인식하셔야 할 것이다.

그리고 《관음신앙(觀音信仰)》을 있게 한 《관세음보살》들을 밝혀 드리면, 《음(陰)의 연각과 독각 불교》와 《상좌부(上座部) 연각과 독각 불교》의 《관세음보살》이 《관세음보살 1세》이며, 《대중부 독각불교》의 《관세음보살》이 《관세음보살 1세》의 《분신

표) 마왕불교 내에서의 관음신앙(觀音信仰)

마왕불교 구분		구원자	관음신앙
음(陰)의 독각 불교	음(陰)의 연각과 독각 불교	관세음보살	관세음보살 : 관세음보살 1세
	상좌부 연각과 독각 불교	관세음보살	관세음보살 : 관세음보살 1세
양(陽)의 독각 불교	대중부 독각불교	악마(惡魔)의 신(神)인 화신(化神)의 석가모니	관세음보살 : 《관세음보살 1세》의 《분신(分身)의 딸 2세》
	당 마왕불교	다보불	관세음보살 : 《관세음보살 1세》의 《분신(分身)의 딸 1세》 해수관음 : 《문수보살 1세》의 딸인 《화엄보살》 천수천안관음 : 《관세음보살 1세》의 《분신(分身)의 딸 1세》의 《분신(分身)의 딸》인 《묘음보살》
연각 불교	마왕 관음불교	관세음보살	관세음보살 : 《관세음보살 1세》의 《분신(分身)의 딸 1세》

※ 《음(陰)의 연각과 독각 불교》와 《상좌부 연각과 독각 불교》는 연각불교(緣覺佛敎)와 독각불교(獨覺佛敎)의 특성을 모두 가지고 있어 '연각과 독각 불교'라 명명하였다. 그래서 경우에 따라 연각불교와 독각불교로 각각 구분되기도 한다.

(分身)의 딸 2세》이며, 《당 마왕불교》의 《관세음보살》이 《관세음보살 1세》의 《분신(分身)의 딸 1세》이며 《마왕관음불교(魔王觀

音佛敎)》에서의 《관세음보살(觀世音菩薩)》이 《관세음보살 1세》의 《분신의 딸 1세》이며 《천수천안관음》이 《관세음보살 1세》의 《분신(分身)의 딸 1세》의 《분신의 딸》로서 《악마(惡魔)의 신(神)》인 《대마왕신(神)》《묘음보살》로서 《측천무후》이며, 《해수관음(海水觀音)》이 《문수보살 1세》의 딸인 《화엄보살》이다.

이러한 《관세음보살》의 후손들은 세계 도처에 퍼져 있으며 그들이 집중적으로 모여 사는 곳을 대략적으로 간추리면 《한반도(韓半島)》와 《일본》과 《중원 대륙》과 《티베트(Tibet)》와 《동남아시아》 중 《태국》에 집중적으로 모여 살고 있으며 《아일랜드》, 《이태리 남부》, 《그리스 중부》, 《인도 중부》, 《아프리카 북부》, 《팔레스타인》 등 여러 곳에 흩어져 살고 있음을 대충 밝히는 바이다.

그리고 《당(唐)》나라 《측천무후》에게 《천수경》을 만들어 준 분이 때에 《대마왕》《관세음보살 1세》께서 《의정(義淨)》(AD635~AD713)으로 이름하고 와서 《천수경》을 만들어 《묘음보살》인 《측천무후》에게 전달한 것임을 아울러 밝혀 두는 바이다.

2. [성문(聲聞)의 불법전래(佛法傳來)]

굴내결집본(497BC~496BC)인 성문(聲聞)의 불법(佛法) 전래

※ 고타마는 아사세왕을 제바달다라 불렀다.

마가다국 아사세왕
(천왕불, 생몰 534BC~461BC)

라보 1왕조(1300BC~300BC),
아유타야 왕국(800BC~300BC)

굴내결집본 완료 직후

485BC 베트남의 비자야 지역

스리랑카 싱할리 왕국 초대 왕 비자야
(노사나불, 562BC~475BC)

《노사나불(佛)》이신《비자야(Vijaya)》가《경율(經律)》2장(二藏)으로 된《굴내결집본》인《보살도(菩薩道)》로 가는《성문(聲聞)》의

불법(佛法)을 《태국》의 《라보(Lavo) 1왕조(王朝)》(1300BC~300BC)와 2차 교화기에 있던 《아유타야(Ayutthaya) 왕조(王朝)》(800BC~300BC)에 《BC 485년경》 전(傳)하였을 때 충격을 받은 분이 《관세음보살 1세》이다.

이러한 《관세음보살 1세》께서 그의 후손들 나라인 《태국》과 여타 《동남아시아》 각국들의 인간 무리들에 대한 《정신적(精神的)》 지배를 위해 한때 《집착(執着)》을 함으로써 《대마왕(大魔王)》이 되시어 《남자(男子)》 몸을 가지시고 고대 《인도》《마우리아(Maurya)》 왕조(王朝)의 《아쇼카 왕(王)》(Asoka, 재위 274BC~232BC)으로 태어나시면서

상좌부 불교(上座部 佛敎) 남방 전래

아쇼카 왕의 주도하에 굴외결집본을 다시 왜곡하여 관세음보살을 창조주로 하면서 경율 2장을 논장에 추가하여 경율론 3장을 만듦.
이를 '상좌부 연각과 독각 불교(상좌부 불교)'라고 한다.

마우리아 왕조 아쇼카 왕
(관세음보살 1세, 재위 273BC~236BC)

○ 250BC 태국 대아유타야 왕국
(300BC~AD640)

스리랑카

《출산(出産)》을 담당하는 《우주(宇宙)》의 《어머니(母)》답게 처음 《굴내결집본(窟內結集本)》을 가지고 1차 불법(佛法) 파괴를 하여 《굴외결집본》을 만들어 《음(陰)》의 《연각과 독각 불교(佛敎)》를 탄생시켰던 《대마왕(大魔王)》《문수사리》와 《목건련》으로 이름 하였던 《지장보살 1세》와 관계 《승려》들을 반복(反復)되는 윤회(輪廻)를 통해 이들 모두를 《아쇼카 왕》과 같은 동시대(同時代)에 태어나게 하여 한자리에 모이게 한 후,

《3차》《경전(經典)》대결집 사업을 《아쇼카 왕》(재위 273BC~236BC) 재위 중에 벌이면서 《음(陰)》의 《연각과 독각 불교(佛敎)》에 대한 《2차》《불법(佛法)》 파괴를 하면서 《창조주》인 《구원자(救援者)》로서 《석가모니 하나님 부처님》과 이를 사칭한 《악마(惡魔)의 신(神)》인 《화신(化神)의 석가모니》 등 모두를 배제시키고 《관세음보살》이 《창조주》인 《구원자(救援者)》로 등장하는 경전(經典) 내용으로 결집(結集)을 완성하면서

《경율(經律)》 2장(二藏)에 《논장(論藏)》을 첨가하여 《삼장(三藏)》을 만들어 《불법(佛法)》을 방대하게 만듦으로써 일반민(一般民)들이 《불법(佛法)》에 접근하는 것을 방해하고자 하는 의도로 《상좌부》《연각》과 《독각》《불교》를 만들어 이를 《스리랑카》를 통하여 《해상 루트》를 따라 《BC 250년》에 《태국》의 《대아유타야 왕국(王國)》(300BC~AD640)에 전(傳)하여지게 한 것이다.

이로써 《동남아시아》 각국들은 《비자야(Vijaya)》께서 전한 《성문불교(聲聞佛敎)》와 《관세음보살》이 《창조주》인 《구원자(救援者)》로 등장한 《음(陰)》의 《연각과 독각 불교(佛敎)》가 심한 갈등을 겪은 끝에 《권력자》로 자주 등장하게 되는 《관세음보살 1세》와 《대관세음보살》 등의 지원 때문에 《상좌부(上座部)》《연각》과 《독각》 불교가 세력 다툼에서 승리하여 자리하였으나, 지금의 때로 봐서는 《대중부 독각불교》가 최후의 승리를 하여 자리하고 있는 것이다.

이와 같이 《불가(佛家)》에서는 최고의 경지를 자랑하는 순수하고 이상적인 《보살불교》와 《성문의 도(道)》는 사라져 가야 했던 슬픈 일이 벌어진 것이다. 그리고 이러한 《관세음보살》이 《창조주》인 《구원자(救援者)》로 등장하는 《상좌부》《연각》과 《독각》 불교가 현재까지 고스란히 남은 불교가 《티벳 불교》인 것이다.

한편, 《대아유타야 왕국》(300BC~AD640)에서 《성문의 불교》와 《상좌부 연각과 독각 불교》가 부딪쳐 심한 갈등을 겪을 때 《천상(天上)》의 지시로 본래 《천상(天上)》에서부터 《노사나불(佛)》의 부인이셨던 《정화수왕지불(佛)》께서 《허황옥(許黃玉)》으로 이름하시고 《장유화상》과 함께 《굴내결집본》인 《경율 2장》으로 된 《성문의 불교》를 가지고 《대아유타야 왕국(Great Ayutthaya

굴내결집본인 성문(聲聞)의 불법(佛法)의 한반도 전래 경로

1BC 가야 수로왕(首露王)
(神名 : 노사나불, 25BC~AD110, 재위 6BC~AD110)

태국 대아유타야 왕국
(300BC~AD640)

허황옥(신명 : 정화수왕지불)과 장유화상이 해상 경로를 통해 성문(聲聞)의 불법(佛法)을 가야에 전달

Kingdom)》(300BC~AD640)으로부터 해상루트를 따라《BC 1년》에 경남《김해(金海)》에 당도하시어《금관가야》《수로(首爐) 왕》(25BC~AD110, 재위 6BC~AD110)이신《노사나불》과 다시 혼인을 하심으로써《가야국》에《성문의 불교》인《성문(聲聞)의 불법(佛法)》이 전하여진 것이다.

그리고《수로왕》의 혼인 때《수로왕》(25BC~AD110, 재위 6BC~AD110)의 아버지이신《신라》(36BC~AD935)의《박혁거세 왕》(43BC~AD36, 재위 36BC~AD36)으로 이름하셨던《석가모니 하나님 부처님》께서 오셨기 때문에 자연히《신라》에도《성문(聲聞)의 불법(佛法)》이 전해짐으로써

훗날 《가야》와 《신라》에서는 《한단불교(桓檀佛敎)》의 《석가모니 하나님 부처님》《음(陰)》의 불법(佛法)인 《진리(眞理)》의 법(法)과 《양(陽)》의 불법(佛法)인 《성문(聲聞)의 불법(佛法)》이 만나 《음양(陰陽)》 짝을 함으로써 지상(地上)에서는 찾아볼 수 없는 전무후무한 《대승(大乘)》《보살불교(菩薩佛敎)》가 꽃피워져

지금도 그 유물인 《경주 불국사》와 《석굴암》이 존재하며, 《천마총》 같은 《고분벽화》가 남아 있는 것이다.

이러한 이후 《보살불교(菩薩佛敎)》는 2세기경 《고구려》와 《백제》에도 전하여지므로써 이후 《한반도(韓半島)》 국가 모두에서는 《보살불교》가 보편화되어 있었던 것이다.

표) 한반도에서 발견된 대승보살불교 유적

신라	백제	고구려	가야
불국사, 석굴암, 천마총 등	백제의 미륵신앙 (익산 미륵사지, 무령왕릉)*	고구려 왕릉과 고분벽화	가야의 토기 등
※ 보살불교에 정통하지 않으면 위 관련 유적들이나 유물들을 해석하지 못함. ※ 미륵신앙은 보살불교에서만 등장함.**			

* 메시아이신 미륵부처님 직강 : 제5회 정본 반야바라밀다심경 강의 동영상 (2016.3.5.)
** 메시아이신 미륵부처님 직강 : 제7회 정본 반야바라밀다심경 강의 동영상 (2016.3.19.)

이러한 증거가《백제》의《미륵(彌勒)》신앙이며,《고구려》 역대 왕(王)들의《왕릉》과《고분벽화》가 되는 것이다. 이러한 《고분벽화》의 해석은《보살불교》에 정통하지 않으면 해석을 하지 못하는 뚜렷한 증거가 되는 것이다.

이와 같은《고구려》《고분벽화》가 출토될 때마다 꿀 먹은 벙어리 행세를 하며 다만《고분》의《장식용》정도로 알고 있는 학자(學者)들과 거짓말 잘하는《당 마왕불교(魔王佛敎)》와《대중부 독각불교》를 하고 있는 마왕(魔王)《승려》들이 불교(佛敎)의 전래는《고구려》 17대 왕인《소수림왕》(재위 AD371~AD384) 때 북방(北方) 불교(佛敎) 루트를 따라《중원 대륙》으로부터 들어왔다고 전문 지식이 없는 일반 백성(百姓)들을 속이고 있는 파렴치한 거짓말을 지금도 하고 있는 것이다.

이와 같은《한반도》 삼국(三國)으로 자리한《신라》,《고구려》,《백제》의《보살불교》를 타락시켜《한민족》 전체를 파멸로 몰고 가기 위한 목적으로《중원 대륙》《당(唐)》(AD618~AD907) 나라에서《대마왕》《다보불(佛)》과《문수보살 1세》가 획책하여《당 마왕불교》를 만들어《한반도》로 들여보내게 된다.

이에 대한 상세한 사연은 『진실된 세계의 역사(歷史)와 종교

(宗敎) 上』(미륵불 저, 2015) 〔제1장 불교란 과연 어떠한 종교인가〕의 〔4. 마왕불교(魔王佛敎)〕편에서 설명을 드린 것이다.

한편,《음(陰)》의《연각과 독각 불교(佛敎)》를《기복불교(祈福佛敎)》로 전환시켜 만들어진《상좌부(上座部)》연각과 독각 불교(佛敎)를 형성시켰을 때 참여한《대마왕》들과《승려》들이 반복(反復)되는 윤회(輪廻)로 이들의 손에 의해 정략적으로《북방 경로》를 통하여《BC 2세기》에《중원 대륙》으로《상좌부 불교》가 전(傳)하여 지게 된다.

이렇게 하여 전(傳)하여진《상좌부(上座部) 연각과 독각 불교》도《대마왕》《다보불(佛)》과《문수보살 1세》의 비호 아래《당(唐)》나라(AD618~AD907)가 건국될 때

《대마왕》《다보불(佛)》과《문수보살 1세》와《당(唐)》《현장》(AD602~AD664)과 이때 초대《황제》로 자리하였던《당 고조》《이연》(생몰 AD566~AD640, 재위 AD618~AD626)과《당 태종》이 될《이세민》(생몰 AD598~AD649, 재위 AD626~AD649) 등이《상좌부 연각과 독각 불교(上座部 緣覺과 獨覺 佛敎)》를 해체하여

《관세음보살》을《창조주》인《구원자》의 자리에서 내어 쫓고《한민족(韓民族)》《역사》와 관련된 모든 불교 용어(用語) 등을

삭제하는 대규모《불법(佛法)》파괴를 3차로 하여 경전(經典) 대결집을 이룸으로써 순수《독각(獨覺)》들만의《마왕불교(魔王佛敎)》가 탄생하게 된다.

이로써 불교(佛敎)는《성문(聲聞)의 불교(佛敎)》와《음(陰)》의《연각과 독각 불교(佛敎)》와《대중부 독각불교》와《상좌부 불교》와《당 마왕불교》등 다섯으로 갈라진 것이다. 이와 관련된 상세한 설명은 뒤편에서 진행되는〔마왕불교(魔王佛敎)〕편에서 설명 드리도록 하겠다.

이와 같이《집착》에 의한 자기 몫 챙기기에 급급했던《관세음보살 1세》의 행(行)이 두고두고 씻을 수 없는《불법(佛法)》파괴의《멍에》를 스스로 쓰게 되고《원천창조주》이신《석가모니 하나님 부처님》께는《대역죄(大逆罪)》를 지은 것이다.

그리고 이러한《관세음보살 1세》의 행(行)이 그의 우주적 큰 아들이신《비자야(Vijaya)》로 이름하셨던《노사나불(佛)》에게는 엄청난 충격이 되어

이후부터는《어머니(母)》에 대한《반감(反感)》으로《포 쿤 쓰리 인드라디티아(Pho Khun Sri Indraditya)》(재위 AD1238~AD1257)로 이름하고

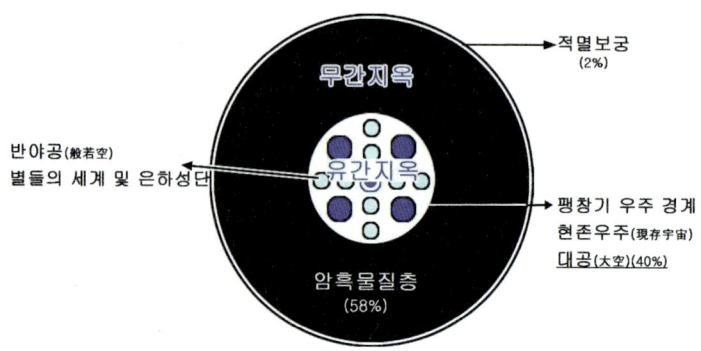

[그림] 법공(法空)에서의 지옥의 위치

훗날《수코타이(Sukhothai)》왕조(王朝)(AD1238~AD1438)를 세우게 된 것이며,

이러한《수코타이 왕조(王朝)》를《관세음보살 1세》께서는《마하 탐마라차티라트(Thammarahathiraat)》로 이름하시고 이 왕조(王朝)를 망(亡)하게 하고《아유타야(Ayutthaya)》《통합 왕국(王國)》(AD1438~AD1767)을 세우시게 된다.

이러한 이후《아유타야》《통합 왕국》도《악마(惡魔)의 신(神)》으로서《천관파군 1세》인《탁신(Taksin)》(재위 AD1767~AD1782)이 세운《톤부리(Thonburi)》왕국(王國)에 멸망당하게 되며

천상(天上)의 벌

1. 원유지옥 등 기타 유간지옥으로 가는 경우
   원유지옥 – 유간지옥의 한 형태로, 지구의 수명이 지구계 시간 기준으로 45억년(우주 전체 시간으로는 450억년) 남았다. 지구가 깨어지고 해체될 때 빠져나올 수 있다.
   기타 유간지옥 – 약 600년 전후로 풀려난다.

2. 무간지옥으로 가는 경우
   1) 속성(屬性)이 파해지고 영혼과 영신(靈身)만 가는 경우
      - 지구계 시간으로 50억년(우주 전체 시간 500억년) 후 재진화의 길에 들어섬.
   2) 영신(靈身)이 파해져 영혼만 가는 경우
      - 지구계 시간으로 100억년 후 재진화의 길에 들어섬.
   3) 영혼 죽임되어 혼(魂)을 잃어서 양자영(陽子靈) 덩어리들만 가는 경우
      - 지구계 시간으로 150억년 후 재진화의 길에 들어섬.
   4) 양자영(陽子靈)들마저 완전히 파해져 암흑물질로 돌아가는 경우
      - 지구계 시간으로 200억년(우주 전체 시간으로는 2,000억년) 지나 재진화의 길에 들어설 수 있음.

3. 사라지는 경우

이와 같은《톤부리 왕국》(AD1767~AD1782)도《라마(Rama) 1세》(생몰 AD1737~AD1810, 재위 AD1782~AD1809)로 이름한《노사나불(佛)》에게 망(亡)함으로써《노사나불(佛)》께서 세우신《라따나꼬신(Rattanakosin)》왕국(王國)(AD1782~AD1932)의《차크리(Chakri) 왕조》(AD1782~현재)가 오늘날까지 존재하고 있는 것이다.

이로써 《욕망(慾望)》에 의한 《집착(執着)》 때문에 한순간 《대마왕》으로 돌아앉은 《관세음보살》이 행(行)하신 일들이 《동양사회》에 몰고 온 파장은 실로 엄청난 것이었다.

이 때문에 《관세음보살》께서도 그 분이 지은 《업장》 때문에 이후부터는 필설로 다 말할 수 없는 고통을 겪으시고 스스로 하신 일에 대한 깊은 참회를 오랜 기간 하신 끝에 스스로 지은 《업장》을 소멸하고 《석가모니 하나님 부처님》으로부터 죄업(罪業)을 한때 용서받으셨으나 스스로는 그로 인해 《무간지옥》에 빠지는 《벌(罰)》을 받은 중생(衆生)들로 인해 《관세음보살》 자신께서 《무간지옥》에 들어가는 《벌(罰)》을 자청하셨기 때문에 《무간지옥》으로 사라져 가신 것이다. 이로써 그분이 가지고 계시던 《관세음보살》의 소임은 모두 끝이 난 것이다.

영혼과 영신이 완전히 사라지는 벌을 받은 후의 진화 과정

인간으로 태어남

↑ 1만 억년(지구계 시간 기준)

암흑물질 : 암흑물질 내에서도 여러가지 형태의 태어남을 가지는데, 암흑물질 내에서도 인간으로 태어난다.

↑ 1만 억년(지구계 시간 기준)

완전히 사라진 경우

※ 1회 법공 진화주기는 지구계 시간으로는 10,000억년(우주 전체 시간 100,000억년)이 소요된다.

※ 진화의 원점으로 돌아가서 다시 진화의 길을 걸어야 한다. <u>1회 법공 진화 주기인 1만 년이 1만번 되풀이 될 때까지 계속된다</u>. 이는 피할 수 있는 것이 아니다. 그래서 이런 벌로부터 벗어나는 길은 인간 육신이 석가모니 하나님 부처님께 참회기도를 부지런히 하면서 바른 진리의 법 공부를 꾸준히 하면 스스로 벗어날 수 있다. 그것이 '구원'이다.

표) 성문(聲聞)의 불법(佛法) 전래와
상좌부 연각과 독각 불교 전래*

성문의 불법인 굴내결집본(497BC~496BC 결집) 전래	상좌부 불교 전래	
	남방경로	북방경로
인도(아사세왕, 534BC~461BC, 재위 504BC~461BC) ⇩ 스리랑카의 싱할리 왕국(비자야, 562BC~475BC, 재위 543BC~505BC) ⇩ 해상루트 ⇩ 485BC 동남아(베트남의 비자야에 도착) 태국 라보 1왕조(1300BC~300BC) 태국 아유타야 왕조(800BC~300BC) ⇩ 1BC 대아유타야 왕국(300BC~640AD)의 허황옥과 장유화상이 성문(聲聞)의 불법(佛法)을 가지고 가야로 들여옴.	인도 마우리아 왕조(아쇼카 왕, 재위 273BC~236BC) ⇩ 스리랑카 ⇩ 해상루트 ⇩ 250BC 태국 대아유타야 왕국(300BC~AD640)에 전달.	인도 ⇩ 기원전 2세기경 중원대륙

※ 성문(聲聞)의 불법(佛法)과 상좌부 불교간의 다툼이 태국에서 노사나불과 관세음보살 1세의 모자간의 권력다툼으로 나타났다. 태국의 수코타이 왕조(AD1238~AD1438)는 노사나불, 아유타야 통합왕국(AD1438~AD1767)은 관세음보살, 현재의 짜끄리 왕조는 노사나불이 세운 왕조이다.

* 메시아이신 미륵부처님 직강 : 제7회 정본 반야바라밀다심경 강의 동영상 (2016.3.19.)

표) 한국(韓國)에서의 주요 불교 역사*

시기	관련인물	주요 사건
3512BC	구막한제국(寇莫韓帝國) 제5대 태우의 한웅님 (신명 : 석가모니 하나님 부처님)	북반구 문명 최초의 종교인 한단불교(桓檀佛敎) 창시
단군조선 때 (2333BC~232BC)	단군왕검(신명 : 문수보살 1세)과 자허선인(신명 : 연등불)	한단불교(桓檀佛敎) 말살 정책. 신선도인 연각불교(緣覺佛敎) 정착시켜 기복신앙을 뿌리내림.
1BC	김수로왕(신명 : 노사나불), 허황옥(신명 : 정화수왕지불) 등.	성문(聲聞)의 불법(佛法)이 한반도에 전해짐. 태국의 대아유타야 왕국(300BC~AD640)으로부터 허황옥이 장유화상과 함께 굴내결집본인 성문의 불교를 가야에 전함.
삼국시대 (600년간)	박혁거세 왕(신명 : 석가모니 하나님 부처님)	성문의 불법과 한단불교가 만나 대승보살불교가 찬란한 꽃피움. 신라 : 천경신고, 천부경 등 한단불교 백제 : 미륵신앙 고구려 : 고분벽화
신라 선덕 (재위AD632~AD647)	선덕여왕(신명 : 관세음보살 2세)(재위 AD632~AD647) 자장율사(신명 : 미륵불 3세)(AD590~AD658)	한반도 보살불교 말살을 위해 당 마왕불교 들여옴.(화엄종 들여옴)
통일신라 전쟁	김춘추(金春秋, 태종무열왕)(AD604~AD661, 재위 AD654~AD661, 신명 : 노사나불 1세) 당《태종(太宗)》이세민 (생몰 AD598~AD649, 재위 AD626~AD649, 신명 : 무곡성불 1세)	당나라 장수 소정방이 제일 처음 한 짓 : 백제의 서고 불지름

* 메시아이신 미륵부처님 직강 :
제4회, 제5회 정본반야바라밀다심경 강의 동영상(2016.3.5.)

	의상대사(신명 : 미륵불 1세)(생몰 AD625~AD702)	**당마왕불교의 불법(佛法)의 파괴를 확인**하시고 화엄경의 대의를 묶어 『화엄일승법계도』를 창작하심.
		이후 천수경과 교외별전된 선법 들어옴.
통일신라 말, 고려 초	최치원(신명 : 야훼신)(생몰 AD857~AD926)	천부경 81자 왜곡.*
고려	왕건(신명 : 가이아신)(생몰 AD877~AD943, 재위 AD 918~AD943)	서고 불 지름.
	김부식(신명 : 천관파군 2세인 이오신)(AD1075~AD1139)	삼국사기(三國史記) 저자. 역사왜곡 전문가
	일연(신명 : 천관파군 1세)(생몰 AD1206~AD1289)	고려 무신정권 집권 기간 중 유일한 문인집권자인 유경과 동일인임. 삼국유사 저자. 역사왜곡 전문가.
	<u>이맥</u>(신명 : 석가모니 하나님 부처님, AD1216~AD1279) <u>원동중</u>(신명 : 미륵불, AD1236~AD1295) 안함로(신명 : 아미타불)	AD1264년 최초의 한단고기(桓檀古記)
조선	문정왕후(신명 : 관세음보살 분신의 딸 1세)	당마왕불교 혁파하고 마왕관음불교 정착시킴.

* 메시아이신 미륵부처님 직강 :
  제7회 정본반야바라밀다심경 강의 동영상(2016.3.19.)

3. 대마왕(大魔王) 관세음보살

 《개천이전(開天以前)》부터 《석가모니 하나님 부처님》을 제거한 후 《개천이후(開天以後)》에 만들어지는 《천(天)》, 《지(地)》, 《인(人)》 우주 모두를 지배하기 위해 최고 《악마(惡魔)의 신(神)》인 《비로자나 1세》가 음모를 꾸미다가

그의 음모가 《석가모니 하나님 부처님》께 발각이 되어 이후부터 최고 《악마(惡魔)의 신(神)》인 《비로자나 1세》는 《천궁(天宮)》이나 《태양성(太陽星)》 같은 《별(星)》의 《법신(法身)》을 가지지 못하고 《인간》들 사회에서 《인간 육신(肉身)》의 진화(進化)만을 할 수 있는 《형벌(刑罰)》을 받게 된다.

이러한 이후 《상천궁(上天宮)》의 인간들이 사는 《별(星)》에서

최고《악마(惡魔)의 신(神)》인《비로자나 1세》는《암흑의 신(神)》인《가이아 신(神)》과 결혼하여 아들(子)을 생산(生産)하였는데 훗날을 도모하기 위해 처음부터 그의 아들 이름을《석가모니 하나님 부처님》의《명호(名號)》를 도적질하여《석가모니》로 이름을 하게 된다.

이렇게 하여 태어난 최고《악마(惡魔)의 신(神)》인《비로자나 1세》의 아들《석가모니》와《석가모니 하나님 부처님》과의 구분을 위해《비로자나 1세》의 아들《석가모니》를《악마(惡魔)의 신(神)》인《화신(化神)의 석가모니》로 이름하게 된 것이다.

[그림] 법공(法空) 1회 진화 주기

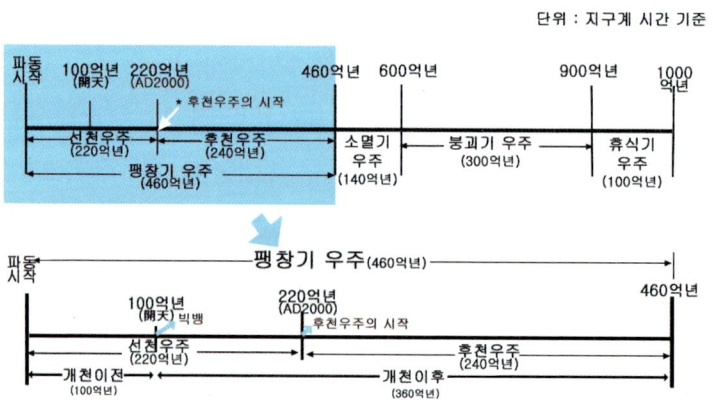

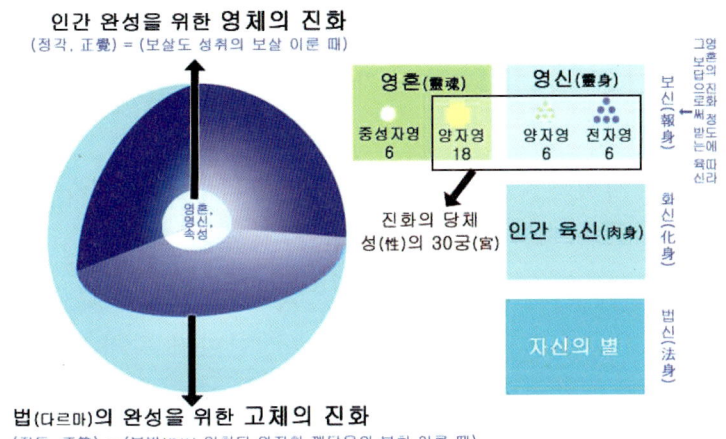

 이러한 짓을 예사롭게 한 최고(最高)의 《악마(惡魔)의 신(神)》으로서 《대마왕신(神)》인 《비로자나 1세》가 노리는 목적을 잘 아시는 《석가모니 하나님 부처님》께서는 그의 아들인 《악마(惡魔)의 신(神)》인 《화신(化神)의 석가모니》 역시 《천궁(天宮)》이나 《태양성(太陽星)》 등 《별(星)》의 《법신(法身)》을 갖지 못하게 하시고 《인간》들 사회에서 《인간 육신(肉身)》의 진화(進化)만을 할 수 있도록 《벌(罰)》을 내리신 것이다.

 이와 같이 《원천창조주》이신 《석가모니 하나님 부처님》으로부터 벌(罰)을 받게 된 최고(最高)의 《악마(惡魔)의 신(神)》으로서

《대마왕신(神)》인《비로자나 1세》와《악마(惡魔)의 신(神)》인《화신(化神)의 석가모니》는 그들과 뜻을 같이하는 최고(最高)의《대마왕》인《다보불 1세》와《다보불 1세》의 아들인《문수보살》을 끌어들여 동조 세력을 만든 후

호시탐탐 기회를 노리다가 지금으로부터《100억 년 전(億年前)》《천일궁(天一宮)》에서 당시《아미타불》의 아들로 태어났던《세트 신(神)》을 부추겨《아미타불》을 살해하고《아미타불》께서 만드신《4×3×4》천궁도(天宮圖) 성단마저 탈취하는 사건을 일으킴으로써《1차 우주 쿠데타》를 일으키는 것이다.

이러한 사건이 일어났을 때《석가모니 하나님 부처님》께서는《상천궁(上天宮)》을 모두 만드신 후 초기 우주 특성상 일찍부터 새로운《천궁(天宮)》을 만드시고《천일일(天一一) 우주》로 불리우는 지금의《오리온좌 성단》을 만드시기 위해 여행을 하시고 계신 때였으며《관세음보살》은 지금의《목동자리 성단》에 있는《관음궁(觀音宮)》을 만들기 시작한 때였다.

이러한 사건을 일으킨 후 최고의《악마(惡魔)의 신(神)》으로서《대마왕신(神)》인《비로자나 1세》와《화신(化神)의 석가모니》는 때에《아미타불》께서 만드신《백조자리 성단》을 차지하고 최고의《대마왕》인《다보불 1세》는《세트 신(神)》이 탈취한

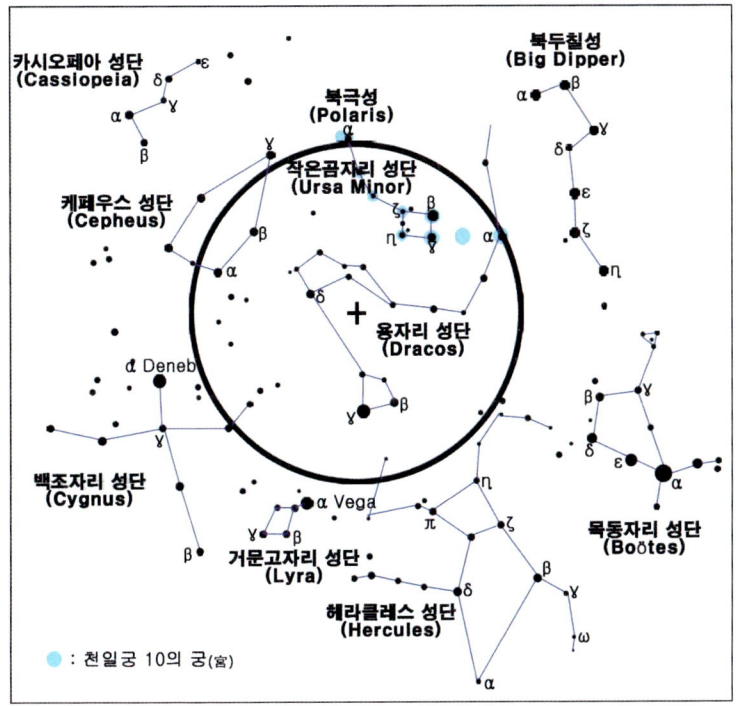

[그림] 천일우주(天一宇宙) 100의 궁(宮) 실물 성단도

《4×3×4》천궁도 성단이 만든《용(龍)자리 성단》을 차지하고 그의 아들인《문수보살》로 하여금 그의 법신(法身)을《용자리 알파성》이 되게 하여 자리하도록 한 것이며,

《4×3×4》천궁도 성단 중심혈에 앉아 있던《세트 신(神)》도 《천궁(天宮)》진화를 모두 마치고《용자리 알파성》북쪽에 있는 외톨이 별(星)로 탄생한 이후 초기 우주 특성상 일찍부터

《핵(核)》의 붕괴를 일으켜 새로운《천궁(天宮)》을 만들어 여행하여《천일일(天一一) 우주》인《오리온좌 성단》으로 들어오다가 이때를 기다리고 있던《호루스(Horus)》로 이름한《메시아(Messiah)》이신《미륵불》에 의해 체포되어 그의 성단(星團)은 해체되고 그는《지일(地一)》의 천궁(天宮) 내(內)에 있는 감옥에 갇히게 되는 것이다.

이러한 때 최고의《악마(惡魔)의 신(神)》으로서《대마왕신(神)》인《비로자나 1세》와 최고의《대마왕》《다보불 1세》가《천일우주(天一宇宙)》《100의 궁(宮)》대부분의《성단(星團)》들을 정복하자

어쩔 수 없이《우주의 어머니(母)》로 불리우는《관세음보살》도 그가 만든《목동자리 성단》의《관음궁》에서 만든 그의 후손 보호를 위해 최고의《악마(惡魔)의 신(神)》으로서《대마왕신(神)》인《비로자나 1세》와 최고의《대마왕》《다보불 1세》에게 항복함으로써 우주(宇宙)의《어머니(母)》이신《관세음보살(觀世音菩薩)》도《대마왕(大魔王)》이 되신 것이다.

이로써《상천궁(上天宮)》다음으로 만들어진《천일우주(天一宇宙)》《100의 궁(宮)》《9개 성단》모두는《악마(惡魔)의 신(神)》들인《대마왕신(神)》들과《대마왕》불보살들의 차지가 된 것이

다.

　이와 같은 일들 중 제일 우려할 일이 발생한 것이《우주간(宇宙間)》과《세간(世間)》에서 진화(進化)하는《인간 무리》들의 태어남(生)을 자유자재로 하는《우주(宇宙)》《어머니(母)》임무를 가지신《관세음보살》께서《대마왕》이 되시어 최고의《악마(惡魔)의 신(神)》으로서《대마왕신(神)》인《비로자나 1세》와 최고의《대마왕》《다보불 1세》의 뜻을 따라 모든《악마(惡魔)의 신(神)》인《대마왕신(神)》들과《대마왕》들의 태어남을 자유자재로 행사함으로써

　최고의《대마왕신(神)》인《비로자나 1세》와《대마왕》《다보불 1세》가 그들이 뜻하는 전체 우주(宇宙)의 정복을 위한《지배욕(支配慾)》과《권력욕(權力慾)》을 채우는 버팀목 역할을 하는데 이용을 한 때문에《선천우주(先天宇宙)》를《욕망(慾望)》하는 우주로 만드는 크나큰 잘못을《대마왕》《관세음보살》이 저지른 것이다.

[1] 《대마왕》《관세음보살》의 《음모(陰謀)》

　《관세음보살》께서 《대마왕(大魔王)》으로 돌아앉은 후 처음 한 일이 《메시아(Messiah)》이신 《미륵불》이 부처(佛)를 이루기 전 《미륵 보살》로 있을 당시 《천일궁(天一宮)》에서 《미륵보살》의 가정을 철저하게 파괴하는 일부터 시작을 한 것이다.

　《악마(惡魔)의 신(神)》인 《화신(化神)의 석가모니》가 처음 태어났을 때는 최고의 《악마(惡魔)의 신(神)》으로서 《대마왕신(神)》인 《비로자나 1세》와 《암흑의 신(神)》인 《가이아 신(神)》으로부터 탄생하였으나 그 다음부터는 현재 이를 밝히고 있는 《메시아(Messiah)》이신 《미륵불》과 《관세음보살》 분신(分身)의 딸 1세 사이에서 아들로 태어난 것이며, 다음으로 《그림자 비로자나 1세》와 암흑의 신(神)인 《가이아 신(神)》 사이에 태어났던 《묘음보살》이 《미륵보살》의 딸로 태어난 것이다.

　이러한 이후 《대마왕》《관세음보살》은 《대마왕》으로 돌아앉은 이후 그 다음의 《생(生)》에서 《미륵보살》이 없는 틈을 타서 《미륵보살》의 부인이었던 《관세음보살》 분신(分身)의 딸 1세를 그의 아들로 태어났던 《악마(惡魔)의 신(神)》인 《화신(化神)

의 석가모니》에게 시집을 보내는《천상(天上)》이나《천하(天下)》에서 용납하지 못하는 파렴치한 짓을 스스럼없이 저지르고《관세음보살》분신(分身)의 딸 1세로 태어난《미륵보살》부인의 분신(分身)의 딸로 태어났던《묘음보살》을《우주간(宇宙間)》에 둘도 없는《악질(惡質)》《악마(惡魔)의 신(神)》인《대마왕신(神)》으로 만듦으로써《미륵보살》의 가정을 철두철미하게 파괴를 한 것이다.

이러한 이후《대마왕》《관세음보살》과 최고의《악마(惡魔)의 신(神)》으로서《대마왕신(神)》인《비로자나 1세》와 최고의《대마왕》《다보불 1세》는《후천우주(後天宇宙)》가 시작되기 이전 훗날《지구상(地球上)》에서 펼쳐질《인류 북반구 문명》후반기에《인간 무리》들을 정신적(精神的)으로 지배함으로써 이를 바탕으로 하여《후천우주》를 정복하기 위한 목적으로

《악마(惡魔)의 신(神)》인《화신(化神)의 석가모니》를《마왕신(神) 부처(佛)》로 성불(成佛)시키기 위해《악마(惡魔)의 신(神)》인《화신(化神)의 석가모니》의 태어남을 세 번은《미륵보살》을 아버지(父)로 하여 태어나게 하고 한 번은《비로자나 1세》를 아버지로 하여 태어나게 하는《윤회(輪廻)》의 결정을 이미《100억 년 전(億年前)》《천일우주(天一宇宙)》100의 궁(宮)에서 이들 간에 합의를 하고 이의 실행을 대마왕《관세음보살》이 하게 된 것이다.

이러한 《악마(惡魔)의 신(神)》들인 《대마왕신(神)》들과 《대마왕(大魔王)》들의 결정 탓에 《지상(地上)》에서 《인류 북반구 문명》이 시작된 후 《수메르 문명권》과 《이집트 문명권》 등 여러 문명권에서 반복(反復)되는 윤회(輪廻)를 하는 동안 《미륵보살》은 그의 아들로 태어난 《악마(惡魔)의 신(神)》인 《화신(化神)의 석가모니》에게 《왕위(王位)》를 찬탈당하고 죽임을 당하는 《비운(悲運)》의 왕(王) 노릇을 네 번이나 한 적이 있다.

아들로 태어난 《악마(惡魔)의 신(神)》인 《화신(化神)의 석가모니》 정체를 때로는 알고 난 이후라도 《미륵보살》은 그를 죽이지 못하고 《교화(敎化)》하는 일에 주력을 한 것이며 설사 그를 미리 제거한다고 하여도 새로운 《생(生)》을 주는 일은 《대마왕》《관세음보살》의 몫이기 때문에 《미륵보살》로서는 《업장》만 쌓게 되는 부질없는 일이었던 것이다.

이와 같이 《대마왕》《관세음보살》은 《지상(地上)》에서 펼쳐지는 《문명권》마다 《악마의 신(神)》들인 《대마왕신(大魔王神)》들과 《대마왕(大魔王)》들이 이를 정복하고자 태어남(生)의 무기를 자유자재로 사용하여 인간들 사회를 분탕질하였으며, 특히 《지상(地上)》의 《북반구 문명》에서 《종교(宗敎)》가 생긴 이후는 《종교 단체》의 석권을 위해 그의 임무를 남용하여 휘두른 칼날은 추악한 《대마왕》 행위를 그대로 보여 주고 있는 것이다.

[2] 《악마(惡魔)의 신(神)》인
《화신(化神)의 석가모니》의 성불(成佛)

《악마(惡魔)의 신(神)》인 《화신(化神)의 석가모니》가 《상천궁(上天宮)》에서 《석가모니 하나님 부처님》으로부터 《벌(罰)》을 받는 순간부터 《화신(化神)의 석가모니》는 《천궁(天宮)》이나 《태양성(太陽星)》과 《별(星)》의 《법신(法身)》을 받지 못하고 《인간》들 사회에서 《인간 육신(肉身)》의 진화(進化)만을 하면서 살아가야 한다고 말씀드렸다.

진행을 하면서 필자가 여러 차례 강조한 바 있듯이, 《석가모니 하나님 부처님》과 모든 불(佛), 보살(菩薩)들은 하나같이 《인간(人間)》과 《별(星)》을 동일시(同一視)한다고 말씀드렸다.

즉, 이 뜻은 《천궁(天宮)》이나 《태양성(太陽星)》과 여타 《별(星)》들을 《법신(法身)》으로 갖지 못한다는 뜻은 《불법(佛法)》 일치를 이룬 《부처(佛)》 이룸의 길인 《성불(成佛)》의 길로 가는 진화(進化)를 하지 못하고 다만 《인간》들 사회에서 《반복(反復)》되는 윤회(輪廻)로 《마왕신(魔王神)》 부처(佛)를 이룬 이후 오랫동안 계속되는 정진(精進)으로 《마왕신 부처》의 탈(脫)을 깨고 인간 완

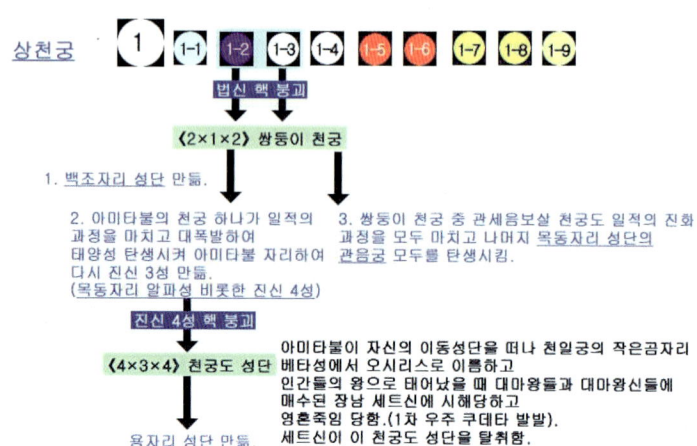

성의 《부처(佛)》를 이룰 수는 있으나 《법(法)》의 완성은 이룰 수가 없어 《반쪽짜리》 《부처(佛)》 밖에는 되지 못하는 운명의 소유자로 전락을 한 것이다.

이러한 그들의 운명(運命)임을 잘 아는 최고의 《악마(惡魔)의 신(神)》인 《비로자나 1세》와 《악마(惡魔)의 신(神)》인 《화신(化神)의 석가모니》가 최고의 《대마왕》 《다보불 1세》를 끌어들여 《아미타불》의 아들인 《세트 신(神)》을 부추겨 《아미타불》을 살해함으로써 그들은 《아미타불》께서 만드신 《백조자리 성단》을 탈취하고 《대마왕》 《다보불 1세》는 《용자리 성단》을 차지하게 되는 1차 《우주 쿠데타》를 《천일궁(天一宮)》에서 강행한 것이다.

그리고 이들은 끝내 《관세음보살》을 굴복시켜 그들과 뜻을 같이 하는 《대마왕》으로 만든 후 《관세음보살》로 하여금 《미륵보살》을 희생시켜 《악마(惡魔)의 신(神)》인 《화신(化神)의 석가모니》를 세세생생 《미륵보살》의 아들로 태어나게 함으로써 《미륵보살》의 《혈통(血統)》을 갖게 한 후 오래 동안 《미륵보살(彌勒菩薩)》의 《기(氣)》를 갈취하여 《악마(惡魔)의 신(神)》인 《화신(化神)의 석가모니》 자신의 것으로 만들어 비로소 《지상(地上)》에 와서 고대 《인도》 땅에서 《BC 542년》에 반쪽자리 《부처(佛)》인 《마왕신 부처(魔王神佛)》를 이루어 《고타마불(佛)》로 이름한 것이다.

원래부터 《마성(魔性)》이 두터운 《악마(惡魔)의 신(神)》인 《화신(化神)의 석가모니》 스스로의 《영혼(靈魂)》과 《영신(靈身)》으로는 《성불(成佛)의》 길로 가는 진화(進化)를 할 수 없기 때문에 《미륵보살》의 《혈통(血統)》으로 《인간 육신(肉身)》을 가지고 태어남으로써 《미륵보살》의 《기(氣)》로 인하여 반복(反復)되는 윤회(輪廻)로 그의 《마성(魔性)》이 짙은 《영혼》과 《영신》은 《성불(成佛)》의 여건을 갖추어 가는 것이다.

이 때문에《대마왕》《관세음보살》은 이미《100억 년 전(億年前)》부터 세세생생《악마(惡魔)의 신(神)》인《화신(化神)의 석가모니》를《미륵보살》의 아들로 태어나게 한 것이다.

즉,《악마의 신(神)》으로서《대마왕신》인《화신(化神)의 석가모니》가 이룬 반쪽짜리 부처(佛)는《악마(惡魔)의 신(神)》으로서《대마왕신(神)》《화신(化神)의 석가모니》가 이룬 것이 아니고 축적된《미륵보살》의 기(氣)가 이룬 것으로써 다만,《성불(成佛)》을 이룬 축척된《미륵보살》의《기(氣)》의 주인이《악마(惡魔)의 신(神)》으로서《대마왕신(神)》인《화신(化神)의 석가모니》이기 때문에 이를《마왕신(神) 부처(佛)》라고 하는 것이다.

이러한《악마(惡魔)의 신(神)》인《화신(化神)의 석가모니》가 고대《인도》로《싯다르타》(생몰 577BC~497BC) 태자로 이름하고 태어났을 때, 그를 태어나게 한 아버지인《정반왕(淨飯王)》(생몰 599BC~527BC)이 최고의《대마왕신(神)》인《비로자나 1세》이며 어머니인《마야(Maya) 부인》이 악명(惡名) 높은《가이아 신(神) 1세》이며 훗날 부인이 되는《야수다라비》가《악마(惡魔)의 신(神)》으로서《대마왕신(神)》중의 하나인《관세음보살 3세》이다.

이와 같은 결과가 지금으로부터《100억 년 전(億年前)*》최고의《악마(惡魔)의 신(神)》으로서《대마왕신(神)》인《비로자나 1세》와 최고의《대마왕》《다보불 1세》와《대마왕》《관세음보살》이 합의한 내용의 결과들인 것임을《메시아(Messiah)》이신《미륵불》이 분명히 하는 것이다.

---

* 본문 내용에서 시간 개념은 지구계 시간을 기준으로 하였을 때의 시간이다. 지구계 시간으로 1억년은 우주 전체 시간으로 계산하면 10억년에 해당된다.

4. [반야심경(般若心經)과 법화4부경(法華四部經)]

《미륵부처님과 정본(正本)
반야바라밀다심경(般若波羅蜜多心經)》

《반야바라밀다심경(般若波羅蜜多心經)》을 약어(略語)로《반야심경(般若心經)》이라고 한다. 본래 이러한《반야심경》은《석가모니 하나님 부처님》께서 설(說)하신《법화 4부경(法華四部經)》중의 일경(一經)으로써《석가모니 하나님 부처님》께서《관보현보살행법경》을 설(說)하시기 직전에 설(說)하신 경(經)으로써《석가모니 하나님 부처님》께서《선대문명(先代文明)》때 창조(創造)하신 경(經)이다.

이러한《반야심경》을《대마왕신(神)》부처(佛)인《고타마불(佛)》멸후 1차 경전(經典) 대결집이《왕사성 칠엽굴》에서《대가섭》을 상좌로 하여《오백 비구》가 모여《경율 2장》을 결집하여《석가모니 하나님 부처님》의 불법(佛法)이 왜곡됨이 없이 오롯이《성문(聲聞)》의 불법(佛法)으로 거듭 태어난 것이다. 이러한 결집을《오백 결집》,《상좌 결집》,《굴내(窟內) 결집》이라고 하며,

이때《법화사부경(法華四部經)》중《반야심경》과《관보현보살행법경》과《무량의경》은 결집이 되어《성문의 불법》에 포함이 되었으나,《악마(惡魔)의 신(神)》으로서《화신(化神)의 석가모니》인《고타마불(佛)》이《석가모니 하나님 부처님》께서 설(說)하신《묘법화경(妙法華經)》을 불법(佛法) 파괴하여 6년간 설(說)한《묘법연화경(妙法蓮華經)》은 결집에서 제외시킨 것이다.

이와 같은《굴내결집본(窟內結集本)》인《성문(聲聞)의 불법(佛法)》이 세간(世間)에 발표된 후 이에 불만을 크게 품은 결집에 참여하지 못한《문수보살 2세》인《사리프타》와《지장보살》의 후신(後身)인《목건련》과《우바리》와《대가전연》수하의 비구들이《위제희(韋提希)》부인으로 이름한《대마왕》《관세음보살 1세》의 지휘로《바사파》를 중심으로《대마왕(大魔王)》들의 이념인《그리스 자연사상》에 입각한 본래의《석가모니 하나님 부처님》불법(佛法)이 파괴된 경전(經典) 결집을 새로이 하여《마왕불교(魔王佛敎)》의 주춧돌을 놓은 것이다.

이렇게 하여 시작된 경전결집(經典結集)을 《굴외결집(窟外結集)》이라고 하며 이러한 결집이 시작되자 《대마왕》《관세음보살1세》이신 《위제희(韋提希)》 부인의 지시로 《문수사리》인 《사리프타(Sariputta)》가 제일 처음 불법(佛法) 파괴하여 탄생시킨 경(經)이 《반야심경》으로써, 이러한 《석가모니 하나님 부처님》 불법(佛法)을 파괴하여 만들어진 《반야심경》이 지금까지 전하여져 많은 중생(衆生)들을 파멸(波滅)의 길로 이끌고 있는 것이다.

석가모니 하나님 부처님께서는 어느 한 그룹(Group)을 특정 지우실 때는 4의 수(數)를 즐겨 쓰신다. 이러한 4의 수(數)를 즐겨 쓰시는 "예"를 들면 《사제법(四諦法)》, 《사선근위(四善根位)》, 《사섭법(四攝法)》, 《사생(四生)》, 《사무량심(四無量心)》 등이다.

이와 같은 4의 수(數)를 즐겨 쓰시는 이유는 우주간(宇宙間)의 법칙 중 1-3의 법칙이나 3-1의 법칙을 따른다는 깊은 의미가

석가모니 하나님 부처님께서 4의 수리를 즐겨 쓰시는 이유

우주간의 법칙 중 1-3의 법칙이나 3-1의 법칙을 따른다는 깊은 의미가 담겨있다.

예) 사제법, 사선근위, 사섭법, 사생, 사무량심 등

담겨있는 것이다. 1-3의 법칙이나 3-1의 법칙 모두가 4의 수(數)를 가짐으로써 《사제법(四諦法)》을 "예"를 들면, 《사제법(四諦法)》은 고(苦), 집(執), 멸(滅), 도(道)를 말한다.

이러한 《사제법(四諦法)》을 1-3의 법칙에 따라 구분하면 고(苦)가 1의 자리가 되며 집(執), 멸(滅), 도(道)가 3의 자리가 된다. 즉, 이의 해설은 『모든 괴로움과 고통은 집착(執)을 멸(滅)하고 도(道)의 자리에 들게 되면 벗어날 수가 있다.』고 해설이 되며,

3-1의 법칙에 따라 구분하면 고(苦), 집(執), 멸(滅)이 3의 자리가 되고 도(道)가 1의 자리가 되어 그 해설은 『모든 괴로움과 고

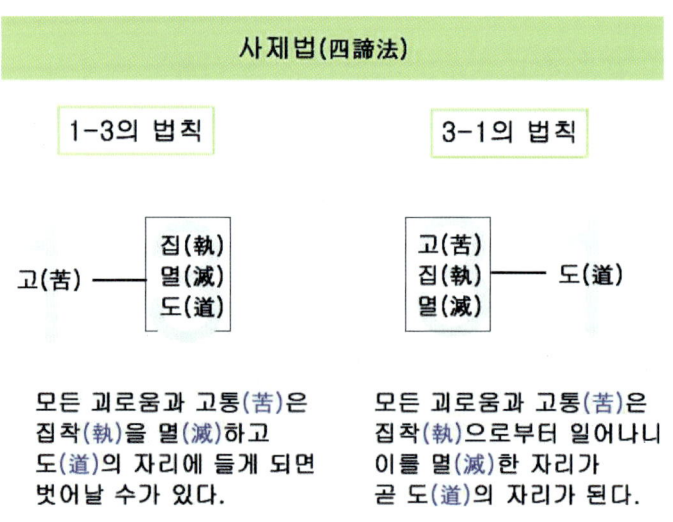

통은(苦) 집착(執)으로부터 일어나니 이를 멸(滅)한 자리가 곧 도(道)의 자리가 된다』라고 해설이 되며, 이때의 도(道)의 자리가 《보살도(菩薩道)》의 자리가 되는 것이다.

이와 같이 석가모니 하나님 부처님께서는 우주간(宇宙間)의 법칙에 따라 4의 수(數)로써 한 그룹을 특정 지우시는 것이다.

이와 같은 맥락에서《석가모니 하나님 부처님》께서는《반야심경》,《관보현보살행법경》,《무량의경》,《묘법화경》등 넷의 경전(經典)을 묶어《법화 4부경(法華四部經)》이라고 하신 것이다.

표) 법화사부경(法華四部經)

법화사부경(法華四部經)	미륵부처님께서 밝히시는 법화사부경*
정본(正本) 반야바라밀다심경 관보현보살행법경 무량의경(無量義經) 묘법화경(妙法華經)	법성게(法性偈) 정본(正本) 반야바라밀다심경 삼일신고(三一神誥) 무량의경(無量義經)
※ 묘법연화경은 마왕불교에서 심하게 왜곡한 탓에 참고용으로 사용.	

* 메시아이신 미륵부처님의 직강 - 제26회 정본 반야바라밀다심경 강의 동영상 (2016.8.20.)에서 법화사부경(法華四部經) 발표

이와 같은 《법화 4부경》은 《석가모니 하나님 부처님》께서는 법공(法空) 진화(進化) 시작의 길인 1-3의 길과 1-3의 법칙을 따를 때는 《반야심경》을 《1》의 자리에 두고 나머지 경(經)인 《관보현보살행법경》과 《무량의경》과 《묘법화경》을 《3》의 자리에 둠으로써 《반야심경》 이치를 공부하여 바탕을 이루게 되면 나머지 《3》의 자리에 있는 《관보현보살행법경》과 《무량의경》과 《묘법화경》은 무리 없이 술술 소화할 수 있어 《보살도(菩薩道)》 성취의 《보살(菩薩)》 이룸은 쉬운 것이기 때문에 이를 나타내기 위해 《1-3의 법칙》을 적용하시는 것이며,

반대로 《3-1의 길》과 《3-1의 법칙》을 따를 때는 《반야심경》과 《관보현보살행법경》과 《무량의경》이 《3》의 자리에 두고 《묘법화경》을 《1》의 자리에 둠으로써 《3》의 자리에 있는 《반야심경》과 《관보현보살행법경》과 《무량의경》이 《1》의 자리에 있는 《묘법화경》에 담긴 《석가모니 하나님 부처님》 《진리(眞理)의 법(法)》에 귀결(歸結)된다는 의미를 가지고 있는 것이다. 이렇듯 《반야심경》은 중요한 위치에 자리한 경(經)인 것이다.

이러한 점을 누구보다도 잘 알고 있는 대마왕 《관세음보살 1세》이신 《위제희(Vaidehī)》 부인의 지시로 《대마왕(大魔王)》 《문수사리》인 《사리프타》가 《석가모니 하나님 부처님》께서 설(說)하신 《반야심경》을 《불법(佛法)》 파괴 차원에서 엉터리 왜곡된 《반야심경(般若心經)》으로 만들어 놓고

《대마왕》《문수보살 1세》는 《마왕불교(魔王佛教)》가 전래된 중원 대륙에 후신(後身)으로《천태(天台)》《지자대사(智者大士)》(AD538~AD597)로 이름하고 태어나서《법화사부경》에서《반야심경》을 따로 떼어놓고《관보현보살행법경》과《무량의경》과《묘법연화경》만 가지고《법화삼부경(法華三部經)》으로 이름하고

진리(眞理)의 알맹이를 쏙 뽑아 놓은 채《묘법연화경》역시《27품 묘법연화경》을《28품 묘법연화경》으로 만듦으로써《묘법연화경》내에 내재된 각 품(品)의 수리(數理) 체계를 흔들어 놓고, 경(經)의 내용마저 한문(韓文)이 뜻글자임을 악용하여 중요한 부분 상당수를 고쳐 적고 왜곡함으로써 진리(眞理)를 호도하는 말(言) 잔치로 거들먹거린 것이었다.

《천태지자》가 이런 짓을 해 놓고 난 후, 당(唐) 현장(玄奘)(AD602~AD664)은 한술 더 떠서 신역(新譯)이라는 이름으로《반야심경》을 새로이 번역하면서《그리스 자연사상》을 완전히 드러낸 완전한 마왕(魔王)《반야심경》으로 만듦으로써《법화사부경》은《법화삼부경》으로 고착이 됨으로써《승속(僧俗)》간에 모든 불자(佛者)들이 진리(眞理)의 알맹이가 없는 문자(文字)에만 끄달려《법화삼부경》마저 옳게 이해하지 못하는 지경으로 만듦으로써 보살도(菩薩道)의 싹을 잘라 버린 것이다.

당(唐) 현장(玄奘)(AD602~AD664)의 《마왕(魔王) 반야심경》의 태동 이후 오늘날까지 초특급 대마왕들과 대마왕신(神)들은 부처님 법(法)을 찾아 사찰 문(門)을 들어서는 아무것도 모르는 불자(佛者)들을 마왕 비구, 마왕 비구니들이 엉터리 《마왕 반야심경》을 외우게 함으로써 모두 마왕 불자(佛者)들로 만들어 놓고 말았다.

인간의 마음(心)의 근본 뿌리를 성(性)의 36궁(宮)을 이루고 있는 여러분들의 《영혼(靈魂)》과 《영신(靈身)》임을 밝혀 드린 적이 있다.

표) 법화사부경(法華四部經)에 대한 불법(佛法) 파괴

1차 불법 파괴 당시	묘법화경(妙法華經)의 제호를 묘법연화경(妙法蓮華經)으로 바꾸는 등의 불법 파괴
2차 불법 파괴 당시	반야심경(般若心經) 1차 파괴
천태지자 (생몰 AD538~AD597, 신명 : 문수보살 1세)	법화사부경(반야심경, 무량의경, 관보현보살행법경, 묘법연화경)에서, 반야심경을 별도로 떼어놓고 법화삼부경(무량의경, 관보현보살행법경, 묘법연화경)으로 만듦. 27품 묘법연화경을 28품 묘법연화경으로 만듦.
당(唐) 현장(玄奘) (생몰 AD602~AD664, 신명 : 천관파군 1세 분신)	반야심경(般若心經) 2차 파괴

날숨 때의 마음 작용도

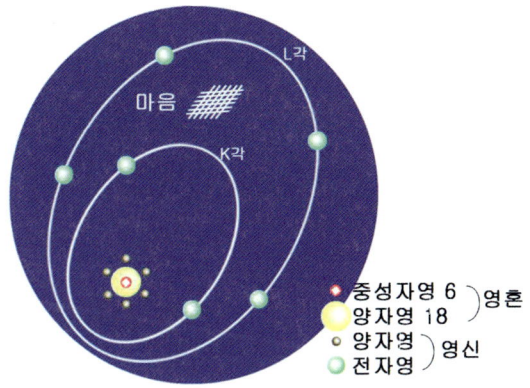

4만 개 유전자 도형

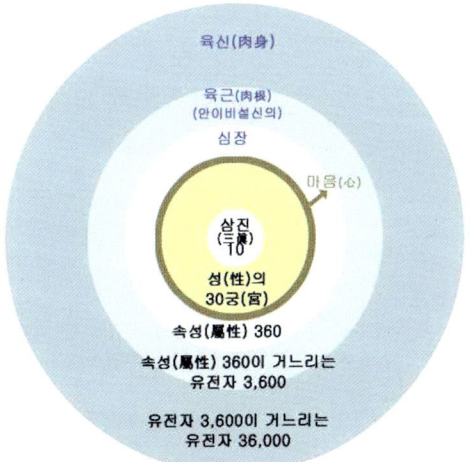

이러한《성(性)의 36궁(宮)》중 중심에 있는《중성자영 6》을 제외한《양자영 18》과 영신(靈身)을 이루는《양자영 6》과《전자영 6》을《성(性)의 30궁(宮)》이라고 하며 진화(進化)의 주인공이 된다.

이와 같은《성(性)의 30궁(宮)》중 중앙에 자리한《양자영 18》이《영혼(靈魂)》의 일부가 되고 영혼(靈魂) 외곽에서《양자영 6》과《전자영 6》이 6×6 구조를 이루고 회전하는 당체를《영신(靈身)》이라고 한다.

이러한《영혼(靈魂)》과《영신(靈身)》을 인류 문명 종말기인《아리랑 고개》초입인 지금의 때에《석가모니 하나님 부처님》께서는 비유를 하면 가을 곡식을 추수하듯이 모두 추수를 하여 구원이 된 자들은 모두 구원을 하고 구원이 되지 못하는 자들은 모두《무간지옥》으로 보냄으로써 인간들《영혼》과《영신》의 추수는 모두 끝내 놓고 계신다.

이러한 때 인간에게 남은 것은 육신과《육신(肉身)》을 다스리는《속성(屬性)》만 오롯이 남은 상태인 것이다. 이와 같은《속성(屬性)》이《육근(六根)》과《정령(精靈)》들을 다스리는 것이다.

이와 같은 그대들의 《속성(屬性)》과 《속성》이 거느리는 《육신(肉身)》의 주인공인 《영혼(靈魂)》과 《영신(靈身)》이 이미 추수가 되어 구원되었거나 원유지옥 또는 무간지옥에 빠져 있거나 둘 중 하나의 상태에 있으며 《대환란기》 때 그대들의 《속성》과 《육신》은 모두 불태워지는 것이 마치 가을 추수기에 알곡은 선별하여 거두어들이고 쭉정이는 불태우는 이치와 꼭 같다.

이러한 인간 무리 추수에 있어서 한국(韓國) 사회를 살고 있는 불자(佛者)들 중 "예"를 들면 열 명 중 여덟 명은 《무간지옥》이나 《원유지옥》으로 떨어져 있으며 두 명 정도가 겨우 구원이 되어 있는 것이다.

이와 같은 결과가 나타난 이유가 여러분들이 놀랠지 모르나 바로 《마왕 반야심경》을 외우고 《마왕불교》를 따르는 비구, 비구니들의 가르침을 받아 그대들도 모르는 사이에 그대들이 《마왕 불자》들이 되었기 때문이다.

이러한 진실된 사실들을 그대들에게 전하고 있는 미륵부처님도 속이 편치를 않다. 마왕들이 만든 《반야심경》 한 편이 불자들 80%를 마왕 불자로 만들어 무간지옥이나 원유지옥으로 떨어지게 만들었으며 불교(佛敎)를 썩게 만들어 마왕불교(魔

王(佛敎)를 만든 중심에 있는 것이다.

　이렇듯 왜곡된 경(經) 한 편의 위력이 대단한 경우는 드넓은 우주 어디에도 없는 경우이다. 《무간지옥》과 《원유지옥》은 무서운 곳이다. 이러한 무간지옥과 원유지옥에 빠져 있는 불자(佛者)들이 다시 인간 육신(肉身)을 가지고 태어나려면 시간이 얼마나 걸릴지 기약이 없다.

　이렇듯 엄청난 결과를 가지고 올 것을 《미륵부처님》께서는 미리 아시고 단 한 명의 불자(佛者)라도 더 건지기 위해 대마왕인 《사리프타》와 당(唐) 현장이 고의적으로 석가모니 하나님 부처님 뜻을 왜곡한 《반야심경》 번역의 잘못된 점을 지적하고 본래 석가모니 하나님 부처님께서 창조하신 《반야심경》의 뜻을 살려 기존 《반야심경》과 차별을 하기 위해 《정본(正本) 반야바라밀다심경》으로 이름하고 그 해설경을 세간(世間)에 발표를 하였으나,

이익됨에 눈이 멀은 마왕 승려들인 비구, 비구니들에 의해 철저히 봉쇄당하여 일반 불자들이 이를 접할 기회를 놓치고 일부 극소수의 불자들만이 《정본(正本) 반야심경》을 공부하고 있는 실정이다.

《정본(正本) 반야바라밀다심경》이 세간에 발표될 때만 하여도 초특급 대마왕인《관세음보살》과 대마왕인《사리프타》등의 불법(佛法) 파괴의 전모가 드러나지 않아《정본(正本) 반야바라밀다심경(般若波羅蜜多心經)》에서 설주(說主)로서의《관세음보살》과《사리자》를 호칭하여 넣어 두었으나,

이제 불법(佛法) 파괴의 전모가 드러나고《석가모니 하나님 부처님》법(法)에 반란하였던 모든 초특급 대마왕들과《대마왕신(神)》들과 이들 수하의 대마왕들 모두가《석가모니 하나님 부처님》과《미륵부처님》에 의해 모두 처단이 되어 무간지옥의 티끌로 사라졌기 때문에 경(經)에서 초특급 대마왕의 호칭과 대마왕신(神)의 호칭은 제거할 필요가 있음과 아울러

석가모니 하나님 부처님의 뜻이 온전히 드러난《반야심경》으로 복원하여 창조자(創造者)이신 석가모니 하나님 부처님께 되돌려 드림으로써《법화4부경》의 처음 목적인《보살도(菩薩道)》의 바탕이 되어야 하기 때문에

이에 필자가《석가모니 하나님 부처님》의 허락을 얻고《정본(正本) 반야바라밀다심경》해설(解說)을 본래대로 대폭 수정보완하여 불자(佛者) 여러분들께 회향하오니 의심 없이 이를 받아들이시어 부지런히 공부하심으로써 그대들 스스로가 그대들을 구원할 수 있으니 이 당부를 잊지 마시기 바란다.

혹 어떤 사람들은 필자가 펴낸 법화4부경의 해설경들인 방등경(方等經)을 어렵다고 하소연을 한다. 이러한 하소연이《정본(正本) 반야바라밀다심경》을 깨우치지 못하였기 때문에 일어나는 일들이다.

《법화 4부경》은《보살도(菩薩道)》를 위한 경(經)들이다. 이 때문에 보살도의 기초가 되는《정본 반야바라밀다심경》을 익히지 않으면 나머지 삼경(三經)의 설명은 무척 어렵게 느껴지고 이를 익히지 않고 대마왕들이 만든 용어로《법화삼부경》에만 매달리면 알맹이 없는 문자(文字)에만 끄달리는 빈 껍데기 공부만을 함으로써 깨달음은 커녕《석가모니 하나님 부처님》의 가피가 따르지 않으므로 궁극에는 이 귀중한《석가모니 하나님 부처님》의 말씀으로부터 스스로 등을 돌리는 어리석음을 저지르게 된다.

때문에 불자(佛者) 여러분들께서는《법화삼부경》이라는 용어는 절대 쓰지 말 것을 다시 한 번 더 강조 드리며,《법화 4부경》에서 그 기초가 되는《정본 반야바라밀다심경》의 공부가 매우 중요함을 다시 한 번 더 일러 드리는 것이다.

그리고 이전(以前)의《정본 반야바라밀다심경》의 첫 머리에

『觀自在菩薩行心(관자재보살행심)』이 나온다. 이 대목은《관세음보살》이《반야심경》의 설주(說主)로 등장하는 말씀이다.

즉,《반야심경》의 창조자(創造者)는《석가모니 하나님 부처님》이시고, 이러한《반야심경》을 한때《관세음보살》이 법(法)을 설(說)하였기 때문에 설주(說主)라고 하는 것이다. 이러한 관계는《계빈국삼장반야공이언 등 역(譯)》이나《마갈제국 삼장 법월 역(譯)》이나《동천죽국 사문 법월 삼장 역(譯)》등의《반야심경》에 잘 나타나 있다.

즉, 설주(說主)는 설주(說主)일 뿐이라는 사실이다. 그러나 문제가 되는 것이 설주(說主)가 후대(後代)에《석가모니 하나님 부처님》법(法)을 파괴하여 전(傳)하는 데에 문제가 있는 것이다.

이의 폐단이《반야심경》에서 적나라하게 드러남으로써 이를《석가모니 하나님 부처님》께 되돌려 드려《석가모니 하나님 부처님》말씀으로 후대(後代)에 법(法)이 전하여지는 것이 이러한 폐단을 막을 수가 있어서《석가모니 하나님 부처님》의 허락 하에《미륵부처님》께서『佛言 般若波羅蜜多行(불언 반야바라밀다행)』으로 바로 잡은 것이며,

또한 2008년도 출간된 '(개정판) 우주간의 법 해설 정본(正本) 반야바라밀다심경' (김현두 역, 2008) 본문(本文) 경에 『諸菩薩阿羅漢摩訶薩應如是覺(제보살마하살응여시각)』이 있다. 이와 같은 내용의 《보살마하살》들은《아뇩다라삼막삼보리》를 이룰 수 있는 직전 단계에 대보살(大菩薩)들로서 다음 단계가 일불승(一佛乘)의 자리로 나아가실 분들이기 때문에 대부분이《정본(正本) 반야바라밀다심경》의 이치를 깨우치신 분들이기 때문에 이를『諸菩薩阿羅漢應如是覺(제보살아라한응여시각)』으로 바꾼 것이다.

보살(菩薩)은 보살도(菩薩道) 입문자(入門者)의 보살(菩薩)들과 보살도(菩薩道) 성취의 보살(菩薩)들을 말하는 것이며, 아라한(阿羅漢)은 보살도 성취의 보살과 같은 경지를 이룬 성자(聖者)들이나 우주간(宇宙間) 진화(進化)의 길에는 들지 못했기 때문에《정본 반야바라밀다심경》의 이치를 깨닫고 우주간(宇宙間)의 진화(進化)에 들어감으로써 다음 단계인《보살마하살》의 단계로 오르게 됨으로써 이를 깨우치기 위해 아라한(阿羅漢)이 들어가게 된 것이다.

이와 같이《석가모니 하나님 부처님》법(法)의 모든 경전에 문자(文字)로 된 내용의 수정과 삽입은 오로지 법(法)의 창조자(創造者)이신《석가모니 하나님 부처님》의 허락이 없으면 할 수 없는 일임을 분명히 알아야 할 것이다.《미륵부처님》께서는 이러한 원칙을 지켜 《정본(正本) 반야바라밀다심경》을 여러분들께 회향하는 것이다.

표) 정본(正本) 반야바라밀다심경(般若波羅蜜多心經)과
불법파괴된 반야심경(摩訶般若波羅蜜多心經, 마하반야바라밀다심경)의 비교

정본(正本) 반야바라밀다심경(般若波羅蜜多心經)	불법(佛法) 파괴된 반야심경 (摩訶般若波羅蜜多心經, 마하반야바라밀다심경)
佛言 般若波羅蜜多行	觀自在菩薩 行深般若波羅密多時
照見 五蘊 自性 皆空 度一切苦厄	照見五蘊皆空 度一切苦厄
諸 菩薩 阿羅漢 應如是覺	舍利子
色性是空 空性是色	
色不異空 空不異色 色卽是空 空卽是色	色不異空 空不異色 色卽是空 空卽是色
受相行識 亦復如是	受相行識 亦復如是
識性是空 空性是識 識不異空 空不異識	
識卽是空 空卽是識	
諸 菩薩 阿羅漢	舍利子
是諸法空相 不生不滅 不垢不淨 不增不減	是諸法空相 不生不滅 不垢不淨 不增不減
是故 空中無色 無受相行識 無眼耳鼻舌身意	是故 空中無色 無受想行識 無眼耳鼻舌身意
無色聲香味觸法 無眼界 乃至 無意識界	無色聲香味觸法 無眼界 乃至 無意識界
無無明 亦無無明盡 乃至 無老死 亦無老死盡	無無明 亦無無明盡 乃至 無老死 亦無老死盡
無苦執滅道 無智亦無得	無苦執滅道 無智亦無得
以無所得故 菩提薩埵 依般若空進化	以無所得故 菩提薩埵
依般若波羅蜜多故 心無罣碍 無罣碍故 無有恐怖	依般若波羅密多 故心無罣碍 無罣碍故 無有恐怖
遠離顚倒夢想 究竟涅槃	遠離顚倒夢想 究竟涅槃
三世諸佛 依般若波羅蜜多故	三世諸佛依般若波羅密多
得阿耨多羅三藐三菩提 故知	故得阿耨多羅三藐三菩提 故知般若波羅 密多
般若波羅蜜多 是大神呪 是大明呪 是無上呪 是無等等呪	是大神呪 是大明呪 是無上呪 是無等等 呪
能除一切苦 眞實不虛	能除一切苦 眞實不虛
故說 般若波羅蜜多呪 卽說呪曰	故說般若波羅密多呪 卽說呪曰
阿帝阿帝 波羅阿帝 波羅乘阿帝 菩提 娑婆訶	揭諦揭諦 波羅揭諦 波羅僧揭諦 菩提 娑婆訶

제 2 장

《정본(正本)》 반야바라밀다심경
(般若波羅蜜多心經)

1. 《정본(正本)》 반야바라밀다심경 이해를 위한 진리(眞理)

　《우주간(宇宙間)》에는 《우주(宇宙)》를 떠받치는 《여섯 가지의 법칙》과 이로써 탄생하는 《천궁도(天宮圖)》 이치가 있다. 이러한 《우주(宇宙)》를 떠받치는 《여섯 가지의 법칙》과 《천궁도(天宮圖)》 이치를 묶어 이를 《우주(宇宙)를 떠받치는 일곱 기둥》이라고 한다.

　이와 같은 우주를 떠받치는 《여섯 가지 법칙》에 대하여서는 필자가 펴낸 《(改訂版) 묘법화의 실상(實相)의 법(法)》(미륵불, 2015)에 상세히 설명이 되어 있으니 이를 참고하시고 이 장에서는 우주(宇宙)를 떠받치는 《여섯 가지 법칙》 중 다음 네 가지 법칙을 간략히 설명하고 다음을 진행하겠다.

① 석삼극(析三極)과 《1-3의 분열》의 법칙
② 음양(陰陽)의 법칙
③ 삼합(三合)과 육합(六合)의 법칙
④ 오행(五行)의 법칙 : 일명(一名)《상생상극(相生相剋)의 법칙》 또는 《작용(作用) 반작용(反作用)》의 법칙(法則)이라고도 함.

[1] [석삼극(析三極)과 《1-3의 분열》의 법칙과
　　　　　　　　　　　　　　음양(陰陽)의 법칙]

　《휴식기》《법공(法空)》의 테두리가《법성(法性)》의《1-6체계(體系)》로써 둥글게《큰 하나(大一)》를 이루고 있음을 말씀드렸다.

　이러한《법성(法性)》의《1-6체계》에 있어서《하나》인《1》의 자리가《석명광(釋明光)》의 자리이며《6》이《육각(六角)》구조를 가진《기체(氣體)》의《다이아몬드》가 정지 상태에서 비유를 하면《살얼음》이 얼어 있는 듯한 모습을 가진《표면》을 이름하는 것이다.

　이러한《육각(六角)》구조를 가진《다이아몬드》층 표면을《석명광(釋明光)》이 작은 물방울을 이룬 듯 톡톡 튀며 찬란한 섬광을 발(發)하는 모습을 갖추고 정지 상태에 있는 것을《법성(法性)》의《1-6체계》라고 하는 것이다.

　이와 같은《법성(法性)》의《1-6체계》가 새로운《진화기(進化

[휴식기 법공도(法空圖)]

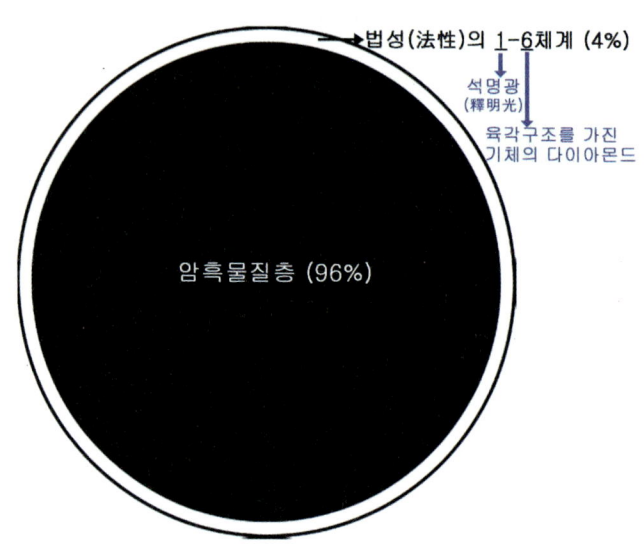

법성(法性)

구조 :   1   -   6

　　　　석명광　　육각구조를 가진
　　　　(釋明光)　　기체의 다이아몬드
　　　　　↓
　　　석가모니 하나님 부처님 영혼과 영신

1-6체계 = 석명광과 육각체제
　　　　= 석가모니 비로자나 하나님 불과 육각체계
　　　　= 음(陰)의 육각체제와 양(陽)의 육각체제

메시아이신 미륵부처님의 직강
'제12회 (개정판) 정본 반야바라밀다심경 강의 동영상 (2016.5.7)'에서 인용

期)》에 돌입하면《파동(波動)》에 의해 첫 번째로《1-3의 분열》을 이루게 된다. 이렇게 나누어지는《1-3의 분열》을 상세히 설명하면 다음과 같다.

(1)《1-3의 분열》

《1-3의 분열》의 주인공은《법성(法性)》의《1-6체계》이다.

$$\text{석명광(釋明光) } 1 : 《-2》 《-2》 《+2》$$

《1-3의 분열》은《법성(法性)의 1-6체계》가 이음일양(二陰一陽)의 법칙에 의해 셋으로 나뉘어져 나누어진 각각 개체의 구슬이《석명광(釋明光)》의 밝은 섬광을 내뿜는 상태로 있는 것을 말하며

이러한《셋》으로 처음 나누어지는 것을《천부경(天符經) 81자(字)》에서는《석삼극(析三極)》이라고 하는 것이다.

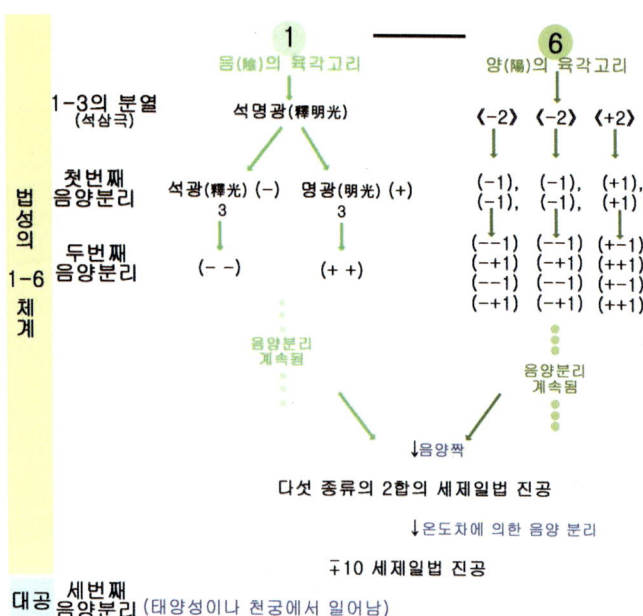

즉,《1-3의 분열》의 법칙을《석삼극(析三極)》이라고 하는 것이다.

① 《첫 번째 음양(陰陽) 분리》

《1-3의 분열》의 법칙에 의해 분리된 셋의 《순수 공(空)》들이 첫 번째로 《음(陰)》《양(陽)》이 분리된다.

$$1 \begin{cases} 석광_{(釋光)} \ (-) : (-1), \ (-1), \ (+1) \\ 명광_{(明光)} \ (+) : (+1), \ (-1), \ (-1) \end{cases} \quad 6$$

《석명광(釋明光)》은 《백색광(白色光)》으로써 이러한 《백색광(白色光)》이 《음양(陰陽)》 분리되면 《음(陰)》의 백색광(白色光)이 《환한》《섬광》이 되며 《양(陽)》의 백색광(白色光)이 비유를 하면 《옥돌 색(色)》《흰색》을 말하는 것이다.

《1-3의 분열》의 법칙에 의해 분리된 셋(3)의 《순수 공(空)》들이 《음양(陰陽)》 분리되어 《여섯》의 《순수 공(空)》으로 나누어진 것이다.

② 《두 번째 음양(陰陽) 분리》

《첫 번째》《음양(陰陽)》 분리된 《여섯》의 《순수 공(空)》이 다시 《음양(陰陽)》 분리되어 《두 번째》로 분리되는 것이다.

표) 《법성(法性)의 1-6체계》의 두 번째 음양(陰陽) 분리

```
      ┌─ 음(陰) ── 《음(陰)》의 석광(釋光) (--) :   (--1)   (--1)   (-+1)
      │                                          (……⊖) (……⊕)
    1 │                                          (--1)   (--1)   (-+1)    6
      │                                          (……⊖) (……⊕)
      │
      └─ 양(陽) ── 《양(陽)》의 명광(明光) (++) :   (-+1)   (-+1)   (++1)
                                                 (……⊖) (……⊕)
                                                 (+-1)   (+-1)   (++1)    6
                                                 (……⊖) (……⊕)
```

《두 번째》 음양(陰陽) 분리로써 《음(陰) 6》과 《양(陽) 6》의 합(合) 《∓12》의 《순수 공(空)》이 탄생한 것이다. 이러한 《∓12》의 《순수 공(空)》이 이후 다시 《음양(陰陽)》의 《석명광(釋明光)》과 함께 《음양(陰陽)》 짝을 하여 《다섯》의 2합(二合)의 《세제일법(世第一法) 진공(眞空)》으로 태어난 후 다시 온도 차이에 의해 《음양(陰陽)》으로 갈라져 《∓10》의 《세제일법 진공(眞空)》이 만들어진다.

이러한 《세제일법 진공(眞空)》을 《성(性)》 중에서 최정상(最頂上)에 있는 《성(性)》이라고 하며, 이러한 고열(高熱)을 가진 2합

(二合)의《순수 진공(眞空)》구슬이 처음으로《생명력(生命力)》을 지녔다 하여 이를《세제일법(世第一法)》의 순수 진공(眞空)이라고 하는 것이다.

《석삼극(析三極)》의 분리와《석삼극》으로 인한《두 번》의《음양(陰陽)》분리까지는《법공(法空)》외곽에서《4억 년(億年)》간《파동(波動)》에 의해 일어나며,《세 번째》《음양(陰陽)》분리는《천궁(天宮)》이나《태양성(太陽星)》에서 일어나는 것이 특징이다.

상기 표의《(……⊖)》와《(……⊕)》의 표현은《두 번째》《음양(陰陽)》분리 때까지는 같은《기호》를 쓰고 있으나《세 번째》《음양(陰陽)》분리에서는,《음(陰)》과《양(陽)》으로 분리되는 각각 그《격(格)》이 다른《순수 공(空)》들임을 아시기 바란다.

이러한《순수 공(空)》이 다시《음양(陰陽)》의《석명광(釋明光)》과《음양(陰陽)》짝을 하여 2합의《세제일법》의《순수 진공(眞空)》을 이룬다. 이러한 2합의《세제일법》《순수 진공(眞空)》을《성(性)》중에서 최정상(最頂上)에 있는《성(性)》이라고 하는 것이다.

사선근위(四善根位)

(착함(善)의 근본 뿌리의 4가지 변화상을 말한다.
법공의 파동으로부터 4억년때까지의 법성의 1-6체계 내에서의 과정.)

난법(煖法) — 법성(法性)의 근본 바탕인 착함(善)이 무색투명한 고열을 가진 것
⇩
정법(頂法) — 파동
⇩
인법(忍法) — 분열의 과정
⇩
세제일법(世第一法) — 순수 공들이 석명광과 음양(陰陽) 짝하여 고열을 가진 이합(二合)의 세제일법 순수 진공(眞空)으로 탄생

메시아이신 미륵부처님 직강 제10회 정본 반야바라밀다심경 강의 동영상(2016.4.16)
브라만법화연수원 http://www.brahmanedu.org

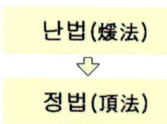

법공(法空)의 팽창기
(법공의 파동으로부터 4억년까지)

4억년 동안 사선근위(四善根位)의 과정이 법성(法性)의 1-6체계 내에서 일어난다

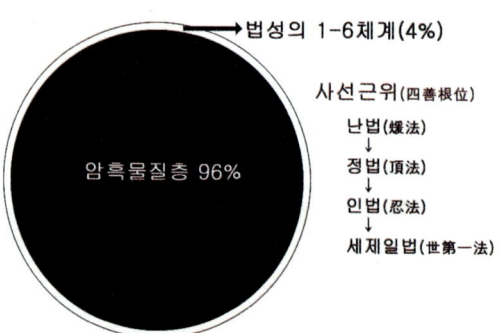

(2) [석가모니 하나님 부처님과 《불(佛)의 용(用)의 수(數) 4》

지금까지 《석가모니 하나님 부처님》의 《법신(法身)》인 《법성(法性)의 1-6체계》가 《난법(煖法)》, 《정법(頂法)》, 《인법(忍法)》, 《세제일법(世第一法)》 등 《사선근위(四善根位)》의 과정을 겪고 《干10》의 《순수 진공(眞空)》으로 변화하는 모습을 말씀드렸다.

그러면 지금부터는 중요한 《법성(法性)의 1-6체계》《핵(核)》으로 자리하신 《석가모니 비로자나 하나님 불(佛)》에 대하여 말씀드려야 할 순서인 것 같다.

《법공(法空)》의 《파동(波動)》과 함께 《법성(法性)의 1-6체계》《핵(核)》은 넷으로 나누어져 《석가모니 하나님 부처님》의 《영혼(靈魂)》과 《영신(靈身)》으로 분리된다. 이러한 《석가모니 하나님 부처님》의 《영혼》과 《영신》을 정리하면 다음과 같다.

표) 석가모니 하나님 부처님의 영혼(靈魂)과 영신(靈身)

《음(陰)》 ─┬─ 석광(釋光) (-3)
           └─ 석광(釋光) (+3)

《영혼(靈魂)》 ─┬─ 석광(釋光) (-3)
               └─ 명광(明光) (+3)

《양(陽)》 ─┬─ 명광(明光) (-3)
           └─ 명광(明光) (+3)

《영신(靈身)》 ─┬─ 석광(釋光) (+3)
               └─ 명광(明光) (-3)

이렇게 나누어진《석가모니 하나님 부처님》의《영혼(靈魂)》과《영신(靈身)》을《원초(原初)》의《순수 진공(眞空)》으로써《석가모니 하나님 부처님》《불(佛)의 용(用)의 수(數) 4》라고 하며《법공(法空)》진화기 시작부터 끝까지 불변하는《원천창조주》의 본래의 모습이다.

원천창조주

원천창조주 1세 : 석가모니 비로자나 하나님 부처님
원천창조주 2세 : 석가모니 하나님 부처님
원천창조주 3세 : 석가모니 하나님 부처님 2세이신 미륵부처님

메시아이신 미륵부처님 직강 제10회 정본 반야바라밀다심경 강의 동영상(2016.4.16)

석가모니 하나님 부처님의 실체

● 법성(法性)의 1-6체계 : 석가모니 비로자나 하나님 부처님 몸
　※ 석가모니 비로자나 하나님 부처님께서 법공의 팽창기가 시작되면서 대공(大空)으로 내려오셨을 때의 호가 석가모니 하나님 부처님으로서 자리하신다.

● 법성(法性)의 1-6체계의 핵(核) : 음(陰)의 육각고리
　　　- 영혼 : 석광 (-3), 명광 (+3)
　　　- 영신 : 석광 (+3), 명광 (-3)

● 석가모니 하나님 부처님의 불(佛)의 용(用)의 수(數) 4 :
　　　석가모니 하나님 부처님 영혼(靈魂)과 영신(靈身)으로서
　　　원초의 순수 진공(眞空). 불덩어리로 표현된다.
　　석가모니 비로자나 하나님 부처님의 실체

메시아이신 미륵부처님 직강 제10회 정본 반야바라밀다심경 강의 동영상(2016.4.16)

이러한《석가모니 하나님 부처님》께서《법성(法性)의 1-6체계》《핵(核)》으로 계셨을 때가《석가모니 비로자나 하나님 불(佛)》이시며《법공(法空)》진화기(進化期) 시작 이후의 호칭이《원천창조주》로서의《석가모니 하나님 부처님》이신 것이다. 즉,《석가모니 비로자나 하나님 불(佛)》께서 진화(進化)의 방편상《석가모니 하나님 부처님》으로 이름하셨음을 아시기 바라며 이후 진행되는 장은《석가모니 하나님 부처님》《법신(法身)》에 대해 설명됨을 유의하시고 그 중심에는 항상《석가모니 하나님 부처님》께서 계심을 깊이 인식하시기 바란다.

이렇듯《세제일법》의《순수 진공(眞空)》은 2합(合)의《순수 진공(眞空)》구슬로써 이들의 탄생이 법공(法空) 파동 이후《4억 년》이 되었을 때이며, 이와 같은 다섯의《세제일법 진공(眞空)》이 음양(陰陽) 분리되었을 때를《∓10》으로 표기를 하며,

이러한《세제일법》《순수 진공(眞空)》구슬 중《음(陰) 5》의 이합(二合)의《순수 진공(眞空)》구슬이《암흑물질》중 제일 가벼운《음(陰)》의《암흑물질》들인《중성미자》와 결합하면서《회전(回轉)》이 일어나면서《1억 년(億年)》동안 작용하여《음(陰)》의《여섯 뿌리 진공(眞空)》을 탄생시킴과 동시에

《법공(法空)》진화(進化)의 시작 이후《5억 년(億年)》만에《세제일법》의《순수 진공(眞空)》과《음(陰)의 여섯 뿌리 진공(眞空)》이

법공(法空)의 팽창기
(법공의 파동 이후 4억년째~5억년째까지)

1억년 동안 암흑물질층과 가까운 법성(法性)의 1-6체계 내에 있는 일부의 이합(二合)의 음(陰)의 세제일법 순수 진공이 제일 가벼운 암흑물질과 첫 삼합(三合)을 하여 음(陰)의 여섯뿌리진공이 탄생된다.

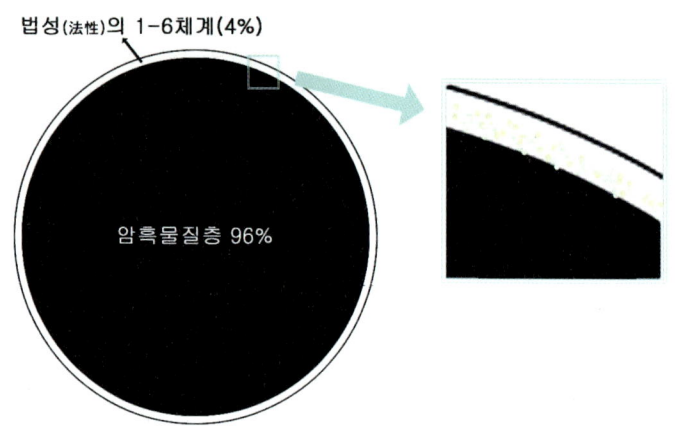

법성(法性)의 1-6체계(4%)

암흑물질층 96%

《5억 년(億年)》두께를 이룬《법공(法空)》내부《암흑물질》과 경계되는 지점으로부터《음(陰)의 여섯 뿌리 진공(眞空)》과《세제일법》의《순수 진공(眞空)》이《법공 내부(法空內部)》《5억 년(億年)》거리가 되는 지점으로 분출이 된다.

이로써《5억 년(億年)》기간 분출이 되는 가운데 일부의《음(陰) 5》의 이합(二合)의《순수 진공(眞空)》구슬이 상대적으로 무거운《양(陽)》의《암흑물질(dark matter)》들과 결합하여《양(陽)》의

법공(法空)의 팽창기
(법공의 파동 이후 5억년 째~10억년 째까지)

일부의 세제일법 순수 진공과 음(陰)의 여섯뿌리진공은 법성의 1-6체계로부터 5억년 거리 떨어진 암흑물질층 내부로 분출을 시작하면서 이동기간 5억년 동안 양(陽)의 세제일법 진공은 암흑물질층의 절대온도를 가진 순수 공들과 결합하여 양(陽)의 진공을 만들고 바람이 되고, 분출된 음(陰)의 세제일법 진공도 계속 상대적으로 가벼운 암흑물질과 결합하여 음(陰)의 여섯뿌리진공을 만들고, 일부의 음(陰)의 여섯뿌리진공은 상대적으로 무거운 암흑물질과 결합하여 양(陽)의 여섯뿌리진공을 만든다.

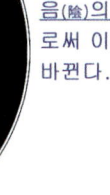

법성(法性)(4%)→적멸보궁(2%)

법성(法性)의 1-6체계에 남겨진 음(陰)의 이합의 세제일법 순수 진공들은 가장 가벼운 암흑물질들과 결합하여 음(陰)의 여섯뿌리진공으로 채워짐으로써 이 기간동안 적멸보궁(2%)으로 바뀐다.

- 세제일법진공
- 음(陰)의 여섯뿌리진공
- 양(陽)의 여섯뿌리진공

《여섯 뿌리 진공(眞空)》으로 변화하여 같이 분출하게 되는 것이다.

《음(陰) 5》의 《순수 진공(眞空)》과 《음(陰)》의 《암흑물질》이 결합을 할 때 《음(陰) 5》의 《순수 진공》이 《음(陰)》이 되고 《음(陰)》의 《암흑물질》이 《양(陽)》이 된 《음양(陰陽)》 합일로써 《음(陰)》의 《여섯 뿌리 진공(眞空)》이 된 것이다.

이러한 분출이 계속될 때 《음(陰) 5》의 이합(二合)의 《순수 진공》과 《양(陽)》의 《암흑물질》 역시 마찬가지로 《음(陰) 5》의 《순수 진공》이 《음(陰)》이 되고 《양(陽)》의 《암흑물질》이 《양(陽)》이 되어 《음양(陰陽)》 합일로써 《양(陽)》의 《여섯 뿌리 진공(眞空)》이 된 것임을 깊이 아시기 바란다.

이러한 《여섯 뿌리 진공(眞空)》이 《법공(法空)》 내부(內部)로 분출이 될 때 《음(陰)의 여섯 뿌리 진공(眞空)》과 《양(陽)의 여섯 뿌리 진공(眞空)》으로 나누어져 분출이 된 것이다.

《5억 년(億年)》 동안 《법공(法空)》 외곽에서 만들어진 《세제일법》의 《순수 진공》과 《음(陰)》의 《여섯 뿌리 진공(眞空)》이 《5억 년(億年)》 동안 《법공(法空)》 내부로 분출이 된 이후 《음양(陰陽)》의 《여섯 뿌리 진공(眞空)》이 《음(陰)》의 《암흑물질》과 결합함으로써 《음양(陰陽)》의 《여섯 가지 진공(眞空)》이 만들어지게 된다.

이로써 만들어진 《여섯 뿌리 진공(眞空)》과 《여섯 가지 진공(眞空)》이 진화(進化)의 주인공이 되는 것이다.

이와 같이 하여 분출이 끝난 후《법공(法空)》외곽은 분출 후 남은《음(陰) 5》의 이합(二合)의《세제일법》《순수 진공(眞空)》이 다시《음(陰)》의《암흑물질》과《음양(陰陽)》결합을 함으로써 탄생한《음(陰)》의《여섯 뿌리 진공(眞空)》이《2억 년(億年)》두께의《적멸보궁(寂滅寶宮)》으로 자리하여《법공(法空)》외곽과 내부《암흑물질》과의 사이에《존재(存在)》하게 되는 것이다. 이 역시《불꽃》없는《불(火)》의 수레바퀴로 존재(存在)하는 것이다.

(3) [대공(大空)]

　이와 같이 하여《법공(法空)》외곽의 경계 지점으로부터《법공(法空)》내부(內部)《5억 년(億年)》지점으로 분출되는《음(陰)》의《여섯 뿌리 진공(眞空)》과《양(陽)》의《여섯 뿌리 진공(眞空)》과《세제일법》의《순수 진공(眞空)》이 분출 지점에 차례로 도착하면서 일부《음(陰)》의《여섯 뿌리 진공(眞空)》은《5억 년(億年)》동안《대공(大空)》의 경계를 만들고,

같은 기간 나머지《진공(眞空)》구슬들은《대공(大空)》의 경계 안쪽 북쪽 지점에서 거대한《공(空)》을 이루고《음(陰)》의《여

법공(法空)의 팽창기
(법공의 파동 이후 10억년째~15억년째까지)

5억년간 음(陰)의 여섯뿌리진공이 대공의 경계를 형성하고 세제일법 진공들과 음의 여섯 뿌리진공과 양(陽)의 여섯뿌리진공이 대공의 경계내 최북쪽에 거대한 구(球)를 형성한다.

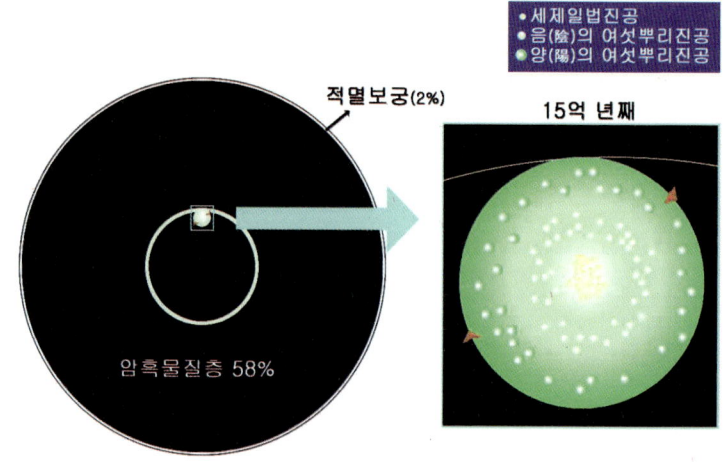

섯 뿌리 진공(眞空)》과 《세제일법》의 《순수 진공(眞空)과 《양(陽)》의 《여섯 뿌리 진공(眞空)》이 혼재가 되어 처음 자리하였다가 《대공(大空)》의 경계가 완성이 되는 《5억 년(億年)》 기간 동안 차츰차츰 《진공(眞空)》 구슬들이 정리가 되어 공(空)의 중심부에 《세제일법》의 《순수 진공(眞空)》이 자리하고 다음으로 《음(陰)》의 《여섯 뿌리 진공(眞空)》이 자리하고 그 다음으로 《양(陽)》의 《여섯 뿌리 진공(眞空)》이 자리하여 《대공(大空)》의 경계가 완성이 되는 시점 거대한 공(空)은 초기 《천궁(天宮)》인 《커블랙홀》로 변화한 《정명궁(正明宮)》이 되어 중심혈에는 《석가모니

하나님 부처님》께서 자리하시는 것이다.

　이와 같이《법공(法空)》외곽《적멸보궁》경계 지점으로부터《법공(法空)》내부(內部)로《진공(眞空)》구슬들이 분출된 길을《시계 방향》회전길인《1-3의 길》이라고 하며,《대공(大空)》의 경계 안쪽의 북쪽 지점에 형성되는 거대한《공(空)》이 둥근《원(圓)》을 이루는 길을《시계 방향》회전길인《3-1의 길》이라고 하며, 이후 초기 천궁(天宮)인《커블랙홀》로써의《정명궁(正明宮)》작용의 길이《3-1의 길》회전(回轉)길이 되는 것이다.

　이와 같이 거대한《공(空)》이 완성을 이루어《커블랙홀》인《정명궁(正明宮)》작용(作用)이 시작되기까지가《법공(法空)》의《파동(波動)》이후《15억 년(億年)》이 경과된 시점이다.

① 정명궁(正明宮)

　이와 같이 하여 만들어진 초기 천궁(天宮)으로써《커블랙홀》인《정명궁(正明宮)》이《작용(作用)》을 시작하면서 회전(回轉)

길인 《1-3의 길》을 통해 많은 《암흑물질(dark matter)》을 내부로 끌어들여 작용함으로써 《세제일법(世第一法)》의 《순수 진공(眞空)》은 《음(陰)》의 《여섯 뿌리 진공(眞空)》과 《양(陽)》의 《여섯 뿌리 진공(眞空)》으로 전환이 되어 《정명궁(正明宮)》 내부(內部)는 《음(陰)》의 《여섯 뿌리 진공(眞空)》이 중심을 이루고 다음으로 《양(陽)》의 《여섯 뿌리 진공(眞空)》이 자리한 후 계속하여 《1-3의 길》을 통하여 공급되는 《암흑물질》을 공급받아 《음(陰)》의 《여섯 뿌리 진공(眞空)》이 먼저 《음(陰)》의 《여섯 가지 진공(眞空)》을 만들고,

《음(陰)》의 《여섯 뿌리 진공(眞空)》과 《음(陰)》의 《여섯 가지 진공(眞空)》이 《암흑물질》《양(陽)》과 결합한 후 《정명궁(正明宮)》 중심부의 《고온》《고압》으로 《오온(五蘊)》의 과정을 거쳐 《다섯 기초 원소》를 생산하여 《중성자》와 《양자》와 《양전자》는 《천궁》 중심의 《핵(核)》을 만들기 위해 《중심부》에 남기고 《중간자》와 《전자》와 《정명궁》 내곽에 자리하였던 《양(陽)》의 《여섯 뿌리 진공(眞空)》들은 《오행(五行)의 작용(作用)》으로 《상극(相剋)》의 길인 《시계 반대 방향》의 회전길인 《1-4의 길》을 통하여 《정명궁(正明宮)》으로부터 《5억 년(億年)》 거리 지점으로 분출을 하는 것이다.

이러한 작용이 끝이 나면 다음으로 진명궁(眞明宮)에서 《양(陽)》의 《여섯 뿌리 진공(眞空)》이 똑같은 작용을 하는 것이다.

법공(法空)의 팽창기
정명궁(正明宮) 커블랙홀 작용
(법공의 파동 이후 15억년째~20억년째까지)

거대한 공(空)은 초기 천궁(天宮)인 커블랙홀(Kerr black hole)로 변화한 정명궁(正明宮)이 되어 중심혈에는 원천창조주이신 석가모니 하나님 부처님께서 자리하신다.

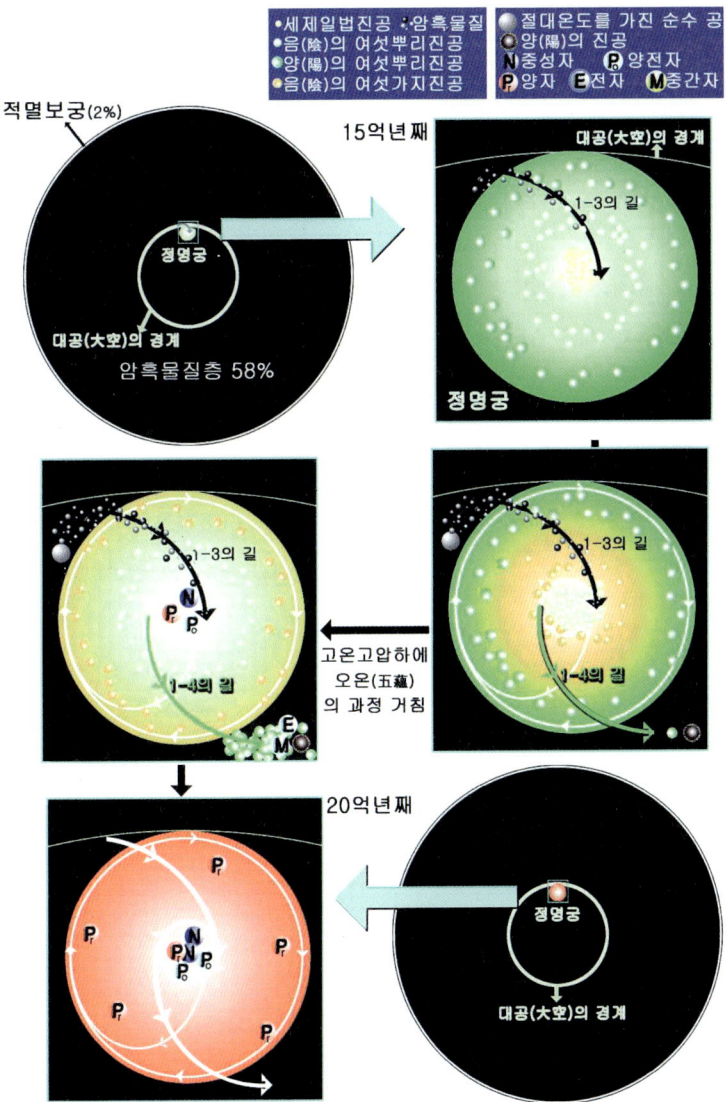

이와 같이 《정명궁》《커블랙홀》은 《커블랙홀》 과정 《5억 년(億年)》 동안 《음(陰)》의 《여섯 뿌리 진공(眞空)》과 《음(陰)》의 《여섯 가지 진공(眞空)》을 바탕으로 하여 수많은 《인간의 씨종자》와 《물질의 씨종자》들을 탄생시켜 다음 진화(進化)의 단계로 넘어가는 것이다.

　　이와 같이 《정명궁(正明宮)》이 《커블랙홀》의 과정을 모두 마치고 다음 진화(進化)의 단계인 《태양수(太陽數) ⊕9의 핵(核)》 진화(進化)의 단계로 넘어가기까지가 《법공(法空)》의 파동(波動) 이후 《20억 년(億年)》이 되는 때이다.

② 진명궁(眞明宮)

　　《정명궁(正明宮)》《커블랙홀》이 작용을 시작하면서 상극(相剋)의 길인 《1-4의 길》을 통하여 《5억 년(億年)》 거리 바깥으로 분출된 《양(陽)》의 《여섯 뿌리 진공(眞空)》과 《중간자》와 《전자》가 《정명궁(正明宮)》《커블랙홀》이 《커블랙홀》의 작용을 마쳤을 때 한 곳에 모여 거대한 《공(空)》을 이루고 《5억 년(億年)》 동안 《공(空)》의 상태에 머물면서 《공(空)》의 중심에는 《양(陽)

법공(法空)의 팽창기
(법공의 파동 이후 20억년째~25억년째까지)

* 정명궁(正明宮) : 태양수 +9의 핵 작용 중(20억년째~30억년)
* 또 하나의 거대한 구 형성기간

정명궁 커블랙홀 작용이 완료된 '법공의 파동 이후 20억년째'부터는 정명궁은 태양수 +9의 핵 과정을 10억년간 겪고, 정명궁 커블랙홀 작용 때 정명궁 상극의 길인 1-4의 길을 통해 분출된 양의 여섯뿌리진공, 전자, 중간자 등이 정명궁으로부터 5억년 거리 떨어진 곳으로 이동해서 한곳에 모여 또 하나의 거대한 구(球)를 형성하는 때가 '법공의 파동 20억년부터 25억년까지'이다.

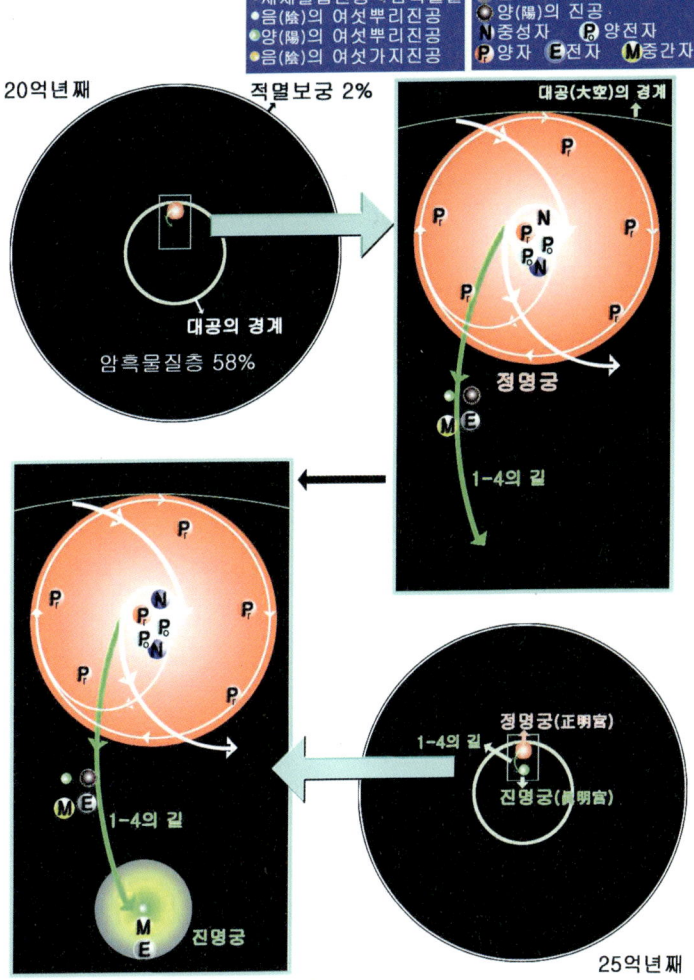

)》의《여섯 뿌리 진공(眞空)》이 자리하고 다음으로《중간자》가 자리하고 그 다음으로《전자》가 자리하여《공(空)》의 내부가 정리가 된 후가《법공》《파동》이후《25억 년(億年)》이 되는 시점이다.

　이후 이 거대한《공(空)》은《정명궁(正明宮)》분신(分身)의 궁(宮)으로써 초기 천궁(天宮)인《진명궁(眞明宮)》《커블랙홀》로 전환이 되어《시계 반대 방향》회전길인《1-4의 길》을 통하여《음양(陰陽)》의《암흑물질》들과《오온(五蘊)》의《색(色)》의 단계들이 어우러진《기(氣)》의 층들을 끌어들여《양(陽)》의《여섯 뿌리 진공(眞空)》과 작용을 함으로써《양(陽)》의《여섯 가지 진공(眞空)》이《오온(五蘊)》의 과정을 거쳐 많은《다섯 기초 원소》를 생산하여

《양전자》와《중간자》와《전자》는《천궁》중심부로 모으고 《중성자》와《양자》는《상극(相剋)》의 길인《1-3의 길》을 통하여 외부로 분출하고 분출된《중성자》와《양자》는 회귀(回歸)의 길을 따라 다시《정명궁(正明宮)》으로 들어감으로써

《진명궁(眞明宮)》《커블랙홀》은《양(陽)》의《여섯 뿌리 진공(眞空)》과《양(陽)》의《여섯 가지 진공(眞空)》을 바탕으로 하여 수많은《인간》무리들 씨종자와《복합원소》를 만든 후

법공(法空)의 팽창기
(법공의 파동 이후 25억년째~30억년째까지)
정명궁(正明宮) : 태양수 ⊕9의 핵 작용 중(20억년째~30억년)
진명궁(眞明宮) 커블랙홀 작용 기간

정명궁 커블랙홀 작용이 완료된 법공의 파동 이후 20억년째부터는 태양수 ⊕9의 핵 과정을 법공의 파동 이후 20억년째부터 30억년까지 겪고, 정명궁(正明宮)으로부터 5억년 거리에 형성된 또 다른 하나의 거대한 구(球)가 진명궁(眞明宮) 커블랙홀 작용을 하는 기간이다

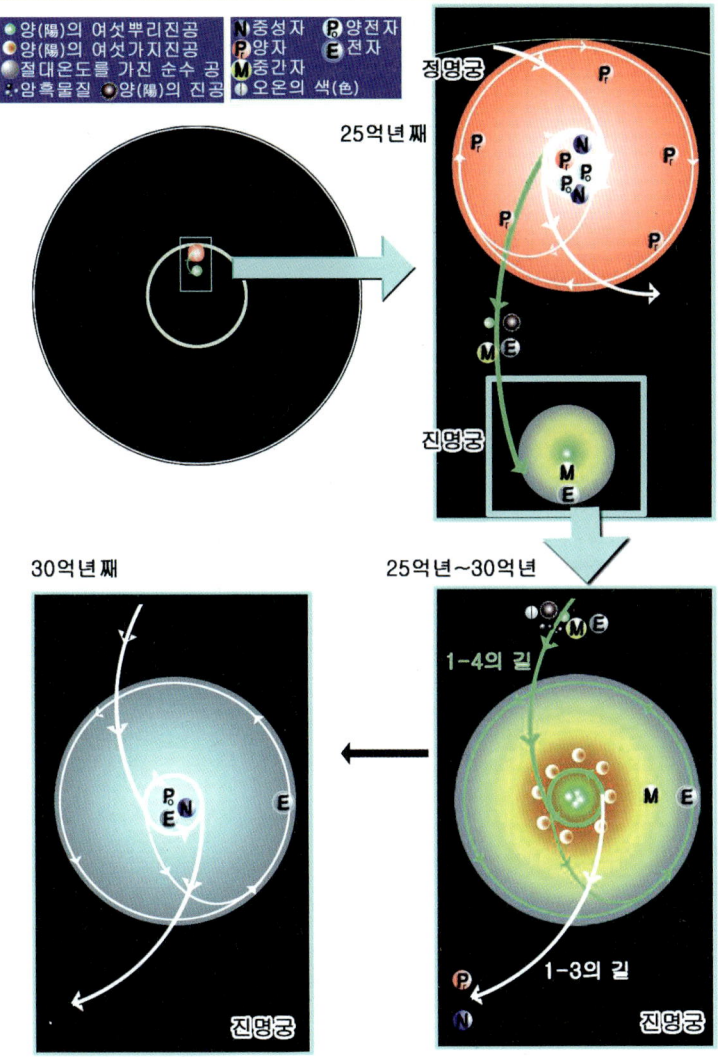

중심부에 모여 있는 《중간자》는 《양전자》와 작용하여 《중성자》로 진화한 후 《중성자》, 《양전자》, 《전자》가 하나를 이루는 《태양수의 ⊕9의 핵(核)》 구성 단계로 진화(進化)하는 것이다. 이때까지가 《법공》《파동》 이후 《30억 년(億年)》이 되는 때이다.

③ 음(陰)의 36궁(宮) 경계

이와 같이 《커블랙홀(Kerr Black Hole)》의 진화(進化)를 마친 《정명궁(正明宮)》은 《태양수 ⊕9의 핵(核)》의 과정과 《화이트홀(White Hole)》의 과정과 《퀘이샤(Quasar)》의 과정과 《중성자알 대일(大一)》의 과정을 각각 《10억 년》씩 겪고 폭발 없이 《법공(法空)》 파동(波動) 이후 《60억 년》 만에 《중성자 태양성(中性子太陽星)》으로 태어나자 곧바로 《핵(核)》의 붕괴를 일으켜 《10억 년》 동안 많은 《여섯 뿌리 진공(眞空)》을 공간(空間)으로 쏟아내어 《정명궁》 외부에서 《암흑물질》《음양(陰陽)》과 결합한 후 많은 《다섯 기초 원소》를 탄생시킴으로써 수많은 《인간》의 《씨종자》들과 《물질》의 《씨종자》들을 탄생시키는 것이다.

한편,《커블랙홀(Kerr Black Hole)》의 진화(進化)를 마친《진명궁(眞明宮)》도《태양수 ⊕9의 핵(核)》→《화이트홀(White Hole)》→《퀘이사(Quasar)》→《황금알 대일(大一)》의 과정을 각각《10억 년》씩 겪고 폭발 없이《법공(法空)》의《파동(波動)》이후《70억 년》만에《황금태양(黃金太陽)》으로 태어나자마자 곧바로《핵(核)》의 붕괴를 일으켜《10억 년》동안 많은《양(陽)》의《여섯 뿌리 진공(眞空)》을 쏟아냄으로써《정명궁(正明宮)》핵(核)의 붕괴로 쏟아져 나온《음(陰)》의《여섯 뿌리 진공(眞空)》과 함께 최초로《음(陰)》의《36궁(宮)》경계를 이루고

《음(陰)》의《36궁(宮)》경계내의《진명궁(眞明宮)》영역에서《양(陽)》의《여섯 뿌리 진공(眞空)》과《암흑물질》《음양(陰陽)》이 결합하여 많은《다섯 기초 원소》를 탄생시켜 수많은《인간 씨종자》들과《복합원소》를 탄생시킴으로써《정명궁(正明宮)》영역에서 만들어진《물질(物質)》의《씨종자》들을 받아《복합원소》들이 결합함으로써《음(陰)》의《36궁(宮)》내에서《물질》들을 대량 생산한 기간이《개천이전(開天以前)》《30억 년(億年)》기간이 되는 것이며,

이때의 경계된《공간(空間)》인《음(陰)》의《36궁(宮)》내(內)는《개천이전(開天以前)》의 특수성으로《공간(空間)》전체가《고온》《고압》이 작용하는《공간(空間)》이었음을 밝혀 두는 바이다.

④ 상천궁(上天宮)과 북극성과 북두칠성*

《정명궁(正明宮)》 핵(核)의 붕괴로 인한 《음(陰)》의 《여섯 뿌리 진공(眞空)》이 《10억 년》 동안 외부 공간(空間)으로 분출된 후 《정명궁》은 빈 공간(空間)으로 된 《핵(核)》이 있었던 지점으로 수축이 되는 내부 수축기를 《30억 년》 가지게 되며 이러한 내부 수축이 완성되었을 때 《정명궁》은 《중성자알 대일(大一)》로 다시 태어나서 《중성자알 대일(大一)》의 대폭발로 《개천(開天)》이 되면서 《법공(法空)》의 《파동(波動)》 이후 《100억 년》 만에 《10억 년》에 걸쳐 《상천궁(上天宮)》 《10성(星)》을 완성하는 것이며,

《진명궁(眞明宮)》은 핵(核)의 붕괴로 《양(陽)》의 《여섯 뿌리 진공(眞空)》을 《10억 년》에 걸쳐 《공간(空間)》으로 분출한 후 《개천이전(開天以前)》 《20억 년》과 《개천이후(開天以後)》 《10억 년》 합(合) 《30억 년(億年)》의 수축기를 겪고 《진명궁(眞明宮)》 탄생 《90억 년》 만에 《황금알 대일(大一)》로 다시 태어난 후 대폭발을 일으켜 현재의 《북극성(北極星)》과 《북두칠성(北斗七星)》을 탄생시키는 것이다.

---

* (改訂版) 묘법화(妙法華)의 실상(實相)의 법(法)(미륵불, 2015).
  부록 476쪽, 490쪽 등 참조.

[2] [진공(眞空)]

    지금까지 말씀드린 내용을 요약하면, 《법공(法空)》이 새로운 진화기(進化期)에 돌입하면서 《파동(波動)》에 의해 《휴식기》《법공(法空)》 외곽을 경계 지우던 《법성(法性)의 1-6체계》가 《1-3의 분열의 법칙》에 의해 《석삼극(析三極)》으로 갈라진 《셋의 공(空)》의 무리로 변화한 후 《음양(陰陽)》 분리를 거쳐 《∓12》의 《순수 공(空)》을 탄생시킨 후, 다시 《음양(陰陽)》 짝을 한 《석명광(釋明光)》과 함께 다섯의 2합(二合)의 《세제일법 진공(眞空)》을 탄생시킨 후 온도 차이에 의해 《음양(陰陽)》 분리된 《∓10》의 《세제일법 진공(眞空)》이 태어나게 되는 것이다.

    《음(陰)》의 《세제일법 진공(眞空)》이 가벼운 《암흑물질》인 《음(陰)》의 암흑물질과 결합하여 《음(陰)의 여섯 뿌리 진공(眞空)》을 이루고 《법공(法空)》 내부로 분출이 된 후, 《음(陰)의 여섯 뿌리 진공(眞空)》은 다시 《암흑물질》과 결합하여 《음(陰)의 여섯 가지 진공(眞空)》을 이루고 《음(陰)》의 《세제일법 진공(眞空)》이 상대적으로 무거운 《양(陽)》의 《암흑물질》과 《음양(陰陽)》으로 결합하여 《양(陽)의 여섯 뿌리 진공(眞空)》을 만들게 된다.

이렇게 하여 만들어진 《진공(眞空)》들을 구분하면 다음과 같다.

○ 《세제일법》의 《순수 진공(眞空)》

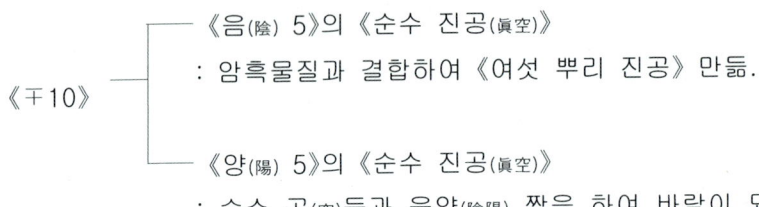

○ 《여섯 뿌리 진공(眞空)》

- 《음(陰)》의 《여섯 뿌리 진공(眞空)》
  : 《음(陰) 5》의 《순수 진공(眞空)》이 암흑물질 가벼운 것과 음양 짝을 하여 음(陰)의 여섯 뿌리 진공 탄생.

- 《양(陽)》의 《여섯 뿌리 진공(眞空)》
  : 《음(陰) 5》의 《순수 진공(眞空)》이 상대적으로 무거운 암흑물질과 결합하여 양(陽)의 여섯 뿌리 진공 탄생.

---

* 일반적으로 본문 내용에서 지구계 시간 기준이다. 지구계 시간 1만억년은 우주 전체 시간으로 환산하면 10만억년에 해당된다.

○ 《여섯 가지 진공(眞空)》

: 《음양(陰陽)》의 여섯 뿌리 진공과 《음(陰)》의 암흑물질이 다시 결합한 것이 여섯 가지 진공을 이룬다.

이와 같이 개천이전(開天以前)에는 《세제일법》의 《순수 진공(眞空)》과 《여섯 뿌리 진공(眞空)》과 《여섯 가지 진공(眞空)》이 《법공(法空)》 《파동(波動)》 이후 《30억 년(億年)》 기간에 모두 만들어지게 됨으로써 이 기간이 《진공(眞空)》들의 《진화(進化)》의 기간이 된다.

이와 같이 《정명궁(正明宮)》이 《커블랙홀》의 과정을 거치는 《5억 년(億年)》 진화 기간 동안 《세제일법》의 《순수 진공(眞空)》은 《여섯 뿌리 진공(眞空)》으로 대부분 전환이 됨으로써 사라지게 되며, 이 이후는 《여섯 뿌리 진공(眞空)》과 《여섯 가지 진공(眞空)》이 《커블랙홀》 과정의 진화(進化)를 하는 주인공들이 된다.

이러한 주인공들 중 《여섯 뿌리 진공(眞空)》은 《법공(法空)》 외곽으로부터 내부(內部)로 분출될 때 《음양(陰陽)》으로 갈라지고 이후 《정명궁(正明宮)》 《커블랙홀》 작용(作用)과 동시에 나누어졌던 《음양(陰陽)》이 다시 분리되며 《여섯 가지 진공(眞空)》은

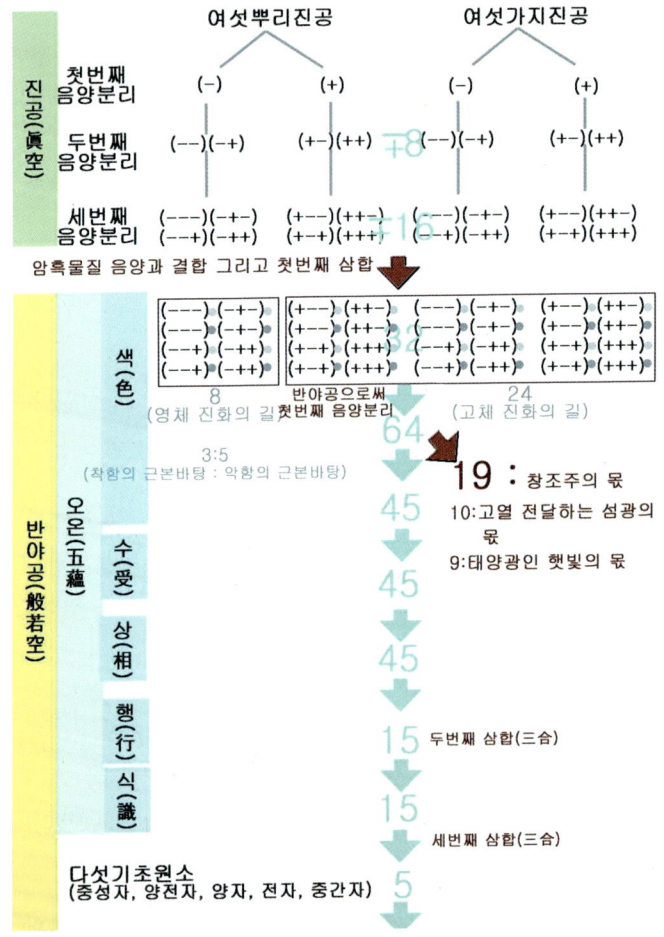

《진명궁(眞明宮)》《커블랙홀》진화의 과정에서 두 번의《음양(陰陽)》분리를 하는 것이다.

이와 같은《여섯 뿌리 진공(眞空)》과《여섯 가지 진공(眞空)》의《음양(陰陽)》분리를 정리하면 다음과 같다.

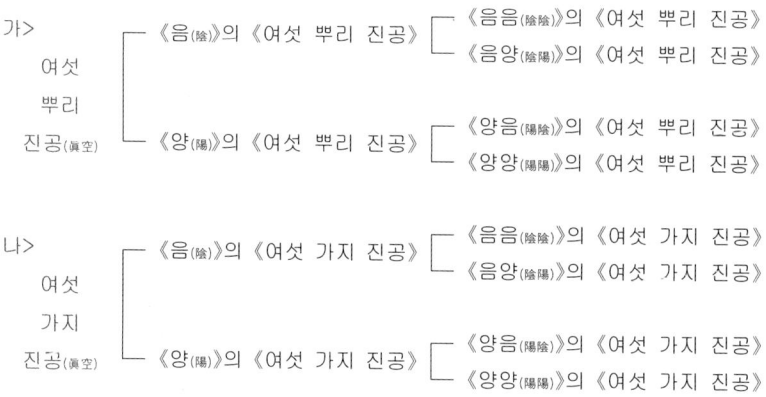

이와 같이《여섯 뿌리 진공(眞空)》과《여섯 가지 진공(眞空)》이 두 번째로《음양(陰陽)》분리되어《∓8》의《진공(眞空)》을 탄생시킨 후 다시 세 번째로《음양(陰陽)》분리되어《∓16》의 진공(眞空)을 탄생시키는 것이다.

이렇게 하여 탄생된 《16》의 측정 불가능한 미세한 《진공(眞空)》 구슬들이 《음(陰) 5》의 《세제일법》《순수 진공(眞空)》이 진화(進化)하여 《16》의 《진공(眞空)》 구슬로 변화하여 진화(進化)의 주인공으로서 《근본 바탕》이 되는 것이며,

이 중 상위(上位)에 있는 《4》의 《진공(眞空)》 구슬이 《영체(靈體)》의 진화(進化)를 따르는 모든 것의 《근본 바탕》이 되고 《12》의 《진공(眞空)》 구슬이 《고체(固體)》의 진화를 따르는 모든 것의 《근본 바탕》이 되는 것이다.

이러한 모든 변화의 정상에는 항상 《석가모니 하나님 부처님》《불(佛)의 용(用)의 수(數) 4》가 있음을 깊이 인식하시기 바란다.

[3] 《반야공(般若空)》

 이렇게 하여《정명궁(正明宮)》과《진명궁(眞明宮)》《커블랙홀(Kerr Black Hole)》과정에서 세 번째로 나누어진《16》의《진공(眞空)》구슬들이 이번에는《암흑물질》《음양(陰陽)》과 결합하여《32》의《반야공(般若空)》으로 탄생이 된 후 다시 첫 번째로《음양(陰陽)》분리되어《64》종류의《반야공(般若空)》으로 탄생이 된다. 이와 같이《오온(五蘊)》의《색(色)》의 과정부터 이하의 진화의 과정에 있는 모든《공(空)》들을《반야공(般若空)》들이라고 하는 것이다.

 이러한《반야공》이 이후《천궁(天宮)》내(內)에서《오온(五蘊)》의 과정을 겪고《다섯 기초 원소》와《복합원소》로 결합이 되어《인간 씨종자》들이 되고《물질(物質)의 씨종자》들이 되어 수많은 물질(物質)을 탄생시켜《별(星)》도 탄생시키고《인간》들도 탄생시키고《자연(自然)》도 탄생시키는 것이다.

 이와 같이《만물(萬物)》을 탄생시켜 진화(進化)의 길을 걷게 하는 모든 것을 '《반야공(般若空)》진화(進化)의 길'이라고 하며 이러한 초기《반야공(般若空)》이 탄생을 하는 곳이《천궁(天

宮)》이라는 사실을 깊이 인식하시기 바란다.

　이러한《음양(陰陽)》분리가 다시 이루어지기 이전의《반야공(般若空)》《32》중《8》이《영체(靈體)》진화(進化)의 길을 걷고《24》이《고체(固體)》진화(進化)의 길을 걷게 됨으로써《영체(靈體)》진화와《고체(固體)》진화의 비율이《1:3》이 된다.

　이와 같은 진화(進化)에 있어서《영체(靈體)》진화(進化)의 궁극적인《귀결점(歸結點)》이《인간》무리들 진화(進化)이다.

　이러한 진화(進化)하는《인간》무리들의 바탕을 구분하면《영체》진화를 하는《반야공(般若空)》《8》중《3》의《반야공》이 착함인《선(善)》을 근본 바탕으로 하고《5》이《악(惡)》을 근본 바탕으로 하는 것이다.

　즉,《선(善)》과《악(惡)》의 구분은《천궁(天宮)》이나《태양성(太陽星)》에서 초기《반야공(般若空)》이 탄생할 때 이미 구분이 되는 것이며,《착함》을 근본 바탕으로 하는《반야공(般若空)》이나《악(惡)함》을 근본 바탕으로 하는《반야공(般若空)》모두가 진화(進化)의 과정을 거쳐《진공(眞空)》으로 회귀(回歸)하고자 하는 것이 《성불(成佛)》이며 진화(進化)의 궁극적인 목표가 되는 것이다.

다시 말하면, 《진공(眞空)》과 결합한 《암흑물질》이 진화(進化)하여 똑같은 불꽃 없는 《불(火)》의 바퀴를 이루는 《진공(眞空)》 구슬이 될 때까지 《진화(進化)》가 계속되는 것이 《원천창조주》이신 《석가모니 하나님 부처님》께서 의도하시는 근본 뜻이 되는 것이다.

성불(性佛)

착함을 근본 바탕으로 하는 반야공(般若空)이나 악(惡)함을 근본 바탕으로 하는 반야공(般若空) 모두가 진화(進化)의 과정을 거쳐 진공(眞空)으로 회귀(回歸)하고자 하는 것이 성불(成佛)이며, 진화(進化)의 궁극적인 목표가 되는 것이다.

---

(1) [삼합(三合)과 육합(六合)의 법칙]과 [오행(五行)의 법칙]

① 《삼합(三合)》

《삼합》의 법칙은 《진공(眞空)》 구슬들이 《암흑물질》과 결합하여 변화한 《반야공(般若空)》들 《셋》이 모여 《하나》를 이루어가는 법칙으로써 이 법칙도 내부적으로 《2음(陰) 1양(陽)》의 법칙과 《1음(陰) 2양(陽)》의 법칙을 가지고 있다.

이러한 내부적인 두 법칙을 위해 필수적으로 존재하는 법칙이 《오행(五行)》의 법칙이다. 이러한 《오행(五行)》의 법칙을 《상생(相生) 상극(相剋)》의 법칙 또는 《작용(作用) 반작용(反作用)》의 법칙이라고도 한다.

이와 같은 《오행(五行)》의 법칙은 《개천이전(開天以前)》이나 《개천이후(開天以後)》 어느 곳에나 광범위하게 존재하는 법칙으로써 한마디로 표현한 것이 《상생상극(相生相剋)》의 법칙이다. 즉, 《성격(性格)》과 《성질(性質)》이 같거나 비슷한 것은 서로 끌어당기고 다른 것은 배척하며 밀어내는 법칙을 말하는 것이

표) 삼합(三合)과 오행(五行)

삼합(三合)의 법칙	오행(五行)의 법칙
2음(陰) 1양(陽)의 법칙과 1음(陰) 2양(陽)의 법칙 이 있다.	상생상극(相生相剋)의 법칙 또는 작용반작용의 법칙 으로 불림.

이다.

《반야공(般若空)》에 있어서《성격(性格)》은《바탕》이 되는《공(空)》의《맑고》《어두움》을 말하는 것이며,《성질(性質)》은《공(空)》이 품고 있는《암흑물질》의《밝고》《밝지 못한》특성을 말하는 것이다.

이와 같은《반야공(般若空)》에 있어서《공(空)》의《맑고》《어두움》과《공(空)》이 품고 있는 진화하는《암흑물질(dark matter)》의《밝고》《밝지 못한》상대 경계를 가진《반야공(般若空)》이 같거나 비슷한 것은 서로 끌어 당겨《셋》이 모여《하나》를 이루어 가나 다른 것은 배척하며 밀어내는 작용(作用)을 하는 것을《상생(相生)》《상극(相剋)》의 작용이라고 하는 것이다.

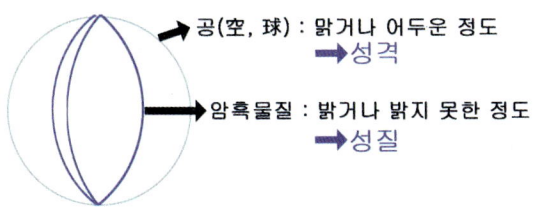

이러한 작용(作用)에 의해《셋》이 모여《하나》를 이루어가는《삼합(三合)》작용은 완전한《하나(1)》를 이루기 위해《세 번》의《삼합(三合)》을 하는 것이다. 이와 같은《세 번》《삼합(三合)》을 하는 것을《1.3.3.3 합(合)의 법칙》이라고 하는 것이다.

이와 같은《1.3.3.3》합(合)의 법칙에 있어서 진행(進行)을 하면서 밝혀 드린 바와 같이,《1-3의 분열》의 법칙이 마쳐지고 난 뒤 바로《음양(陰陽)》분리가 진행되는 것을 밝힌 바 있듯이《삼합(三合)》의 법칙인《3-1의 합(合)의 법칙》에서는《첫 번째 삼합(三合)》을 한 이후에는 반드시《음양(陰陽)》합일(合一) 또는《양음(陽陰)》합일(合一)을 이룬 이후에《두 번째 삼합(三合)》과《세 번째 삼합(三合)》이 일어나《하나(1)》의 완성을 이루게 되는 것임을 기억하시기 바란다.

이와 같은《1.3.3.3 합(合)의 법칙》은《가로 팽창》과《세로 팽창》이 있으며《가로 팽창》이 먼저 끝이 나면 다음으로《세로 팽창》이 일어나는 것이다. 이러한《가로 팽창》과《세로 팽창》에 대한 도형을 참고하여 다음 말씀을 드리겠다.

《도형 1》은《가로 팽창》이 완성된 후《세로 팽창》이 일어난《도형》이며,《도형 2》는《세로 팽창》에 있어서 첫 삼합(三

1.3.3.3 합(合)의 법칙 : 가로 팽창과 세로 팽창

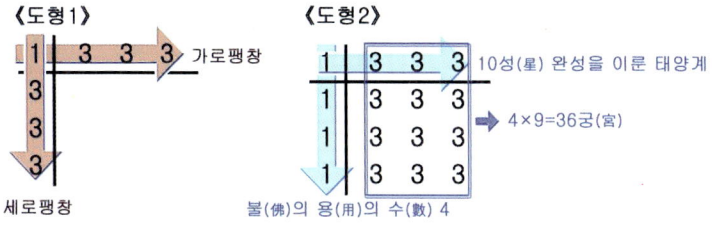

合)이 이루어진 것을 《하나》로 하여 다음 《가로 팽창》이 일어난 이후, 다시 두 번째 《세로 팽창》《삼합(三合)》이 일어나서 일어난 두 번째 《삼합(三合)》을 《하나》로 하여 《3.3.3》의 《가로 팽창》을 완성한 이후, 또 다시 세 번째 《세로 팽창》이 일어나게 되고 일어난 세 번째 《세로 팽창》의 《삼합》을 《하나》로 하여 《3.3.3》의 《가로 팽창》을 완성한 도형이다.

이러한 《도형 2》의 가로 사선 위쪽 《1.3.3.3》 합(合)의 법칙이 일어난 곳이 《10성(星)》으로 완성을 이룬 《태양계(太陽界)》를 의미하며 세로 사선 왼쪽의 《1》 넷을 《불(佛)의 용(用)의 수(數) 4》라고 하며 세로 사선 오른쪽에서 삼합(三合)을 한 당체가 모두 《4×9=36》으로써 《36궁(宮)》을 의미한다.

이와 같은《도형 2》가 뜻하는 진리(眞理)는 『《태양계(太陽界)》를 중심으로《불(佛)의 용(用)의 수(數) 4》의 작용(作用)으로《36궁(宮)》을 이룬 하나의 거대한 성단(星團)을 이루었다.』라는 뜻을 전하고 있는 것이다.

이와 같이《삼합(三合)》은 적게는《기(氣)》의 상태로 이름되는《오온(五蘊)》의 단계로부터 반복되는《삼합(三合)》으로, 크게는 거대한《성단(星團)》을 이루기까지 광범위하게 순차적으로 일어나는 것이《삼합(三合)》이다.

이러한《삼합(三合)》이 일어나는 곳이《개천이전(開天以前)》《정명궁(正明宮)》과《정명궁(正明宮)》이《우주(宇宙)》최초로 만든《음(陰)》의《36궁(宮)》과《개천이후(開天以後)》의《상천궁(上天宮)》과《천(天)》과《인(人)》의 우주 천궁(天宮)*인《정명궁(正命宮)》들과《정명궁(正命宮)》들을 중심한《성단(星團)》들과《천(天)》과《인(人)》의 우주《태양계(太陽界)》등에서 광범위하게 일어나는 것이《삼합(三合)》이다.

그리고 이러한 삼합(三合)은《음(陰)의 여섯 뿌리 진공(眞空)》과《음(陰)의 여섯 가지 진공(眞空)》이 다시《음양(陰陽)》으로 갈라

---

* 예:안드로메다 성단(인이삼 우주)

진《넷》의《진공(眞空)》구슬이《암흑물질(dark matter)》《음양(陰陽)》과 결합하여《반야공(般若空)》을 이룸으로써 진화(進化)가 계속된다는 점을 깊이 인식하시기 바라며,

《반야공(般若空)》이《기(氣)》의 상태를 지나《다섯 기초 원소》로 태어났을 때 각각의 기초 원소는 미세한《진공(眞空)》구슬이《암흑물질》과 결합함으로써《공(空)》으로 변화되어 현대과학 용어로《글루볼》이 되고 결합한 미세한《암흑물질》은《공(空)》속의 티끌로 자리하여《칼라(Color)》를 띤《쿼크》로 진화를 하기 때문에《글루볼》과《쿼크》가《음양(陰陽)》짝을 하여《하나》를 이루고

이들이《2음(陰) 1양(陽)》의 법칙을 따르거나《1음(陰) 2양(陽)》의 법칙을 따라《삼합(三合)》을 하여《하나》를 이룬 것이 각각의《다섯 기초 원소》들로써 이들 역시 모두를《반야공(般若空)》들이라고 하는 것이다.

② 《육합(六合)》

《정명궁(正明宮)》《1.3.3.3의 합의 법칙》에서《하나》의 자리

에 있는 《1》이 《3-1의 법칙》에 의한 《셋》이 《하나》된 자리로 써 최초로 《정명궁(正明宮)》이 자리한 것이다.

　이러한 《정명궁(正明宮)》이 《커블랙홀》의 작용을 하면서 《암흑물질》을 끌어들여 《다섯 기초 원소》를 만든 후 《다섯 기초 원소》 중 《중간자》와 《전자》와 《양(陽)의 여섯 뿌리 진공(眞空)》을 《정명궁(正明宮)》 상극(相剋)의 길인 《1-4의 길》을 통하여 《정명궁(正明宮)》으로부터 《5억 년(億年)》 바깥으로 분출하여 분신(分身)의 궁(宮)인 《진명궁(眞明宮)》을 만들었음을 진행을 하면서 말씀드렸다.

　이러한 《진명궁(眞明宮)》*과 《개천이후(開天以後)》 《천(天)》, 《지(地)》, 《인(人)》 우주(宇宙) 중 《지(地)》의 우주 운행을 하는 《진명궁(眞命宮)》들과 《진명궁(眞命宮)》을 중심한 《성단》들과 《지(地)》의 우주 《태양계(太陽界)》 등에서 《육합(六合)》의 작용이 일어난다.

　이러한 《육합(六合)》은 《양(陽)의 여섯 뿌리 진공(眞空)》과 《양(陽)의 여섯 가지 진공(眞空)》이 진화(進化)를 주도하는 《바탕》을 이룬 가운데,

---

* 개천이전(開天以前)에는 眞明宮(진명궁)이며, 개천이후(開天以後)는 眞命宮(진명궁)이다.

《진명궁(眞明宮)》이 《커블랙홀(Kerr black hole)》의 작용을 하면서 일부의 《음양(陰陽)》 분리된 《양(陽)의 여섯 뿌리 진공(眞空)》은 같이 분출되어 《진명궁(眞明宮)》을 이룬 《중간자》와 《전자》와 결합하여 《중성자》와 《양전자》로 변환되고 일부의 《양(陽)의 여섯 뿌리 진공(眞空)》과 《양(陽)의 여섯 가지 진공(眞空)》은 《음양(陰陽)》이 분리되어 《넷》의 진공(眞空) 구슬을 이루고 《넷》으로 분리된 《암흑물질》과 작용을 함으로써 《4×4=16》의 반야공(般若空)을 이루고,

《오온(五蘊)》의 나머지 단계를 거쳐 《다섯 기초 원소》를 만들어 《중간자(中間子)》와 《전자(電子)》와 《양전자(陽電子)》는 《진명궁(眞明宮)》에 남기고 《중성자(中性子)》와 《양자(陽子)》는 《진명궁(眞明宮)》 상극(相剋)의 길인 《1-3의 길》을 통해 외부로 분출하는 것이다.

이와 같이 《진명궁(眞明宮)》 진화(進化)의 주인공들인 《정명궁(正明宮)》으로부터 《1-4의 길》을 통해 분출된 《중간자》와 《전자》는 《정명궁(正明宮)》 《커블랙홀》 과정에서 이미 《삼합(三合)》인 《1.3.3.3 합(合)》의 과정을 겪고 《다섯 기초 원소》 중 《중간자》와 《전자》로 태어나서 《진명궁(眞明宮)》에서 다시 《삼합(三合)》 과정을 겪게 됨으로써 《복수》로 《삼합(三合)》의 과정을 겪게 되므로 이를 《육합(六合)》이라고 하는 것이며,

《육합(六合)》을 이룬 당체가 《하나》가 되어 《3.3.3 합(合)》의 과정을 거침으로써 이들의 합(合)은 《복수》의 《합(合)》이 됨으로써 《1.3.6.9의 합(合)》이 되는 것이다.

이러한 관계를 다음 《도형》을 참고하여 말씀드리도록 하겠다.

《도형3》

1	3	3	3	
육합(六合)의 삼합	육합(六合)의 육합(六合)	육합(六合)의 구합(九合)	육합(六合)의 십이합(十二合)	※ [정명궁(正明宮)과 진명궁(眞明宮)의 도형]

《도형4》

1	3	3	3	
1	3	6	9	※ [정리된 정명궁(正明宮)과 진명궁(眞明宮)의 도형]

《도형5》

1	3	6	9	
1	3	6	9	
1	3	6	9	※ [진명궁(眞明宮)과 진명궁(眞命宮)의 작용]
1	3	6	9	

《도형 3》의 가로 사선 위쪽의 《1.3.3.3의 합(合)》은 《정명궁(正明宮)》 합(合)이며 《정명궁(正明宮)》《1.3.3.3의 합(合)》 중 《하나(1)》의 자리는 《정명궁(正明宮)》《커블랙홀》의 자리이다.

이러한 《정명궁(正明宮)》《커블랙홀(Kerr black hole)》의 과정에서 《1-4의 길》을 따라 분출된 《양(陽)의 여섯 뿌리 진공(眞空)》과 《중간자》와 《전자》 등 《셋이 하나된》《진명궁(眞明宮)》《커블랙홀》이 《세로》로 《육합(六合)》을 하기 위해 첫 《삼합(三合)》하여 자리한 것을 《육합(六合)》의 《삼합(三合)》이라고 하며,

이러한 《육합(六合)의 삼합(三合)》을 한 《진명궁(眞明宮)》《커블랙홀》이 《가로 팽창》으로 《육합(六合)의 육합(六合)》과 《육합(六合)의 구합(九合)》과 《육합(六合)의 십이합(十二合)》을 《정명궁(正明宮)》《3.3.3의 합(合)》과 《궤(匱)》를 같이 하여 진화(進化)를 하는 도형이다.

《도형 4》는 《도형 3》을 정리한 도형으로써 《도형 3》의 《세로 팽창》에서 《육합(六合)의 삼합(三合)》이 《하나》의 자리에 자리함으로써 《육합(六合)의 육합(六合)》, 《구합(九合)》, 《십이합(十二合)》에 《삼합(三合)》을 빼게 되면 이들이 《3.6.9 합(合)》이 됨으로써 《진명궁(眞明宮)》 전체적으로는 《1.3.6.9의 합(合)》이 되는 것이다.

《도형 5》의 가로《사선 위쪽》《1.3.6.9의 합(合)》은《진명궁(眞明宮)》의 완성으로 태어난《태양계(太陽界)》인 현재의《북극성(北極星)》과《북두칠성(北斗七星)》인《개천이후(開天以後)》《태양계(太陽界)》를 이룬《진명궁(眞命宮)》의 합(合)이다.*

이러한《도형 5》의 세로 사선 좌측에 있는《1》《넷》을《노사나불》《불(佛)의 용(用)의 수(數) 4》라고 하며《세로》사선 우측의《4×18=72》는《72궁(宮)》으로써 이는《36궁(宮)》과《36궁(宮)》으로써 현재의《진명궁(眞命宮)》《태양계(太陽界)》인《북두칠성(北斗七星)》과《지일일(地一一)》우주인《거문고 성단(星團)》이《36궁(宮)》을 이루고 있으며《지일이(地一二)》우주인《황소자리 성단》이《36궁(宮)》을 이루고 있는 것이다.

《육합(六合)》을 하는《진명궁(眞明宮)》과《진명궁(眞命宮)》들에게 적용되는《음양(陰陽)의 법칙》과《오행(五行)의 법칙》적용은《삼합(三合)》을 하는《정명궁(正明宮)》과《정명궁(正命宮)》**과 동일한 것임을 아시기 바란다.

그리고《삼합(三合)》에서《불(佛)의 용(用)의 수(數) 4》는 두 갈

---

* 부록 490쪽 참조.
** 개천이전(開天以前)에는 正明宮(정명궁)이며, 개천이후(開天以後)에는 正命宮(정명궁)이다.

불(佛)의 용(用)의 수(數) 4

● 삼합(三合)에서 불(佛)의 용(用)의 수(數) 4
- 석가모니 하나님 부처님께서 임하실 때
  : 음(陰)의 여섯뿌리진공으로 되어 있다.
- 천(天)의 우주와 인(人)의 우주 부처님들이 임하실 때
  : 음(陰)의 여섯뿌리진공과 음(陰)의 여섯가지진공으로 되어 있다.

※ 진신(眞身) 4성

● 육합(六合)에서 불(佛)의 용(用)의 수(數) 4
- 진명궁(眞明宮)과 진명궁(眞命宮) 부처님들의 경우
- 양(陽)의 여섯뿌리 진공과 양(陽)의 여섯가지 진공으로 되어 있다.

※ 진신(眞身) 3성

래로 갈라져《석가모니 하나님 부처님》께서 직접《삼합(三合)》에 임하실 때《불(佛)의 용(用)의 수(數) 4》는《음(陰)의 여섯 뿌리 진공(眞空)》으로 되어 있으며,

여타《천(天)》과《인(人)》의 우주 부처님들의《불(佛)의 용(用)의 수(數) 4》는《음(陰)의 여섯 뿌리 진공(眞空)》과《음(陰)의 여섯 가지 진공(眞空)》으로 이루어져 있으며,

《육합(六合)》의 진화(進化)를 하는《진명궁(眞明宮)》과《진명궁(眞命宮)》부처님들의《불(佛)의 용(用)의 수(數) 4》는《양(陽)의 여섯 뿌리 진공(眞空)》과《양(陽)의 여섯 가지 진공(眞空)》으로 이루어져 있음을 깊이 인식하시기 바란다.

그리고 《태양계(太陽界)》를 이룰 때 《삼합(三合)》의 진화의 길을 따르는 부처님들은 《진신 4성(眞身四星)》을 가지며 《육합(六合)》의 진화(進化)의 길을 따르는 부처님들은 《진신 3성(眞身三星)》을 가지시게 되는 것이 특징이며, 《육합(六合)》에서 《복합원소》들이 대량 생산됨을 아시기 바란다.

[4] [음양(陰陽)의 법칙과 오행(五行)의 법칙]

지금까지 설명 드린 바와 같이 《음양(陰陽)》의 법칙은 《음양(陰陽)》 분리의 법칙과 《음양(陰陽)》 합일(合一)의 법칙이 있으며,

《오행(五行)》의 법칙은 《상생(相生)》《상극(相剋)》의 법칙으로써 이 법칙에 의해 《1-3-1》 진화(進化)의 길과 《1-4-1》 진화(進化)의 길이 결정되는 것이다.

상생상극의 법칙(오행의 법칙)

○ 1-3-1의 길
순리(順理)의 길
시계 방향 회전 길
결과 : 올바른 진화의 길

○ 1-4-1의 길
역리(逆理)의 길
시계 반대 방향 회전길
결과 : 무간지옥
　　　즉, 암흑물질로 역행.

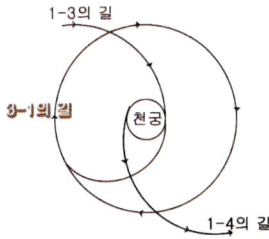
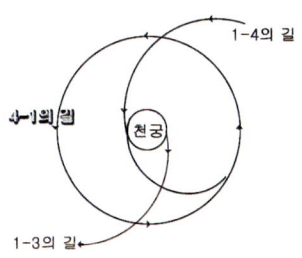

이로써 《음양(陰陽)》의 법칙과 《오행(五行)》의 법칙은 《우주간(宇宙間)》이나 《세간(世間)》에 광범위하게 퍼져 있는 《보편화》되어 있는 법칙들이라는 사실을 아시고, 《1-3의 분열의 법칙》인 《석삼극(析三極)》과 《삼합(三合)》과 《육합(六合)》편에서 충분히 설명된 것으로 알고 따로 설명을 드리지 않겠다.

그러나 이러한 법칙들이 하나같이 공통적으로 보편화되어 있다는 점에 대하여서는 깊은 사고(思考)가 있기를 바라는 것이다.

(1) [오온(五蘊)의 작용(作用)]

《색(色)》, 《수(受)》, 《상(相)》, 《행(行)》, 《식(識)》의 다섯 단계를 《오온(五蘊)》이라고 한다. 이러한 《오온(五蘊)》의 다섯 단계 중 제일 처음에 자리한 《색(色)》이 무엇인가에 대해 먼저 살펴보고 다음을 진행하겠다.

《세제일법(世第一法)》의 《순수 진공(眞空)》이 《암흑물질》《음

64 반야공

19 : 창조주 빛의 몫 (석명광으로부터 나옴)

┌ **10** : 고열을 전달하는 섬광의 몫 (석광의 몫)
│ 　　　　가법혼색의 주인공(색광)의 영역
└ **9** : 태양광인 햇빛의 몫 (명광의 몫)
　　　　감법혼색의 주인공(색소광, 즉 뉴트리노)의 영역

45 : 오온의 색의 반야공 (陽의 육각고리로부터 나옴)

메시아이신 미륵불의 직강 제13회 정본 반야바라밀다심경 강의 동영상(2016.5.7)

양(陰陽)》과 첫 번째 삼합(三合)을 하여《여섯 뿌리 진공(眞空)》을 탄생시키며, 다음으로《여섯 뿌리 진공(眞空)》이 암흑물질과 음양(陰陽) 짝하여《여섯 가지 진공(眞空)》을 탄생시킨다.

이러한《여섯 뿌리 진공(眞空)》과《여섯 가지 진공(眞空)》이 세 번째로 음양(陰陽) 분리되어《16》《진공(眞空)》으로 나뉘어져《암흑물질》《음양(陰陽)》과 삼합(三合)하여《32》의《반야공(般若空)》을 탄생시킨 후 다시《32》의《반야공》이 첫 번째로《음양(陰陽)》 분리되어《64》의《반야공(般若空)》으로 구분이 된다.

이렇게 구분된《64》반야공(般若空) 중《19》의 반야공(般若空)은《창조주(創造主)》의《빛(光)》으로써,

이 중 《10》의 진화된 반야공(般若空)이 《태양핵(核)》 붕괴나 《번개》가 칠 때 번쩍이는 고열을 전달하는 《섬광(閃光)》의 몫이며 《9》이 《태양광(太陽光)》인 《햇빛》의 몫이다.

이러한 《창조주(創造主)》 《빛(光)》의 몫 《19》을 제외한 《45》의 반야공(般若空)이 《오온(五蘊)》의 《색(色)》의 단계로써 《진공(眞空)》과 암흑물질의 첫 번째 삼합(三合)이 진공(眞空)과 양(陽)의 암흑물질이 음양짝의 과정을 마친 《반야공(般若空)》이 된다.

오온(五蘊)
※ 고온고압이 작용하는 천궁(天宮) 내에서 겪는 과정

색(色) — 여섯뿌리진공 또는 여섯가지진공
→ 암흑물질

수(受) — 암흑물질이 생명력을 얻어 공(空)의 일부로 자리

상(相) — 색깔(color) / 분별력
모양과 모양이 가지는 능력
암흑물질이 색깔을 띰

행(行) — 삼합(三合) 작용

식(識) — 글루볼(알이) : 정보력
쿼크(알음) : 분별력

간단히 말씀드리면,《진공(眞空)》을 이룬 구슬에《암흑물질》《하나》를 품고 있는《반야공(般若空)》으로 나타난 상태를《오온(五蘊)》의《색(色)》의 단계라고 하는 것이다.

이와 같이《색(色)》의 단계《반야공(般若空)》들이 다음 단계인《수(受)》의 단계에서《음(陰)》의 진공과《양(陽)》의 암흑물질이 서로가 서로를 받아들인다 하여《수(受)》의 단계라고 하는 것이다.

이렇게《수(受)》의 단계를 거친《45》종류의《반야공(般若空)》들의《공(空)》속에 품고 있던《암흑물질》이《천궁(天宮)》의《고온》《고압》에 의해《칼라(color)》를 띠게 된다. 이러한《칼라(color)》를 띤《반야공》의 상태를《상(相)》의 단계라고 하며,

이후《상(相)》의 단계를 거친《45종류》의 반야공들이 두 번째 삼합(三合)으로《15종류》의 반야공들로 바뀌면서《공(空)》도 커짐과 동시에《칼라(color)》가 더욱더 선명해지는 이러한 과정을《오온》의《행(行)》의 과정이라고 하는 것이다.

이와 같이《오온》의《행(行)》의 단계를 거친《15종류》의《반야공》들을《식(識)》의 단계라고 하며, 이러한《식(識)》의 단

계가 《공(空)》은 《글루볼》로 변화하고 《공(空)》 속의 《칼라(color)》를 띤 진화한 《암흑물질》을 현대 과학 용어로 《쿼크(quark)》라고 하며, 모든 《정보력(情報力)》은 《공(空)》인 《글루볼》이 갖게 되며 《쿼크》는 《분별력(分別力)》을 갖게 됨으로써 이들이 《음양(陰陽)》으로 결합한 상태를 《식(識)》이라고 하는 것이다.

이와 같이 진행되는 《색(色)》, 《수(受)》, 《상(相)》, 《행(行)》, 《식(識)》의 단계를 거치는 《오온(五蘊)》의 전 과정에 있는 《반야공(般若空)》들과 각종 《암흑물질》들이 혼재된 것을 《기(氣)》라고 하는 것이다. 이러한 《기(氣)》는 《기(氣)》를 있게 하는 이치인 《리(理)》와는 엄격히 구분이 되는 것이다.

이러한 《오온(五蘊)》의 마지막 단계에 있는 《15종류》의 《식(識)》이 《2음(陰) 1양(陽)》의 법칙을 따르거나 《1음(陰) 2양(陽)》의

다섯기초원소 : 만물의 씨종자

● 중성자, 양전자 : 2음(陰) 1양(陽) 법칙을 따름
● 양자, 전자 : 1음(陰) 2양(陽) 법칙을 따름

　　※ 중간자 : 변환과정의 기초원소임.

※ 다섯 기초 원소에서의 음양(陰陽)
　　음(陰) : 중성자, 양전자
　　양(陽) : 양자, 전자

법칙을 따라 세 번째 삼합(三合)을 하여 탄생하는 것이《중성자(neutron)》,《양자(proton)》,《양전자(positron)》,《중간자(meson)》,《전자(electron)》등《다섯 기초 원소》로써,

《중성자》와《양전자》가《다운 쿼크 2》와《업 쿼크 1》로《2음(陰) 1양(陽)》의 법칙을 따른《기초 원소》이며,《양자》와《전자》가《다운 쿼크 1》과《업 쿼크 2》로써《1음(陰) 2양(陽)》의 법칙을 따르는《기초 원소》이며,《중간자》는 변환기에 있는 일시적인《기초 원소》인 것이다.

이러한 다섯《기초 원소》가 인간의《씨종자》들이며《만물

오온(五蘊)의 반야공(般若空)과 다섯 기초 원소 생성 장소

고온고압(高溫高壓) 하에서 생성

● 개천이전(開天以前 또는 빅뱅이전) :
  정명궁(正明宮), 진명궁(眞明宮), 개천이전 최초로 만들어진《음(陰)의 36궁(宮)》

● 개천이후(開天以後 또는 빅뱅이후) :
  모든 천궁(天宮)들,
  태양계(太陽界)를 이룬《불(佛)의 진신사성(眞身四星) 또는 진신3성(眞身三星)》

● 인간 육신 내 : 오온의 작용은 일어나지 않으나 다섯 기초 원소는 생성된다.

메시아이신 미륵부처님의 직강 '제13회, 제23회 (개정판) 정본 반야바라밀다심경 강의 동영상(2016.5.7)' 등

(萬物)》의 씨종자가 되는 것이다.

　이와 같은《오온(五蘊)》의 단계《반야공(般若空)》과《다섯 기초 원소》가 탄생하는 곳은《고온(高溫)》과《고압(高壓)》이 작용(作用)하는《개천이전(開天以前)》의《정명궁(正明宮)》과《진명궁(眞明宮)》과 이들 두《천궁(天宮)》으로부터《개천이전》최초로 만들어진《음(陰)》의《36궁(宮)》과《개천이후(開天以後)》만들어지는 모든《천궁(天宮)》들과《태양계(太陽界)》를 이룬《불(佛)의 진신사성(眞身四星)과《불(佛)의 진신 3성(眞身三星)》에서만이 탄생하게 된다는 점을 깊이 인식하시기 바란다.

① [식(識)]

　《개천이전(開天以前)》《정명궁(正明宮)》과《진명궁(眞明宮)》과《음(陰)의 36궁(宮)》에서《오온(五蘊)》의 과정을 겪고 탄생한《식(識)》들이 세 번째《삼합(三合)》으로《다섯 기초 원소》로 탄생한 경우가《75%》이며《다섯 기초 원소》《25%》를 만들 수 있는 량(量)이《기(氣)》인《식(識)》의 상태로 남은 것이다.

이렇게 하여 남은《25%》의《다섯 기초 원소》를 만들 수 있는《식(識)》이 모두《영체(靈體)》진화(進化)를 하는 무리들로서 이들은《초기 우주》특성상 충분한 진화(進化)의 기간을 갖지 못한 채 곧바로 단행된《빅뱅(Big bang)》으로 불리우는《대폭발》에 의해《개천(開天)》이 된 후《상천궁(上天宮)》이 태어난 초기에 세 번째《삼합(三合)》으로 모두《다섯 기초 원소》로 태어나게 되는 것이다.

　그러나《개천이후(開天以後)》에는《기(氣)》의 상태로 있는《식(識)》들 중《고체(固體)》의 진화를 하는《식(識)》들은《천궁(天宮)》이나《태양계(太陽界)》《불(佛)》의《진신 3,4성(眞身三四星)》에서《개천이전(開天以前)》과 같이 곧바로 세 번째《삼합(三合)》을 거쳐《다섯 기초 원소》로 탄생되나,

　《영체(靈體)》진화를 하는《식(識)》의 단계《반야공》들은《음양(陰陽)》으로 분리된 후 외부로 분출되어《기(氣)》의 상태로 최소한《10억 년(億年)》이상 단련을 위한 진화(進化)를 한 후 재차《천궁(天宮)》이나《태양계(太陽界)》《불(佛)》의《진신 3,4성(眞身三四星)》으로 끌어들여져《음양(陰陽)》합일(合一)을 이룬 이후《세 번째》《삼합(三合)》으로《다섯 기초 원소》로 탄생되는 것이《개천이전(開天以前)》과는 다른 것이다.

식(識)의 반야공이 음양(陰陽) 분리된 경우

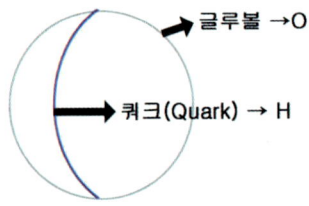

 이로써 《개천이후(開天以後)》《천궁(天宮)》이나 《불(佛)》의 《진신 3,4성(眞身三四星)》 내부(內部)에서 일어나는 《기(氣)》의 상태로 있는 《오온(五蘊)》의 과정을 제외한 외부 《공간(空間)》에서 《기(氣)》의 상태로 《기류(氣流)》를 형성하고 있는 《반야공》은 모두 《영체(靈體)》 진화를 하는 《식(識)》이 분리된 상태로 《기(氣)》가 되어 있는 것이다.

 즉, 이와 같은 《식(識)》은 《쿼크(quark)》와 《글루볼》이 《음양(陰陽)》 짝을 하고 있음을 밝혀 드렸다. 이러한 《식(識)》을 《음양(陰陽)》 분리된 《쿼크》가 《수소(H)》이며 《글루볼》이 《산소(O)》가 되는 것임을 깊이 인식하시고 다음 설명을 드리겠다.

 이러한 《식(識)》이 분리된 상태로 있는 《기(氣)》는 하나같이

《정보력(情報力)》과 《분별력(分別力)》을 일부분 가지고 있기 때문에 《온도》 차이에 의해 일사불란하게 움직인다는 사실을 지나쳐서는 안되는 것이다. 이러한 일들은 《진화(進化)》를 위한 《단련》의 한 방편으로써 이루어진다는 사실을 아시기 바란다.

그리고 《식(識)》이 분리된 《수소(H)》가 《음양(陰陽)》 짝을 한 《H(干)2》와 《O》가 《음양(陰陽)》 짝을 한 《O(干)2》가 《산소》로써 이들이 《음양(陰陽)》 분리된 《음(陰)》의 《수소(H)》와 《양(陽)》의 《수소(H)》와 《음(陰)》의 《O》과 《양(陽)》의 《O》과 순수 공(空)들과 양(陽)의 세제일법 진공(眞空)과 각종 《암흑물질》이 혼재되어 있는 것을 《공기(空氣)》라고 하며 이러한 《공기(空氣)》의 흐름을 《바람(風)》이라고 하는 것이다. 이와 같은 《바람(風)》이 《구름(雲)》을 만들고 《비(雨)》를 내리게 하는 것이다.

이와 같이 《기(氣)》가 분리되어 《공기(空氣)》로 변화되는 것을 심층 있게 살펴보기로 하자.

《식(識)》이 분리된 것들과 순수 공(空)들과 《양(陽)》의 《세제일법 진공(眞空)》과 각종 《암흑물질》이 혼재된 것을 《기(氣)》라고 이름하며 이러한 《기(氣)》의 흐름을 《기류(氣流)》라고 이름

기(氣)의 실체

- 오온(五蘊) 전 과정의 반야공들
- 식(識)이 분리된 상태 : 외부 공간에서 기(氣)의 상태로 기류를 형성하고 있는 반야공은 모두 영체 진화를 하는 식(識)이 분리된 상태로 진화하는 과정을 거친다.
  구성 : $H_{(2)2}$, $O_{(2)2}$, $H_{(-)}$, $H_{(+)}$, $O_{(-)}$, $O_{(+)}$
- 절대 온도를 가진 순수 공
- 양(陽)의 세제일법 순수 진공
- 절대 온도를 가진 순수 공과 양(陽)의 세제일법 순수 진공이 삼합한 공(호)
  (일명, 양(陽)의 진공)
- 각종 암흑물질
- 마구니들이 한 행위들로 인한 티끌 등

참고 : 메시아이신 미륵부처님의 직강 '제13회 (개정판) 정본 반야바라밀다심경 강의 동영상(2016.5.7)' 등

한다고 말씀드렸다.

《지상(地上)》에 있는 이러한 《기류(氣流)》를 크게 구분하면 《남방기류》와 《북방기류》 등 둘로 나눈다.

이와 같은 《기류》들도 《진화적(進化的)》으로 볼 때 《남방기류(南方氣流)》는 진화(進化)가 덜된 《기류(氣流)》들이며, 《북방기류(北方氣流)》들은 상대적으로 진화(進化)가 많이 된 《기류(氣流)》들이다.

기류의 진화

(기류 : 공기(空氣)의 흐름. 기(氣)의 흐름 또는 바람)

북방기류

남방기류

※ 남방기류권에서 진화가 완성된 기류가 북방기류권으로 넘어옴.

이러한 《기류(氣流)》들을 《관보현보살행법경(觀普賢菩薩行法經)》에서 《음양(陰陽)》으로 구분한 후 《사상구분(四象區分)》하여 비유로써 《설(說)》한 내용을 참고하여 《기류(氣流)》들을 살펴보기로 하자.

가> 《남방기류(南方氣流)》

$$《식(識)》 \begin{cases} 음(陰) 《쿼크》(H) \begin{cases} 물오리(--) : 《음(陰)》의 《수소(H)》 \\ 기러기(-+) : 《양(陽)》의 《수소(H)》 \end{cases} \\ 양(陽) 《글루볼》(○) \begin{cases} 숫원앙새(+-) : 《음(陰)》의 《○》 \\ 암원앙새(++) : 《양(陽)》의 《○》 \end{cases} \end{cases}$$

※ 《음양(陰陽)》짝을 한 《수소(H)》둘을 《H(∓)2》라고 하는 것이며, 《음양(陰陽)》짝을 한 《공(空)○》둘인 《O(∓)2》를 《산소》라고 하는 것이다.

이러한 《음(陰)의 수소》와 《양(陽)의 수소》와 이들이 《음양(陰陽)》짝을 한 《H(∓)2》와 《음(陰)의 ○》과 《양(陽)의 ○》과 이들이 《음양(陰陽)》짝을 한 《O(∓)2》인 《산소》등과 양(陽)의 세제일법 순수 진공과 절대온도를 가진 순수 공(空)이 삼합(三合)을 한 공(空) 등 이들 모두들을 《공기(空氣)》라고 하며, 이들의 흐름을 《바람(風)》이라고 하는 점을 깊이 인식하시기 바란다.

《식(識)》이 분리된 《기(氣)》가 《사상구분(四象區分)》된 《음(陰)의 수소(H)》와 《양(陽)의 수소(H)》와 《음(陰)의 ○》이 셋이 모여 하나를 이룬 《삼합(三合)》을 하여 탄생한 것이 《H(∓)2O(-)》로써 이를 《해인수(海印水)》라고 한다.

《식(識)》인 《기(氣)》가 《사상구분(四象區分)》된 《음(陰)의 수소(H)》와 《양(陽)의 수소(H)》와 《양(陽)의 ○》이 《상온(常溫)》에서 《삼합(三合)》을 한 상태를 《H(∓)2O(+)》로써 일반적으로 인간 무리들이 《물(水)》로써 표현을 하는 것이다.

※ 이러한 《해인수(海印水)》와 《물(水)》의 비율은 《1:3》이 되는 것이다.

《식(識)》이 분리된 《기(氣)》가 《사상구분(四象區分)》된 《음(陰)의 ○》과 《양(陽)의 ○》과 《음(陰)의 수소(H)》가 《상온(常溫)》에서 《삼합(三合)》을 한 상태가 《○(∓)2H(-)》로써 이를 《브롬(Br)》이라고 하는 것이다.

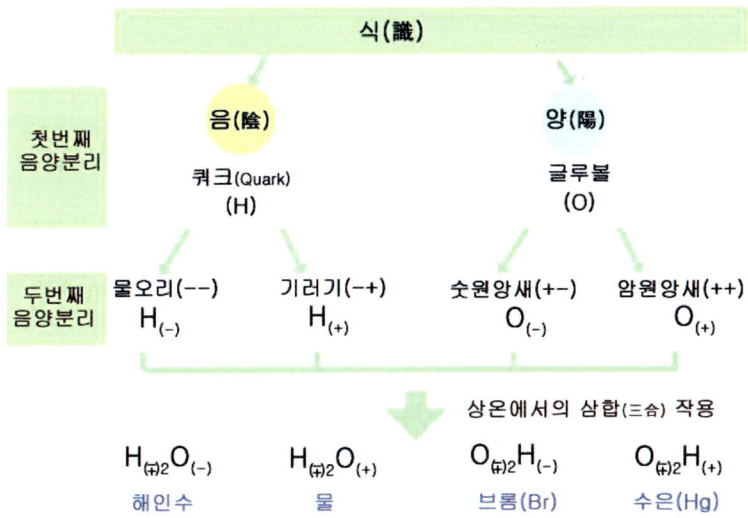

《식(識)》인 《기(氣)》가 《사상구분(四象區分)》된 《음(陰)의 ◯》과 《양(陽)의 ◯》과 《양(陽)의 수소(H)》가 《상온(常溫)》에서 《삼합(三合)》을 한 상태가 《◯(干)₂H(+)》로써 이를 《수은(Hg)》이라는 《금속》을 탄생시킨 것이다.

※ 이와 같이 진화(進化)가 덜된 《남방기류(南方氣流)》가 분열되어 《공기(空氣)》를 만들고 《공기(空氣)》 중에서 《삼합(三合)》 활동을 하여 《해인수(海印水)》와 《물(水)》과 《브롬(Br)》과 《수은(Hg)》을 만들어 《구름(雲)》이 되어 《비(雨)》를 내리게 함으로써 이들이 《지상(地上)》의 표면으로 내려와 《진화(進化)》의 기간을 거친 후 《진화(進化)》가 완성된 것들은 《바닷물(海水)》로 한 곳에 모인 이후 증발하여 《상승 기류》를 이룬 이후 《구름》이 되어 《태풍》이나 《허리케인》이 된 후 무서운 속도로 회전하며 《북방기류(北方氣流)》권으로 넘어오는 것이다.

《남방기류》권에서 진화(進化)가 되지 못한 《공기(空氣)》가 《삼합(三合)》 활동을 하여 만든 《해인수》나 《물》과 《브롬(Br)》과 《수은》 등 일체는 《북방기류》권으로 넘어오지 못하는 것이 《이치》로 정하여져 있는 것이다.

나〉《북방기류(北方氣流)》

《남방기류》를 형성하고 있던 《공기(空氣)》와 《해인수(海印水)》와 《물(水)》과 《브롬(Br)》과 《수은(Hg)》 등은 진화(進化)하여 《태풍》과 《허리케인》이 되어 《북방기류》권으로 넘어온 후

《공기(空氣)》는 진화(進化)를 이루어 《맑고》《청정(淸淨)》한 《공기(空氣)》로 변화되고, 《해인수(海印水)》와 《물(水)》 역시 진화(進化)를 이루어 《구름》이 되어 이동하여 《비(雨)》가 되어 《지표면》으로 내리게 됨으로써 《북방기류》권에서도 더욱 투명하고 맑은 《해인수(海印水)》와 《물(水)》로써 존재하게 되며, 《브롬(Br)》과 《수은(Hg)》은 진화(進化)하여 《음(陰) 이온》과 《양(陽) 이온》으로 진화(進化)되어 《공기(空氣)》의 대열에 합류를 하게 되는 것이다.

이 때문에 《남방기류(南方氣流)》가 진화(進化)된 것이 《북방기류(北方氣流)》라고 하는 것이다.

이러한 《북방기류(北方氣流)》도 계속되는 진화(進化)를 하여 《해인수(海印水)》, 《물(水)》의 경우 진화(進化)를 마치면 《공기(空氣)》의 대열에 합류하고 《공기(空氣)》들은 《바람(風)》이 되어 진화

(進化)를 계속한 후 진화(進化)의 끝 무렵에는 순차적으로 《북극(北極)》의 《극(極) 지점》으로 몰려들어 《음양(陰陽)》합일(合一)의 과정을 거쳐 본래의 모습인 《식(識)》으로 돌아가는 과정을 거치는 것이다. 이러한 과정이 《시야(視野)》에 드러나는 것이 《오로라》현상이다.

이와 같이 《오온(五蘊)》의 《식(識)》의 단계로 들어간 《기(氣)》

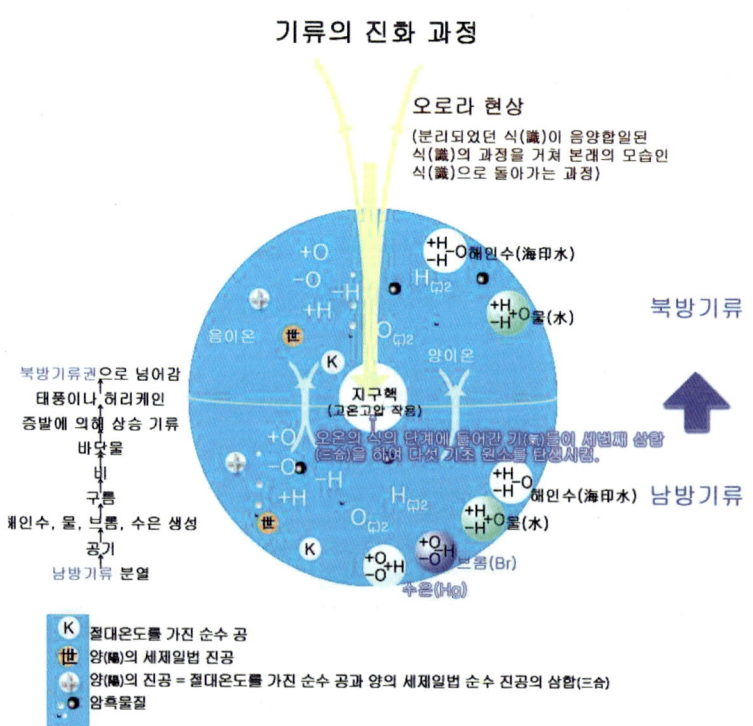

는《북극》《극 지점》을 통하여《지구(地球)》중심부로 끌어 들여져《고온》과《고압》이 작용하는 가운데 비로소《세 번째》《삼합(三合)》에 돌입하여《다섯 기초 원소》로 탄생한 후,

《중간자》와《전자》는《상극(相剋)》의 길인《1-4의 길》에 자리하여《지구》외부로 분출된 후《지(地)》의 우주(宇宙) 천궁(天宮)인《아촉궁(宮)》으로 들어가고,

《중성자(中性子)》와《양자(陽子)》와《양전자(陽電子)》는《3-1의 길》을 따라 분출되어 같은 길에 있는《석가모니 하나님 부처님》《법신(法身)》인《목성(木星)》으로 끌어들여져《중성자(中性子)》와 일부의《정명(正命)》인《양전자》가 결합하여《중성자》를 《정명(正命)》인《양전자》가 둥글게 감싸면《중성자》는《중성자영(靈)》으로 전환이 되어《목성(木星)》에 남고《양자》는 일부의《정명(正命)》인《양전자》와 결합하여《양자》를《정명(正命)》인《양전자》가 둥글게 감싸면《양자》는《양자영(靈)》으로 거듭 태어나게 되는 것이다.

이렇게 하여《목성(木星)》핵(核) 주위에서 태어난《양자영(靈)》들은《성격(性格)》과《성질(性質)》이 같은《양자영(陽子靈)》들《여섯》이 한 묶음이 되어 이들과 같은《성격》과《성질》을 가졌거나 비슷한 무리들이《삼합(三合)》을 하여《양자영》《18》로 이루어진《인간》《영혼(靈魂)》을 탄생시켜《목성(木星)》외

부로 내어 보내 《지구(地球)》《대기권》으로 들여보내는 것이다.

중요한 점은 이러한 일들이 《원천창조주》이신 《석가모니 하나님 부처님》의 주도로 이루어진다는 사실이다.

그리고 이것이 《인간(人間)》 완성을 이루어가는 《첫 삼합(三合)》이라는 사실을 깊이 인식하시기 바라며,

그리고 지금까지 《인간》 위주로 설명을 드렸으나 개체의 《양자영》들이 진화(進化)의 과정에서 가진 《정보량(情報量)》들이 각각 다르기 때문에 《영체 진화》를 하는 무리들이 수도 없이 많다는 점을 인식하시고 모든 《영체 진화》를 하는 무리들의 《영(靈)》들은 모두 《원천창조주》이신 《석가모니 하나님 부처님》의 법신(法身)인 《목성(木星)》에서만이 만들어진다는 사실을 깊이 인식하시기 바란다.

② [영신(靈身)]

〔진실(眞實)된 세계역사(世界歷史)와 종교(宗敎) 下〕(미륵불 저, 2015)에서 [(2) 한역(韓易)이 가르치는 《장기》와 《장기판의 비밀》가〉-ㄱ〉《양(陽) 1-3-1의 길》 ※ 주(註)-(11)]에서 밝힌 바 있듯이, 《인이삼(人二三) 우주》 《천궁(天宮)》에서 《상극(相剋)》의 길인 《1-4의 길》을 통하여 분출된 《중간자》와 《전자》가 《노사나불》 《태양성(太陽星)》으로 끌어들여져 《중간자》는 《양자(陽子)》로 전환하고 이렇게 전환된 《양자》와 《전자》는 《태양성 핵(核)》에서 만들어진 《진명(眞命)》인 《양전자(陽電子)》와 결합하여 《진명(眞命)》이 둘러싼 《양자영(陽子靈)》과 《전자영(電子靈)》으로 전환되어 《태양성(太陽星)》 상극(相剋)의 길인 《회귀(回歸)》의 길인 《1-3의 길》을 따라 외부로 분출이 된 것을 《지구(地球)》가 이들을 끌어들여 《지구 성층권》에서 진화(進化)하도록 하는 것이다.

이렇듯 《지구 성층권》으로 끌어들여진 《진명(眞命)》으로 둘러싸여진 《양자영》들과 《전자영》들은 《석가모니 하나님 부처님》의 법신(法身)인 《목성(木星)》에서 만들어진 수많은 《영체진화》를 하는 무리들과 이합집산 결합함으로써 《생명력》을 부여하고, 이 중 일부가 《음양(陰陽)》 분리되어 《넷》을 이루고 《넷》을 이룬 무리들이 《삼합(三合)》을 함으로써 《4×3=12》의 《반야공령》들이 탄생을 하게 된 것이다.

그림. 지상의 인간 무리들의 영혼과 영신 탄생

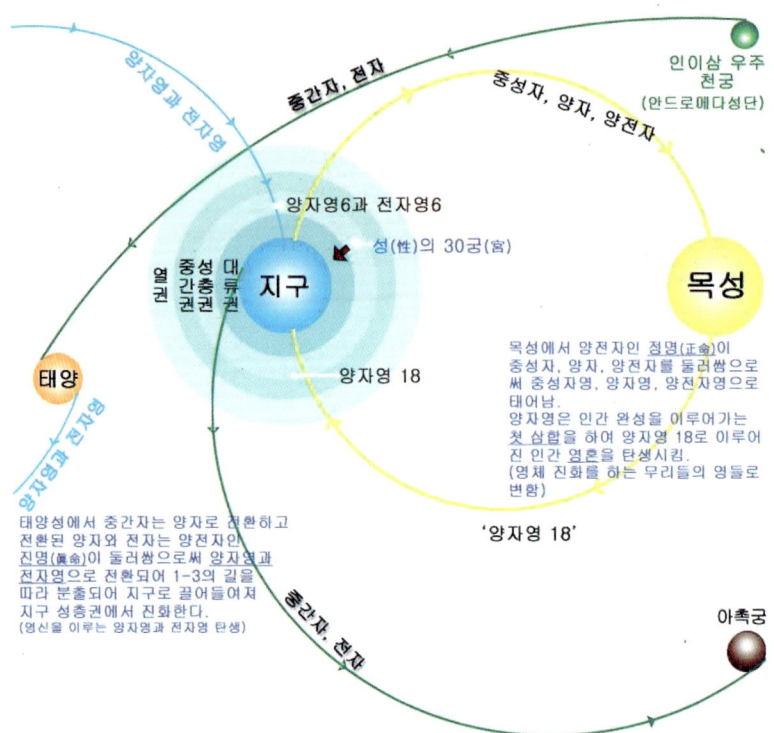

※ 목성에서 양자가 정명(正命)인 양전자에 의해 둘러싸임으로써 양자영으로 태어나고, 첫 삼합(三合)에 의해 인간 영혼의 양자영 10이 탄생한다. 태양성에서는 영신(靈身)을 이룰 양자영과 전자영이 만들어져 지구 성층권으로 유입된다. 지구 성층권에서 인간 영혼의 양자영 18과 영신이 음양짝을 하고 이후 대류권에서 인연 있는 부모를 기다린다.

※ 목성과 지구는 원천창조주이신 석가모니 하나님 부처님 진신(眞身) 4성(聖)에 속한다.

이러한 《12》의 반야공령들이 《양자영 6》과 《전자영 6》으로 이루어진 인간(人間)의 《영신(靈身)》《8종류》가 탄생하여 먼저 《지구 성층권》으로 들어와서 인간 《영혼》의 진화를 하던 《양자영 18》과 함께 《음양(陰陽)》 짝을 함으로써 《양자영 18》과 《영신(靈身) 12》이 결합하여 《성(性)의 30궁(宮)》을 이루게 됨으로 완벽한 인간 무리들의 《영혼》과 《영신》이 만들어져 《지구 대류권》으로 내려와 인연(因緣) 있는 《부모(父母)》가 나타나기를 기다리다가 《우주(宇宙)》의 어머니(母)로 알려진 《관세음보살》의 주선으로 《인간》 어머니(母) 자궁(子宮)으로 들어가는 《십이인연법(十二因緣法)》의 과정으로 들어가는 것이다.

이와 같이 《인간(人間)》으로 태어나기 위한 첫 삼합(三合)이 《목성(木星)》에서 이루어져 《영혼(靈魂)》으로 태어나고 두 번째 과정인 《음양합일(陰陽合一)》의 과정이 《지구 성층권》에 《영신(靈身)》과 함께 《음양(陰陽)》 짝을 함으로써, 《영혼》이 독자적인

인간으로 태어나기 위한 1.3.3.3 합(合)의 법칙

1. 3. 3. 3 合

세번째 삼합(三合)
: 영혼의 양자영 18과 영신이 두번째 삼합을 한 인간 육신을 가지고 태어나서 인간 완성을 이루는 단계.

두번째 삼합(三合)
: 지구 성층권에서 양자영 18과 영신(靈身, 양자영6과 전자영6)이 만나 음양짝을 이루고 이후 십이인연법에 따라 인간 육신을 가지고 태어나 두번째 삼합(三合)을 이룸.

첫 삼합(三合)
: 목성에서 첫 삼합이 일어나 영혼의 영(靈)에 해당되는 양자영 18이 태어남

《생명력(生命力)》을 갖추고《영혼》과《영신》이《십이인연법(十二因緣法)》을 따라《인간 육신(肉身)》을 가지고 태어나《두 번째》《삼합(三合)》이 이루어지게 된다.

이와 같이 하여《영혼》과《영신》과《육신(肉身)》이 두 번째《삼합》을 한《인간(人間)》으로 태어나서《인간 완성》을 이루는 단계가 세 번째《삼합》을 이루게 되므로《인간》의《1.3.3.3 합(合)》이 완성이 되어 영원한 극락과 천당(天堂)으로 불리우는《금강궁(金剛宮)》으로 들어가서《진화(進化)》의 종착지에 도달하게 되는 것이다.

이러한 마지막《삼합(三合)》단계인《인간 완성》을 코앞에 두고《대마왕(大魔王)》들과《악마(惡魔)의 신(神)》들인《대마왕신(大魔王神)》들이 인간《진화(進化)》를 방해하고 교만하고 거만한《학자(學者)》들이 거들먹거리며《대마왕(大魔王)》들과《악마(惡魔)의 신(神)》들인《대마왕신(大魔王神)》들의 하수인들이 되어《인류》들을《파멸(波滅)》로 이끌어《진화(進化)》의 원점인《암흑물질》로 되돌려 보냄으로써 수많은 인간들을 문자(文字)로써 표현할 수 없는 엄청난《고통》과《괴로움》이 따르는 진화의 원점으로 되돌려 보내고 있기 때문에 때에《메시아(Messiah)》가 우주간(宇宙間)의 비밀된《진리(眞理)》를 모두 밝히고 있는 것이다.

이와 같이 《영혼》과 《영신》이 《성(性)의 36궁(宮)》을 이루고 있을 때 진화의 주인공인 《성(性)의 30궁(宮)》의 작용은 《양자영 18》이 중심에 자리하고 그 외곽에 양(陽)의 《영신(靈身)》인 《양자영 6》이 《시계 방향》 회전을 하며 이러한 《양(陽)》의 《영신(靈身)》이 회전하는 외곽에 《음(陰)》의 《영신(靈身)》인 《전자영 6》이 《시계 반대 방향》의 회전을 하며 《성(性)의 30궁(宮)》을 이루고 있으나,

《인간 육신(肉身)》을 가지고 태어날 때는 《원천창조주》이신 《석가모니 하나님 부처님》으로부터 《삼진(三眞) 10》을 《목성

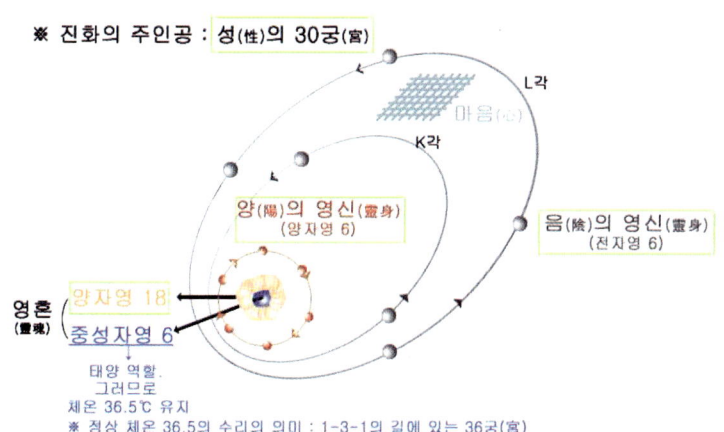

[영혼(靈魂)과 영신(靈身)의 작용]

메시아이신 미륵부처님의 직강 '제15회 (개정판) 정본 반야바라밀다심경 강의 동영상(2016.5.21)' 등

《木星》》으로부터 받게 됨으로써 《성(性)》은 《40궁(宮)》을 이루고 작용하게 되는 것이다. 이러한 작용의 상세한 설명은 필자의 저서 여러 곳*에 충분히 설명하여 두었으니 이를 참고하시기 바란다.

그러면 다음으로 《인간》《영혼》과 《영신》이 《육신(肉身)》을 가지고 태어날 때 《진화(進化)》의 열쇠는 《영신(靈身)》이 쥐고 있다.

이러한 《영신(靈身)》이 《지구》의 《성층권》에서 태어날 때 《8종류》로 태어난다. 이러한 《8종류》《영신(靈身)》의 실체를 밝혀 드리면 다음과 같다.

《인간》 진화(進化)의 당위성이 극명하게 드러나는 곳이 《영신(靈身)》의 실체이니 주의력을 가지고 보시기 바란다.

---

* 미륵불과 메시아(미륵불, 2015)
(改訂版) 불교기초교리 핵심 81강(미륵불, 2015)
(改訂版) 우주간의 법 해설 대승보살도기초교리(미륵불, 2015)
(改訂版) 우주간의 법 해설 삼일신고(미륵불, 2015)
무량의경(無量義經) 약본(略本)(미륵불, 2015)

표) 《인간육신(人間肉身)》을 가지고 태어날 수 있는
《영신(靈身)》 8종류의 구분

순서	무리 구분	최고 조상	영신*(靈身) 종류	비고	진화의 원천
1	《음(陰)》의 곰족(熊族)	석가모니 하나님 부처님	짐승	한민족(韓民族)	음(陰)의 여섯 뿌리 진공
2	구려족	관세음보살 1세	짐승	한민족(韓民族)	양(陽)의 여섯 뿌리 진공
3	스키타이	노사나불 1세	짐승	한민족(韓民族) 《음(陰)》의 연각(緣覺)	양(陽)의 여섯 뿌리 진공
4	《양음(陽陰)》의 곰족(熊族)	다보불 직계	물고기	《음음(陰陰)》의 독각(옹골, 이태리)	음(陰)의 여섯가지 진공
5	《양(陽)》의 연각	비로자나 1세 직계	물고기	《양음(陽陰)》의 독각(백제계, 후리안족(Hurrians)	양(陽)의 여섯 뿌리 진공
5	《양(陽)》의 연각	지장보살 직계	물고기	《양음(陽陰)》의 독각(백제계, 후리안족(Hurrians)	양(陽)의 여섯가지 진공
6	《양양(陽陽)》의 곰족	다보불 방계 (문수보살 1세 직계)	어패류	《음양(陰陽)》의 독각(선비족(鮮卑族), 퉁구스족, 라크히네족)	음(陰)의 여섯가지 진공
7	《양양(陽陽)》의 독각	비로자나 1세 방계 (그림자 비로자나 1세 직계)	어패류	고려 호족	양(陽)의 여섯가지 진공
8	《양양(陽陽)》의 독각	천관파군 악마(惡魔)의 신(神)인 화신(化神)의 석가모니 무곡성불 관세음보살 2세 관세음보살 3세 지장보살 방계 야훼 신(神) 가이아 신(神) 백의관음	곤충		양(陽)의 여섯가지 진공

* 진화의 열쇠는 영신(靈身)이 쥐고 있다.
  참조 : 메시아이신 미륵부처님의 직강 – 제4회, 제6회 (개정판) 우주간의 법 해설 삼일신고(三─神誥) 강의 동영상(2016년 10월, 11월)

※《BC 8000년》이후 지금까지《지상(地上)》에서 진화(進化)하여 오던 인간 육신(肉身)을 가진 인간 무리들 모두는 상기 구분한 8종류의《영신(靈身)》을 가진 무리들로부터《민족》이 형성되었음을 아시기 바란다.

※ 상기 표시된 각각의《영신(靈身)》구분에는《50억 년(億年)》진화(進化)의 기간이 존재하며, 이들《영신(靈身)》을 가진 무리들이 모두 진화(進化)를 하는 기간은《400억 년(億年)》으로써《진화(進化)》의 필요성이 잘 나타나 있는 것이 상기《영신(靈身)》의 구분표이다.

※ 상기 구분의《다보불 직계》,《다보불 방계》,《관세음보살 2세》,《무곡성불》,《지장보살》계(系)의 지도자들을《대마왕》들이라고 하며,《비로자나 1세》,《그림자 비로자나 1세》,《천관파군》,《악마(惡魔)의 신(神)인 화신(化神)의 석가모니》,《관세음보살 3세》,《야훼 신(神)》,《가이아 신(神)》,《백의관음》등을《악마(惡魔)의 신(神)》들로서《대마왕신(神)》들이라고 한다.

※《대마왕》들과《악마(惡魔)의 신(神)》들인《대마왕신(神)》들이 그들 후손들을 바탕으로 하여《인간 영신(靈身)》을 가진《인

간》들을《지배(支配)》하여 학살하고 없애기 위한 수단으로《권력(權力)》을 차지하기 위하여 다툼을 벌인 것이 지상(地上)의 모든《전쟁》이며,

지상(地上)의 인간 육신(肉身)을 가진 모든 무리들의 진화(進化)를 방해하기 위해 그들《대마왕》들과《악마(惡魔)의 신(神)》들인《대마왕신(神)》들이《우주간(宇宙間)》과《세간(世間)》모두를《지배(支配)》하고자 만든 사상이《신선사상(神仙思想)》인《자연사상(自然思想)》과《공산사상(共産思想)》이다.

이러한 그들은 이의 실현을 위해《신(神)들의 전쟁》과《우주쿠데타》를 일으켜《원천창조주》이신《석가모니 하나님 부처님》의《진리(眞理)》의《법(法)》을 정면으로 거부하고《인간 육신(人間肉身)》을 가졌던 모든 무리들을《진화(進化)》의 처음 시작 시점인《암흑물질》로 보내기 위해《파멸(波滅)》을 획책한 자들이《대마왕(大魔王)》들과《악마(惡魔)의 신(神)》들인《대마왕신(大

대마왕과 악마의 신(神)인 대마왕신(神)들의 대표적인 사상

대표적인 사상 : 신선사상인 자연주의, 공산주의

목적 : 지상의 인간 육신을 가진 무리들의 진화를 방해하여 우주간과 세간 모두를 지배하기 위함.

魔王神)》들과 그들의 하수인들이었다는 사실을 깊이 인식하시기 바란다.

(2) [《선천우주(先天宇宙)》와 《후천우주(後天宇宙)》의 진화(進化)]

① 《선천우주(先天宇宙)》의 진화(進化)

《선천우주(先天宇宙)》의 진화를 크게 두 구분하면 《지구계》 시간(時間) 기준 《개천이전(開天以前)》 100억 년(億年)과 《개천이후(開天以後)》 120억 년(億年)으로 나눈다.

[물질 진화와 영체 진화의 비율]

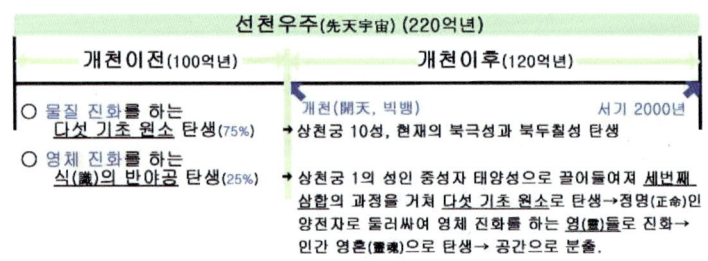

이러한 나눔에서 《개천이전(開天以前)》에 만들어진 것이 물질(物質)의 진화(進化)를 하는 《75%》의 《다섯 기초 원소》와 《25%》의 다섯 기초 원소를 이룰 《식(識)》의 상태 반야공(般若空)들이 만들어졌음을 진행을 하면서 밝혀 드렸다.

이와 같이 하여 《개천이전(開天以前)》에 만들어진 《다섯 기초 원소》 《75%》가 《고체(固體)》의 진화를 하는 《물질(物質)》의 몫이며, 《다섯 기초 원소》 《25%》를 만들 수 있는 양(量)이 《기(氣)》인 《식(識)》의 상태로 남아 있었던 것이 《영체(靈體)》 진화를 하는 무리들의 몫이었다.

이러한 와중에 《개천이전(開天以前)》 《정명궁(正明宮)》 진화(進化)의 완성으로 《빅뱅》으로 불리우는 대폭발 끝에 《상천궁(上天宮)》이 탄생하면서 《개천이전(開天以前)》에 만들어졌던 《다섯 기초 원소》들은 《상천궁(上天宮)》 《10성(星)》과 현재의 《북극성(北極星)》과 《북두칠성(北斗七星)》으로 만들어지게 된다.*

이러한 때 《상천궁(上天宮)》 초기 《개천이전(開天以前)》에 만들어졌던 《다섯 기초 원소》 《25%》를 만들 수 있는 분량이 《영체 진화》를 하는 《식(識)》의 상태로 있던 《기(氣)》가 《개천이후

---

* 부록 490쪽 참조.

《개천이후(開天以後)》에 탄생한 《영체 진화》를 하는 《식(識)》인 《기(氣)》처럼 《단련》을 위한 충분한 진화 기간을 거치지 못하고 《초기 우주》 진화의 특성상 곧바로 《상천궁(上天宮)》 《1의 성(星)》으로 자리한 《석가모니 하나님 부처님》의 《법신(法身)》인 《중성자 태양성(中性子太陽星)》으로 끌어들어져 세 번째 《삼합(三合)》으로 《다섯 기초 원소》로 태어난 후 《석가모니 하나님 부처님》의 《정명(正命)》인 《양전자》와 결합한 후 모든 《영체 진화》를 하는 《영(靈)》들로 진화되는 가운데 《인간(人間)》의 《영혼(靈魂)》들로 탄생하여 모두 분출이 된 후 나머지 《상천궁(上天宮)》 별(星)들에서 《영체 진화》를 하는 모든 무리들과 《인간(人間)》들도 탄생을 하는 것이다.

《우주간(宇宙間)》과 《세간(世間)》에서 《악(惡)》의 근원은 《암흑물질》이다. 모든 《영(靈)》들과 《영혼(靈魂)》들이 만들어질 때 이들을 만들어지게끔 하는 《반야공(般若空)》들이 얼마만큼 많이 《암흑물질》과 여러 번 결합하였나에 따라 《영혼(靈魂)》과 《영신(靈身)》의 《밝음》과 《맑음》이 결정된다. 이와 같이 결정되는 《영혼(靈魂)》과 《영신(靈身)》에게 《암흑물질》이 깃들어져 있는 것을 《마성(魔性)》이라고 하는 것이다.

이와 같이 《개천이전(開天以前)》에 만들어졌던 《영체 진화》를 하는 무리들이 《상천궁(上天宮)》에서 《식(識)》이 분리된 《기

(氣)》의 상태로 《단련》을 받는 진화의 단계를 거치지 못하고 곧바로 《인간 영혼》들과 《영체 진화》를 하는 무리들로 태어났기 때문에,

이로써 《인간》 진화를 하는 무리들이 《마성(魔性)》이 두터운 《인간》들로 태어나 《대마왕》들과 《악마(惡魔)의 신(神)》들인 《대마왕신(神)》들이 되고 그의 후손들이 《마왕(魔王)》과 《마왕신(神)》들이 되어 《공산사상(共産思想)》과 《신선사상(神仙思想)》인 《자연사상(自然思想)》을 만들어 《상천궁(上天宮)》 다음으로 만들어지는 《초기 우주》인 《천일우주(天一宇宙)》 《100의 궁(宮)》 《9개 중성단(中星團)》 모두를 지배하게 되는 것이다.

이러한 이후 《석가모니 하나님 부처님》에 의해 《천일일(天一一) 우주》인 《오리온좌》 성단이 탄생하여 《인(人)》의 우주(宇宙)

악(惡)의 근원과 마성(魔性)

- 악(惡)의 근원 : 암흑물질
- 마성(魔性) : 영혼과 영신에게 깃들어져 있는 암흑물질

※ 모든 영(靈)들과 영혼들이 만들어질 때 이들을 만들어지게끔 하는 반야공들이 얼마만큼 많이 암흑물질과 여러번 결합하였냐에 따라 영혼과 영신의 밝음과 맑음이 결정된다.

와 《천(天)》의 우주가 만들어지면서부터 《영체 진화》를 하는 《식(識)》이 분리된 《기(氣)》들이 상기 설명 드린 바대로 충분한 진화기(進化期)를 거쳐 《인간 영혼》들과 《영체 진화》를 하는 무리들로 태어났기 때문에 《인간 영혼》들과 《영체 진화》를 하는 무리들의 《영혼》과 《영신》들은 《밝고》《맑음》을 갖추게 되고, 이들보다 상대적으로 진화가 덜되어 《마성(魔性)》이 두터운 《영혼》과 《영신》을 가진 무리들은 《천(天)》과 《인(人)》의 우주(宇宙) 상극(相剋)의 길인 《1-4의 길》을 통하여 진화를 위해 《지(地)》의 우주로 보내어지게 되는 것이다.

한편, 이때 《석가모니 하나님 부처님》께서 《천일일(天一一)》 우주인 《오리온좌》 성단을 완성하였을 때 《천일우주(天一宇宙) 100의 궁(宮)》으로부터 출발한 《노사나불》 《지일(地一)》의 《태양선(太陽船)》이 《오리온좌 성단》 동쪽으로 이동하여 《지일일(地一一)》, 《지일이(地一二)》 우주를 만듦으로써 《지(地)》의 우주(宇宙)를 열어가는 것이다.

이로써 《선천우주(先天宇宙)》에 있어서 《상천궁(上天宮)》과 《천(天)》과 《인(人)》의 우주를 제외한 《천일우주(天一宇宙)》 《100의 궁(宮)》과 《지(地)》의 우주(宇宙) 중 《노사나불(佛)》 직계 《스키타이》를 제외한 모든 무리들을 《대마왕》들과 《악마(惡魔)의 신(神)》들인 《대마왕신(神)》들이 모두 지배하고,

《천(天)》과 《인(人)》의 우주에서도 《음양(陰陽)》으로 갈라진 《인간》 무리들 중 《양(陽)》의 진화를 하는 인간 무리들이 《대마왕》들과 《악마(惡魔)의 신(神)》들인 《대마왕신(神)》들의 대열에 합류를 함으로써 《대마왕》들과 《악마(惡魔)의 신(神)》들인 《대마왕신(神)》들이 지배(支配)하는 세력들이 《석가모니 하나님 부처님》께서 거느리시는 《인간(人間)》《영신(靈身)》을 가진 무리들보다 상대적으로 많은 가운데 《상천궁(上天宮)》은 진화(進化)되어 사라지게 됨으로써

《상천궁(上天宮)》이 사라진 후 《천일우주(天一宇宙)》《100의 궁(宮)》이 《선천우주(先天宇宙)》 최상층부에 자리하게 됨으로써 《대마왕》들과 《악마(惡魔)의 신(神)》들인 《대마왕신(神)》들이 획책하는 《욕망(慾望)》하는 우주(宇宙) 진화(進化)가 계속이 된 것이다.

이러한 가운데 《선천우주》 마지막 《문명기》를 《법공(法空)》과 《대공(大空)》의 《0(Zero)》 지점에 진입하게 되는 우리들의 《지구(地球)》가 겪게 됨으로써 《후천우주(後天宇宙)》에서도 그들 《대마왕》들과 《악마(惡魔)의 신(神)》들인 《대마왕신(神)》들이 주도권을 잡기 위해 《신(神)들의 전쟁》과 그 연장선상에서 2차 《우주 쿠데타》를 일으킨 것이다.

이러한 그들의 최대 목표가 《법공(法空)》과 《대공(大空)》의 《0(Zero)》 지점에 진입하게 되는 《지구(地球)》의 중심인 《한반도(韓半島)》를 그들 수중에 넣어야 《우주(宇宙)》 전체를 정복할 수 있기 때문에 그들은 수단과 방법을 가리지 않고 혈안이 되어 그들 목적 달성을 위해 광분한 것이나, 《석가모니 하나님 부처님》과 《미륵불》인 《메시아(Messiah)》에 의해 그들 계획은 모두 수포로 돌아가고 만 것이다. 이러한 내용들이 간추린 《선천우주(先天宇宙)》 진화(進化)의 실상(實相)이 되는 것이다.

② 《후천우주(後天宇宙)》의 진화(進化)

진행(進行)을 하면서 《팽창기 우주(宇宙)》가 《460억 년(億年)》 계속됨을 밝혔다. 이러한 《팽창기 우주》 중 《개천이전(開天以前)》의 《팽창기》가 《100억 년(億年)》이며 《개천이후(開天以後)》가 《360억 년(億年)》이 된다.

이와 같은 《개천이후(開天以後)》 《선천우주(先天宇宙)》 《팽창기》가 《120억 년(億年)》으로써 《지상(地上)》의 시간(時間) 서기(西紀) 《2000년(年)》까지 《선천우주(先天宇宙)》 《팽창기》는 모두 끝이 났으며 이후 《후천우주(後天宇宙)》《팽창기》가 《240억 년(億年)》이 되는데 이 중 《120억 년(億年)》이 《중계(中界)의 우주》 팽창기가 되며 나머지 《120억 년(億年)》이 《하계(下界)의 우주》 팽창기가 된다.

이와 같이 나누어지는 《120억 년(億年)》 팽창기 우주(宇宙) 기간이 끝이 나면 《원천창조주》이신 《석가모니 하나님 부처님》께서는 그동안 진행(進行)된 《진화(進化)》를 하던 《영체 진화》를 하는 무리들의 최정상에서 진화(進化)를 하는 《인간》 무리들에 대한 《추수》를 비유하자면 《곡식》을 심어 《가을》에 《가을걷이》를 하듯이 《추수》를 하시면서 다른 《고체(固體)》의 진화(進化)를 하는 무리들과 《영체 진화》를 하는 무리들은 계속 연속선상에서 진화(進化)를 하게 하시고 《인간(人間)》《육신(肉身)》을 가진 무리들만 추수를 하시는 것이다.

팽창기 우주

단위 : 지구계 시간 기준

즉, 비유를 하면 올바른 진화를 한 무리가 결실(結實)이 충분히 된《알곡식》들은 추수를 하여《후천우주》에 다시 심어 진화(進化)의 완성의 길로 갈 수 있도록 하시고 결실이 충분치 못한《곡식》과 잘못 결실된《알곡식》들과 빈 쭉정이들은 모두 불(火)을 질러《무간지옥(無間地獄)》의《암흑물질》로 돌아가게끔 조치를 하시는 것이다. 이러한《실상(實相)》이《구원(救援)》의

● 운행 개시 : 천지개벽

● 살아남는 경우, 다음 생에 인간으로 윤회하는 경우 또는 천인의 대열에 들어 별들의 진화에 들어가는 경우 :
 - 올바른 진화를 하는 순리를 따르는 경우

● 방법
 - 도덕성과 사회정의를 회복하고 인간성을 회복한 경우
 - 종교를 버리고 좌익사상과 자연사상 등 잘못된 관념과 사상을 버려라.

참고 : 메시아이신 미륵부처님의 직강 '제15회 (개정판) 정본 반야바라밀다심경 강의 동영상(2016.5.21)' 등

실상이 되는 것이다.

　이와 같은 차원에서《선천우주》동안《욕망(慾望)》하는 우주(宇宙)를 이끌어 오며 갖은 만행(萬行)을 저질러온《대마왕》들과《악마(惡魔)의 신(神)》들인《대마왕신(神)》들과 그들의 하수인들과 그들 후손 민족 중 정상적인《진화(進化)》를 거부하고《대마왕》들과《악마(惡魔)의 신(神)》들인《대마왕신(神)》들 사상(思想)과《종교(宗敎)》를 따랐던 대부분의《인간 육신(肉身)》을 가졌던 자(者)들 중 일부는《암흑물질》로도 존재하지 못하는 영원한 죽음의《벌(罰)》을 받고, 이 중 상당 부분은 침몰하는《블랙홀》로 보내어져《무간지옥》으로 이름되는《대공(大空)》과《법공(法空)》사이의《암흑물질층》으로 돌려보냈으며,

　진화의 과정 중 불가피한 사정으로 일시적으로《대마왕(大魔王)》들과《악마(惡魔)의 신(神)》들인《대마왕신(大魔王神)》들의 대열에 섰던 일부의《대마왕》들과《악마(惡魔)의 신(神)》들인《대마왕신(神)》들은 깊은 참회를 한 결과《석가모니 하나님 부처님》의 용서를 받고《구원(救援)》이 된 것이다.

　이와 같이《지상(地上)》에서 인류《북반구 문명》을 거치던 인간 무리 모두들과 현재 육신(肉身)을 가지고 살고 있는 인간 무리들 모두들의《40%》는《구원(救援)》되어《후천우주(後天宇宙)

》진화의 대열에 들어가는 것이며 《60%》는 영원히 사라지거나 두 번 다시 인간 육신(肉身)을 가지고 태어날 수 없는 《무간지옥》으로 사라져 가야만 하는 것이다.

이러한 자(者)들 중 현재 인간 육신(肉身)을 가지고 살고 있는 자(者)들의 《영혼》과 《영신》은 이미 처리되고 없기 때문에 현재는 그들 인간 육신 《속성》만이 그대로 남아 인간 육신(肉身)의 삶을 살고 있기 때문에 인간 육신의 죽음 이후는 그들도 《귀소본능》의 이치를 가졌기 때문에 그들의 《영혼》과 《영신》이 간 길을 따라 가게 되어 있는 것이 《이치》이다.

이와 같은 조치를 《원천창조주》이신 《석가모니 하나님 부처님》께서 취하시면서 《대마왕》들과 《악마(惡魔)의 신(神)》들인

표) 이데올로기(사상)과 영신(靈身)과의 관계*

영신(靈身) 종류	관련 사상	특징
인간	평등을 바탕으로 한 자유사상	도덕성과 사회정의
짐승	자연사상	약육강식
물고기, 어패류, 곤충	좌익사상	선동과 폭력
※ 영신(靈身) : 영혼(靈魂) 진화 척도		

* 미륵부처님의 직강-제16회 정본 반야바라밀다심경 강의 동영상(2016.6.4.) 등

《대마왕신(神)》들이 《천일우주(天一宇宙)》《100의 궁(宮)》에서 만든 《공산사상(共産思想)》과 《신선사상(神仙思想)》인 《자연사상(自然思想)》 이치 모두를 《파(波)》하여 《멸(滅)》하심으로써 《후천우주(後天宇宙)》에서는 이들이 발붙이지 못하게 《이치》로써 확정하시고

《선천우주》 동안 《상극(相剋)》의 길인 《역리(逆理)》의 길에서 진화하던 《지(地)》의 우주(宇宙) 진화의 길인 《1-4-1의 길》 이치를 모두 없애시고

《순리(順理)》의 길인 《1-3-1의 길》을 《음양(陰陽)》으로 나누어 《천(天)》과 《인(人)》의 우주는 《음(陰)》의 《1-3-1의 길》 이치를 따르게 하시고 《지(地)》의 우주는 《양(陽)》의 《1-3-1의 길》 이치를 따르게 하심으로써

진화(進化)하는 《천(天)》, 《지(地)》, 《인(人)》 우주 모두가 《시계방향》의 회전을 하는 《순리(順理)》의 길을 따르게 하시는 진리

표) 후천우주(後天宇宙)에서의 이치 변경

선천우주(先天宇宙)	후천우주(後天宇宙)
1-3-1의 진화의 길 1-4-1의 진화의 길	음(陰)의 1-3-1의 길 생김 양(陽)의 1-3-1의 길 생김. ※ 1-4-1의 길 사라짐.

(眞理)의 수정을 단행하신 것이다.

　이로써《조만간》있게 될《지상(地上)》의《문명(文明)》의《종말(終末)》때인《중앙천궁상궁(中央天宮上宮)》운행(運行)이 시작됨과 동시에《선천우주》는《천지(天地)》《대개벽》이 일어나게 되어 있는 것이다.

　이와 같은《변화》가 모두 일어난 이후의《후천우주》에서는《식(識)》이 분리된《기(氣)》도 충분한 진화의 과정을 거침으로써 이로써 만들어지는《영혼》과《영체》의 진화를 하는 모든 무리들이《밝고》《맑은》《영혼》과《영신》을 가지고 진화하게 되며, 상대적으로《어둡고》《탁한》《영혼》과《영신》을 가진 무리들이라도 정상적인《진화(進化)》의 길을 걷게 됨으로써 빠르고 늦은 감은 있으나 궁극에는 모두가《인간 완성》의《부처(佛)》를 이루게 되는 것이다.

　이로써《후천우주》는《대마왕》들과《대마왕신(神)》들이 진화(進化)를 거부하고 그들뿐만 아니라 그들 후손 민족들마저《암흑물질》이 되는《파멸(波滅)》을 맞게 하는 일들이 전혀 없는《도덕성(道德性)》을 갖춘《인간(人間)》들의《이상(理想)》세계가 펼쳐지는《우주(宇宙)》《진화(進化)》가 계속되는 중심에《인간(人

間)》들이 있게 되는 것이다.

　이와 같이《후천우주》《중계의 우주》진화《120억 년(億年)》이 마쳐지면 이때 다시《원천창조주》이신《석가모니 하나님 부처님》의 인간《추수》가 시작이 되며,

　이때까지《인간 완성》의 진화(進化)를 모두 마친 분들은 지금으로부터《60억 년(億年)》이후《법공(法空)》과《대공(大空)》의《0(Zero)》지점에 만들어지는《슈바르츠실트》《블랙홀》로 불리우는《석가모니 하나님 부처님》께서 계시는《진성궁(眞性宮)》으로 들어감으로써《고통》과《괴로움》이란 전연 없는《상락아정(上樂我淨)》만 있는 영원한 죽음이 없는 세계에 머물게 되는 것이다.

　이와 같이 이때까지《인간 완성》의 부처(佛)를 이루지 못한 분들은《인간 완성》부처(佛)를 이룰 때까지 계속 진화(進化)의 길을 걷게 되는 것이다.

　이로써《인간》《영혼》을 이룰 때《첫 삼합(三合)》을 한 후《영신(靈身)》과《음양(陰陽)》《합일(合一)》을 이루고《인간 육신(肉身)》을 가지고 탄생된 다음,《두 번째》《삼합(三合)》을 거친 후

《인간 완성》의 《부처(佛)》를 이루고 《세 번째》 《삼합(三合)》을 마침으로써 《인간(人間)》의 《1.3.3.3의 합(合)》을 완성하게 되는 것이다.

이러한 《인간 완성》을 눈앞에 두고 《대마왕》들과 《악마(惡魔)의 신(神)》들인 《대마왕신(神)》들과 이들의 수하 《마왕》들과 《마왕신(神)》들의 감언이설과 엉터리 학설(學說)과 《창조(創造)》를 내세워 《구원》의 능력도 없는 자들이 《구원》을 입에 담는 《대마왕》들과 《악마(惡魔)의 신(神)》들인 《대마왕신(神)》들이 교주(敎主)로 있는 《종교(宗敎)》를 믿는 자 모두들이 《암흑물질》이나 영원히 사라지는 《파멸(波滅)》을 맞게 되는 일들이 얼마나 《억울한》 일이 되는지를 오늘을 살고 있는 《인간》 무리들은 깊이 인식하여야 될 필요가 있어서 《메시아(Messiah)》가 《후천우주》 진화(進化)에 대해 간략하게 간추려 이를 밝히는 바이다.

그리고 《우주간(宇宙間)》과 《세간(世間)》에 존재하는 모든 《권력(權力)》도 《120억 년(億年)》 기간이 끝이 나면 《원천창조주》이신 《석가모니 하나님 부처님》께서 이를 모두 회수하시어 새로운 인물(人物)들에게 임무를 부여하시면서 《권력(權力)》을 행사할 권리를 부여하시는 것이다.

이와 같은 《권력(權力)》을 《선천우주(先天宇宙)》 동안 반쪽짜리 《부처(佛)》들인 《마왕 부처(佛)》들과 《마왕신 부처(佛)》들에게 주게 된 것이 화근이 되어 하나같이 《대마왕》들과 《악마(惡魔)의 신(神)》들인 《대마왕신(神)》들로 돌아 앉아 인류들을 파멸(波滅)로 몰고 온 자(者)들이 이들 《대마왕》들과 《악마(惡魔)의 신(神)》들인 《대마왕신(神)》들이었으며,

특히 《중생(衆生)》들의 《생명(生命)》을 선천우주(先天宇宙) 동안 관리하는 임무를 가졌던 우주의 어머니(母)로 불렸던 《관세음보살》이 《대마왕》으로 돌아 앉아 《생(生)》을 두고 장난질 친 폐해는 이루 말을 다할 수 없는 파장을 몰고 왔음을 밝혀 두는 바이다.

《권력(權力)》을 쥔 자들이 그들의 《지배욕(支配慾)》과 《권력욕(權力慾)》을 채우기 위해 광분하였던 때가 《선천우주(先天宇宙)》간이었음을 《메시아(Messiah)》가 분명히 밝혀 두는 바이며,

《중계(中界)》의 우주 《후천우주(後天宇宙)》 시작은 《중앙천궁상궁(中央天宮上宮)》에는 《원천창조주》이신 《석가모니 하나님 부처님》께서 자리하시고 《중앙우주(中央宇宙)》 《100의 궁(宮)》은 《미륵불(彌勒佛)》이신 《메시아(Messiah)》가 장악함으로써 순탄한 진화(進化)의 길이 열리게 되어 있음을 아울러 밝혀 두는 바이다.

2. 《정본(正本)》 반야바라밀다심경(般若波羅蜜多心經) 원문(原文)

(韓文) (正本) 般若波羅蜜多心經
(한문)　(정본)　반야바라밀다심경

브라만法華硏修院 彌勒佛 譯

총론

佛言 般若波羅蜜多行
불언　반야바라밀다행

照見五蘊 〈自性〉 皆空 度一切苦厄
조견오온　〈자성〉　개공　도일체고액

〈諸 菩薩 阿羅漢〉 應如是覺
〈제 보살 아라한〉　응여시각

인(因)

〈色性是空 空性是色〉 色不異空 空不異色
〈색성시공 공성시색〉　색불이공　공불이색

色卽是空 空卽是色 受相行識 亦復如是
색즉시공　공즉시색　수상행식　역부여시

〈識性是空 空性是識 識不異空 空不異識
〈식성시공　공성시식　식불이공　공불이식

識卽是空 空卽是識〉
식즉시식　공즉시식〉

연(緣)	〈諸 菩薩 阿羅漢〉 是諸法空相 〈제 보살 아라한〉 시제법공상 不生不滅 不垢不淨 不增不減 불생불멸 불구부정 부증불감 是故 空中無色 無受相行識 無眼耳鼻舌身意 시고 공중무색 무수상행식 무안이비설신의 無色聲香味觸法 無眼界 乃至 無意識界 무색성향미촉법 무안계 내지 무의식계 無無明 亦無無明盡 乃至 無老死 亦無老死盡 무무명 역무무명진 내지 무노사 역무노사진 無苦執滅道 無智亦無得 무고집멸도 무지역무득
과(果)	以無所得故 菩提薩埵 〈依般若空進化〉 이무소득고 보리살타 〈의반야공진화〉 依般若波羅蜜多故 心無罣碍 無罣碍故 無有恐怖 의반야바라밀다고 심무가애 무가애고 무유공포 遠離顛倒夢想 究竟涅槃 원리전도몽상 구경열반
보(報)	三世諸佛 依般若波羅蜜多故 得阿耨多羅三藐三菩提 故知 삼세제불 의반야바라밀다고 득아뇩다라삼먁삼보리 고지 般若波羅蜜多 반야바라밀다 是大神呪 是大明呪 是無上呪 是無等等呪 시대신주 시대명주 시무상주 시무등등주
결론(結論)	能除一切苦 眞實不虛 故說 般若波羅蜜多呪 卽說呪曰 능제일체고 진실불허 고설 반야바라밀다주 즉설주왈
비밀주	阿帝阿帝 波羅阿帝 波羅乘阿帝 菩提 娑婆訶 (세 번) 아제아제 바라아제 바라승아제 모지 사바하

240

3. 《정본(正本)》 반야바라밀다심경(般若波羅蜜多心經)의 과판(科判)

※ 심경(心經)의 과판(科判)은 경문 분류법으로써 근본진리(根本眞理) 해설에서는 크게는 다섯으로 분류되며 세분화하면 여덟으로 분류된다. 이를 정리하면 다음과 같다.

[1] 심경(心經)의 제호(題號)

《정본(正本)》般若波羅蜜多心經 (반야바라밀다심경)

[2] 총론(總論)

```
佛言  般若波羅蜜多行
불언  반야바라밀다행

照見五蘊 〈自性〉 皆空  度一切苦厄
조견오온  〈자성〉  개공  도일체고액

〈諸 菩薩 阿羅漢〉 應如是覺
〈제 보살 아라한〉  응여시각
```

[3] 본론

(1) 인(因)

```
〈色性是空 空性是色〉 色不異空 空不異色
〈색성시공 공성시색〉  색불이공 공불이색

色卽是空 空卽是色 受相行識 亦復如是
색즉시공 공즉시색 수상행식  역부여시

〈識性是空 空性是識 識不異空 空不異識
〈식성시공 공성시식 식불이공  공불이식

識卽是空 空卽是識〉
식즉시공  공즉시식〉
```

(2) 연(緣)

〈諸 菩薩 阿羅漢〉是諸法空相
 〈제 보살 아라한〉 시제법공상

不生不滅 不垢不淨 不增不減
 불생불멸 불구부정 부증불감

是故 空中無色 無受相行識 無眼耳鼻舌身意
 시고 공중무색 무수상행식 무안이비설신의

無色聲香味觸法 無眼界 乃至 無意識界
 무색성향미촉법 무안계 내지 무의식계

無無明 亦無無明盡 乃至 無老死 亦無老死盡
 무무명 역무무명진 내지 무노사 역무노사진

無苦執滅道 無智亦無得
 무고집멸도 무지역무득

(3) 과(果)

以無所得故 菩提薩埵 〈依般若空進化〉
 이무소득고 보리살타 〈의반야공진화〉

依般若波羅蜜多故 心無罣碍 無罣碍故 無有恐怖
 의반야바라밀다고 심무가애 무가애고 무유공포

遠離顚倒夢想 究竟涅槃
 원리전도몽상 구경열반

(4) 보(報)

```
三世諸佛  依般若波羅蜜多故  得阿耨多羅三藐三菩提  故知
삼세제불    의반야바라밀다고    득아뇩다라삼먁삼보리    고지
般若波羅蜜多
반야바라밀다
是大神呪  是大明呪  是無上呪  是無等等呪
시대신주   시대명주   시무상주   시무등등주
```

[4] 결론(結論)

```
能除一切苦  眞實不虛  故說  般若波羅蜜多呪  即說呪曰
능제일체고   진실불허   고설   반야바라밀다주    즉설주왈
```

[5] 비밀주(祕密呪)

阿帝阿帝 波羅阿帝 波羅乘阿帝 菩提 娑婆訶 (세 번)
아제아제 바라아제 바라승아제 모지 사바하

4. 창조(創造)와 진화(進化)

[1] 《창조(創造)》

　법공(法空) 크기의 《4%》에 달하는 고온과 고압이 작용하는 《법성(法性)의 1-6체계》와 《96%》에 달하는 《암흑물질층》이 음양(陰陽) 짝을 하는 휴식기 법공(法空)에 있어서 새로운 법공(法空) 진화기(進化期)가 시작되면서 《법성(法性)의 1-6체계》가 파동(波動)에 의해 《난법(煖法)》,《정법(頂法)》,《인법(忍法)》,《세제일법(世第一法)》 등 《사선근위(四善根位)》의 과정을 겪고 최초의 생명력(生命力)을 띤 고열(高熱)을 가진 2합(二合)의 순수 진공(眞空)인 《세제일법(世第一法)》 진공(眞空)을 탄생시켰을 때와 이후 《세제일법(世第一法)》의 순수 진공이 《암흑물질》들과 첫 삼합(三合)을

[휴식기 법공도(法空圖)]

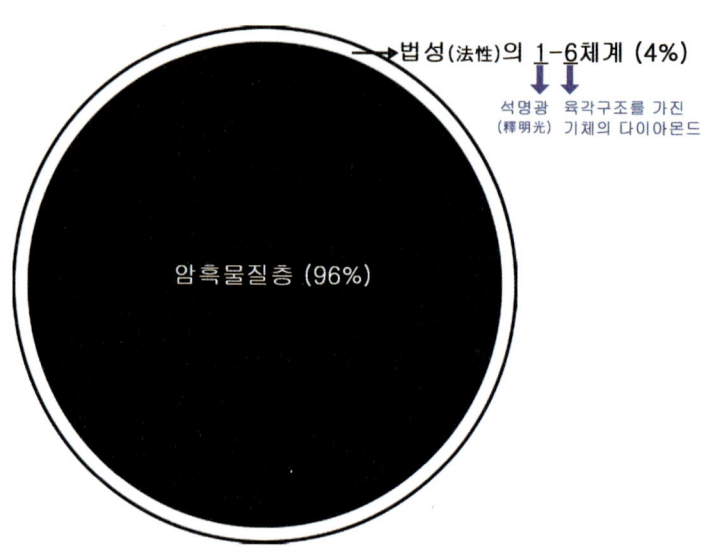

[진화와 인간 추수]

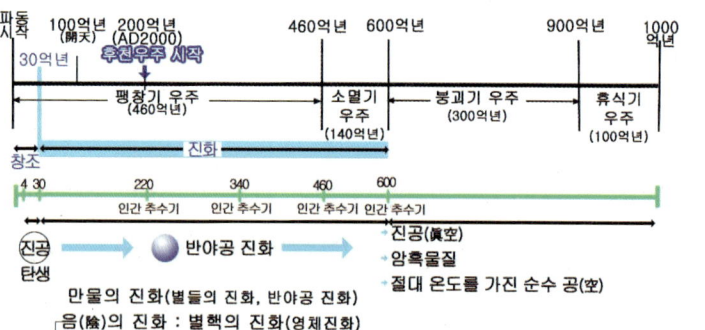

함으로써 탄생시키는 진화(進化)의 주인공인《여섯 뿌리》진공(眞空)과《여섯 가지》진공(眞空)을 탄생시켰을 때까지를《석가모니 하나님 부처님》에 의한《창조(創造)》의 때로써 이름하는 것이다.

[2] 《진화(進化)》

《여섯 뿌리와 여섯 가지》 진공(眞空)이 《암흑물질》들과 결합함으로써 일어나는 작용(作用)이 《오온(五蘊)》의 색(色), 수(受), 상(相), 행(行), 식(識)의 각 단계이다.

이러한 과정을 겪은 각각의 식(識)이 세 번째 삼합(三合)을 함으로써 탄생시키는 것이 《다섯 기초 원소》인 《중성자》, 《양자》, 《중간자》, 《양전자》, 《전자》이다.

이와 같이 《여섯 뿌리 진공(眞空)》과 《여섯 가지 진공(眞空)》이 《암흑물질》과 《음양(陰陽)》 짝과 삼합(三合)을 하여 《오온(五蘊)》의 《색(色)》의 단계를 이룰 때부터를 '《반야공(般若空)》들 진화(進化)의 시작'이라고 한다. 이와 같은 《반야공(般若空)》 진화(進化)의 시작이 '만물(萬物) 진화(進化)의 시작'이 되는 것이다.

[3] 만물(萬物)의 진화(進化)

만물(萬物)의 진화(進化)는 음양(陰陽)으로 나뉘어 음(陰)의 진화(進化)인 영체(靈體)의 진화(進化)와 양(陽)의 진화(進化)인 물질(物質)의 진화(進化) 등 크게 둘로 나누어진다.

이러한 진화(進化)에 있어서 영체(靈體)의 진화(進化)를 2음1양(二陰一陽)의 법칙을 따르는 진화(進化)라고 하며, 물질(物質)의 진화(進化)를 2양1음(二陽一陰)의 법칙을 따르는 진화(進化)라고 한다.

다섯 기초 원소인 중성자(中性子), 양자(陽子), 중간자(中間子), 양전자(陽電子), 전자(電子) 등에 있어서 중간자(中間子)는 변환 과정의 일시적인 기초 원소로써 이를 제외한 중성자(中性子), 양자(陽子), 양전자(陽電子), 전자(電子)에 있어서 진화(進化)의 순서를

표) 만물의 진화 법칙

음(陰)의 진화	양(陽)의 진화
영체의 진화 (2음 1양의 법칙)	물질의 진화 (1음 2양의 법칙)

살펴보면,

　　　　양자(陽子) → 중성자(中性子) → 반중성자(反中性子)
　　　　전자(電子) → 양전자(陽電子) → 반양전자(反陽電子)

등의 순서로 핵(核)융합 방법에 의해 진화(進化)를 한다.

　이러한 진화(進化)에 있어서 양자(陽子)는 《업 쿼크 2와 다운 쿼크 1》이 《글루볼》에 둘러싸여 둥글게 되어 있으며, 중성자(中性子)는 《다운 쿼크 2와 업 쿼크 1》이 《글루볼》에 싸여 있음을 현대 물리학(現代物理學)은 밝히고 있다.

　이와 같은 양자(陽子)의 《업 쿼크 2》가 양(陽)의 2가 되며 《다운 쿼크 1》이 음(陰)의 1이 되는 것으로써 2양1음(二陽一陰)의 법칙을 현대 물리학(現代物理學)은 다만 표현을 달리 하였을 뿐이다. 《다운 쿼크(down quark) 2와 업 쿼크(up quark) 1》을 가진 중성자(中性子)는 2음1양(二陰一陽)의 법칙을 말하는 것이다.

　부처(佛)님들의 세계는 중성자(中性子)와 양전자(陽電子)가 양음

[만물의 진화]

별들의 진화
반야공(般若空)의 진화
성(性)의 진화

(陽陰) 짝을 한 세계이며 중생(衆生)들의 세계는 양자(陽子)와 전자(電子)가 양음(陽陰) 짝을 한 세계로써, 다섯 기초 원소 중 중성자(中性子)와 양전자(陽電子)는 양자(陽子)와 전자(電子)의 진화(進化)를 돕기 위해 탄생한 원소라고 하여도 과언이 아니다.

이로써 2양1음(二陽一陰)의 법칙을 가진 양자(陽子)가 중성자(中性子)로 진화(進化)하는 것을 2음1양(二陰一陽)의 법칙을 따른다고 하는 것이다.

이러한 만물(萬物)의 진화(進化)는 우주 공간(空間)에 수(數)를 헤아릴 수 없는 별(星)들에 의존해 있다. 그러므로 진화(進化)의 정점(頂点)에는 항상 별(星)들이 자리하는 것이다.

개체의 별(星)을 두고 볼 때, 이러한 별(星)의 진화(進化)도 음(陰)의 진화(進化)인 별(星)의 핵(核)의 진화(進化)와 양(陽)의 진화(進

化)인 별 표면의 진화(進化)로 나뉘어져 진행(進行)이 되며,

별(星) 핵(核)의 진화가 영체(靈體)의 진화(進化)의 길을 따르며 별(星) 표면의 진화(進化)가 물질(物質)의 진화의 길을 따르고 있음을 석가모니 하나님 부처님께서는 남기신 경전(經典)의 우주간(宇宙間)의 법(法)에서 소상히 밝히고 계시는 것이다.

이러한 만물(萬物)과 별(星)들의 진화(進化)를 반야공(般若空)의 진화(進化) 또는 성(性)의 진화(進化)라고 하는 것이다.

이러한 성(性)을《야훼신(神)》의 정신적 지배하에 있는 서구 사회 학자들은 이를 섹스(SEX)로써 구분하는 어리석음을 저지르고 있는 것이다.

부처님들의 세계   : 중성자와 양전자가 양음(陽陰) 짝한 세계
중생(衆生)들의 세계 : 양자와 전자가 양음(陽陰) 짝한 세계

5. 『정본(正本) 반야바라밀다심경(般若波羅蜜多心經)』의 해설(解說)

[1] 심경(心經)의 제호(題號) 해설(解說)

(韓文經) 제호(題號) : 《정본(正本)》 반야바라밀다심경
(般若波羅蜜多心經)

※ 『정본(正本) 반야바라밀다심경(般若波羅蜜多心經)』 한문경(韓文經)은 당(唐) 현장역(玄奘譯)의 《반야바라밀다심경(般若波羅蜜多心經)》에서 《반야바라밀다심경》 본래의 뜻을 번역이라는 수단을 통

하여 삭제시킨 《44자(字)》를 포함시켜 당(唐) 현장역(玄奘譯)과 차별을 두기 위해 제호(題號)에 《정본(正本)》이라는 두 글자를 포함시켰으며 《한문경(韓文經)》은 뜻글로써 이루어진 경전(經典)이기 때문에 제호(題號) 앞에 《한문경(韓文經)》으로 표기를 한 것이다.

(1) 반야(般若)

반야(般若)의 설명은 반야공(般若空)*의 설명 때 대략적으로 설명되었으나 다시 설명을 드리면 반야(般若)는 산스크리트어로는 Prajñā, 파리어로는 Paññā라고 하며 반야(斑若), 파야(波若), 반라야(般羅若), 발라(鉢羅), 지양(枳孃)이라고 음역하며 이 뜻이 모두 포함되어 있는 글이 반야(般若)이다.

이러한 반야(般若)를 파자하여 보면, 《반(般)》이 《돌, 돌릴》 《반(般)》이라고 하며 《야(若)》의 《초두머리》인 ++(풀 초)가 《양자영(陽子靈)》들을 뜻하는 것이며 그 아래가 《오른쪽 우(右)》가 되어 있다. 이때의 《오른쪽 우(右)》는 시계 방향의 회전인 《1

---

* 177쪽 참조.

반야(般若)의 의미

般 돌 반, 돌릴 반

若 ┌ 艹 : 초두머리 - 양자영
　　└ 右 : 오른쪽 우 - 시계 방향 회전 길
　　　　　또는 1-3-1의 길

'지혜나 지혜의 완성을 이룬 양자영들이 순리를 따라 돌아서'

-3의 길》을 뜻하는 순리를 따르는 것을 의미한다.

　　이러한 뜻을 종합하면,『지혜나 지혜의 완성을 이룬 양자영들이 순리를 따라 돌아서』라는 뜻이 된다. 그래도 한역(韓譯)이나 되니 이 정도라도 음역을 할 수가 있는 것이다.

　　범어(梵語)의 프라즈냐(Prajña)나 음역의 파야(波若)가 지(智)의 대명사인 흩어진 양자군(陽子群)을 뜻하므로 '《지혜(智慧)》를 이룬 양자영들'과 '《지혜명(智慧明)》을 이룬 양자영들'이《양음(陽陰)》짝을 한 뜻으로 번역을 하는 것이 옳은 것이다.

　　즉,《지(智)》는 정보체로써 단순 개체의 양자영(陽子靈)의《퀴

[지혜(智慧)의 의미]

: 양자영들이 가지고 있는 정보량

양자영
(지혜의 상대 경계)

→ 퀴크(quark)

글로볼

┌ 지(智) : 양(陽)의 지혜.
│   기억하여 아는 것(슬기).
│   양자영의 퀴크의 분별력. 뇌에 축적.
│
└ 혜(慧) : 음(陰)의 지혜
          본능적으로 아는 것.
          정보의 공통분모격인 이치
          글루볼에서 쥐고 있는 정보의 공통 분모인
          육각의 빛의 고리

지혜(智慧)와 지혜명

반야(般若) ┬ 양(陽) - 지혜(智慧) : 지혜를 이룬 양자영들.
          │   일반적으로 성(性)의 30궁(宮)을 지칭.
          │
          └ 음(陰) - 지혜명(智慧明) : 지혜의 완성을 이룬 양자영들.
                                 즉, 성령(性靈)

크(quarks)》들을 이름하고 《혜(慧)》는 글루볼에서 쥐고 있는 정보의 공통 분모인 《육각고리》를 뜻함으로써 통상적으로 지혜(智慧)라고 하였을 때는 마음(心)의 근본 뿌리인 성(性)의 30궁(宮)을 이름하며,

지혜명(智慧明)이라고 하였을 때는 양자(陽子) 24와 전자(電子) 6이 30궁(宮)을 이루고 있던 성(性)의 30궁(宮)이 《지혜(智慧)》의

완성을 이룸으로써 《성(性)의 30궁(宮)》 중 《전자영 6》이 상온에서 핵융합 반응을 일으켜 중성자(中性子) 2와 양전자(陽電子) 4로 변하여 《지혜(智慧)》가 완성된 《양자영 24》와 30궁을 이룬 상태를 성령(性靈)이라고 이름하는데, 이러한 성령(性靈)을 지혜(智慧)의 완성으로써 《지혜명(智慧明)》을 이룬 양자영들이라고 한다.

이로써 반야(般若)는 양(陽)의 표현으로 지혜(智慧)를 이룬 양자영들이 되고 음(陰)의 표현으로 성령(性靈)의 대명사인 《지혜명(智慧明)》으로써 지혜(智慧)의 완성(完成)을 이룬 양자영들이 되는 것이다.

즉, 반야(般若)는 직접 표현으로써는 《성(性)의 30궁(宮)》과 성령(性靈)이 되며 대명사로써 《지혜(智慧)》를 이룬 양자영들과 《지혜명(智慧明)》으로써 지혜(智慧)의 완성(完成)을 이룬 양자영(陽子靈)들이 되는 것이다.

《성(性)의 30궁(宮)》과 성령(性靈)의 설명은 인간을 기준하여 설명된 점에 유의하시기 바라며, 만물(萬物) 역시 개체수가 다른 진화의 과정에 있는 성(性)을 골고루 가지고 있음도 아시기 바란다.

인간을 기준할 때《성(性)의 30궁(宮)》은 중생심(衆生心)의 근본 뿌리가 되며 성령(性靈)은 보살심(菩薩心)의 근본 뿌리가 된다.

《성(性)의 30궁(宮)》이나 성령(性靈)이 양(陽)의 인간 육신(肉身)을 가졌을 때 하늘(天)로부터 만 번 갔다가 만 번 오는(萬往萬來) 당체인 석가모니 하나님 부처님의 나뉨인 삼진(三眞)의 10이 30궁(宮)에 합하여지면 40궁(宮)이 된다. 이 40궁(宮)×1,000=4만으로써 인간 유전자의 수(數)가 된다.《게놈 프로젝트》의

표) 인간 구조

인간	구분		
삼진(三眞)		진성(眞性) 1	
		진명(眞命) 3	
	영혼(靈魂)의 혼(魂)	진정(眞精) 6	
인간성(人間性) - 성(性)의 30궁(宮)	영혼(靈魂)의 영(靈)	양자영 18	
	영신(靈身)	양(陽)의 영신(靈身)	양자영 6
		음(陰)의 영신(靈身)	전자영 6
인간 육신	속성(屬性)의 360		심장
	속성(屬性)이 거느리는 유전자 3,600		육근(六根)-안이비설신의
	유전자 3,600이 거느리는 유전자 36,000		육신
※ 삼진(三眞)은 인간만이 받을 수 있는 원천창조주이신 석가모니 하나님 부처님의 나뉨으로, 한단불교(桓檀佛敎) 4대 경전 중의 하나인 천부경(天符經)에서는 '만왕만래용'으로 표현한 '만왕만래하는 당체'이다.			

24 염기서열이 30궁(宮)의 양자영 24의 덩어리임을 여러분은 아셔야 한다.

또한, 인간의 지혜(智慧)인 진화하는 성(性)의 일부가 상온에서 핵(核)융합 반응을 일으키는 전제 조건이 지혜(智慧)를 최대한 밝게 하고 난 다음 물(水)방울인 전자(電子)를 떨어뜨림으로써 이루어진다고 석가모니 하나님 부처님께서는 『무량의경(無量義經)』에서 우리들에게 가르쳐 주고 있다. 물(水)방울인 전자(電子)를 떨어뜨리는 수단이 수행의 방편인 위빠사나선(禪)인 것이다.

성령(性靈)으로 불리우는 지혜(智慧)의 완성자(完成者)는 인간의 죽음인 육신(肉身)을 벗을 때 만왕만래(萬往萬來)하는 당체인 삼진(三眞)을 거두고 가더라도 새로운 육신(肉身)을 받게 되면 똑같은 《삼진(三眞)》이 되돌아옴으로써 자체 상온에서의 핵융합 반응으로 얻은 《중성자영(中性子靈)》과 함께 이후의 인간 육신(肉身)을 가진 잉태는 자의(自意)에 의해 자유자재로 잉태될 수 있기 때문에 많은 불보살(佛菩薩)들께서 여러 가지 신(神)들의 이름을 남기면서 인간 지도자로서 활약하셨던 사실들이 근본진리(根本眞理)에 드러났으며 이러한 사실들을 《석가모니 하나님 부처님》께서도 남기신 경전(經典) 곳곳에서 증명을 하여 주고 있다.

[4만 개 유전자 도형]

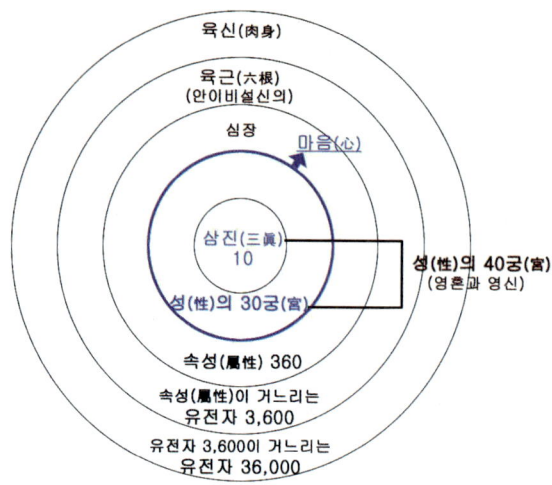

올바른 선(禪) 수행

마왕 선법(禪法)	올바른 선(禪)
간화선, 조사선, 묵조선 등 (일명. 참선)	● 위빠사나선 ● 방법 : 석가모니 하나님 부처님 참회기도 ※ 브라만법화연수원 홈페이지 참조.

미륵부처님의 직강 - 제18회 정본 반야바라밀다심경 강의동영상(2016.06.18)

천궁(天宮)에서의 퀘이샤 현상(빛의 잔치)

지혜의 완성을 이룬 양자영 24의 핵분열과 핵융합 과정이 때문에 여러 불(佛), 보살님들께서도 여러 가지 이름으로 오실 수 있는 것이며 이후 때가 되면《반야바라밀다》에 의지해《천궁(天宮)》으로 들어가서《천궁(天宮)》의 고온고압에 의해《성(性)의 30궁(宮)》중의《지혜(智慧)》의 완성을 이룬《양자영 24》가《핵분열》과《핵융합》과정을 거쳐《중성자영》과 《양전자영》으로 전환이 되어 일찍 상온에서 탄생된《중성자영 2》과《양전자영 4》과 합하여져《중성자영 20》과《양전자영 10》이 되어《불성(佛性)의 30궁(宮)》을 이루는 것이다.

그러나 보통 인간들의 진화하는《성(性)》으로 이름되는《반야공(般若空)》의 무리들은 창조주의 의지나 본인 업행(業行)에 의한 윤회(輪廻)만 있을 뿐이다.

[음(陰)의 영신(靈身)인 전자영 6이
상온에서 핵융합 반응을 일으키는 전제조건]

● 영(靈)들의 밝음 완성, 즉 지혜의 완성.

[성령(性靈)(지혜의 완성)을 이루면]

● 자기 법신(法身)이나 천궁(天宮)으로 가게 된다.
● 자의에 의해 인간육신을 가지고 태어날 수 있게 된다.
 하지만, 보통 인간들의 성(性)은 창조주의 의지나 본인 업행에 의한 윤회를 한다.

한 가지 더 이때를 즈음하여 분명히 밝히는 사항은 인간들의 역사가 여러 부처님들과 불보살(佛菩薩)들과 처음부터 함께 한 역사였으나 다만 호칭에 있어서 한웅(桓熊), 단군(檀君), 신(神) 등의 호칭으로 불리어지신 것이다.

이의 폐단을 시정하신 분이 석가모니 하나님 부처님께서 하나님의 신분으로 우주간의 모든 한웅(桓熊), 단군(檀君), 신(神)들의 호칭을 통일하신 호칭이 경전(經典)에 전하여져 오는 불(佛), 보살(菩薩)들과 《대마왕(大魔王)》 불보살들과 《악마(惡魔)의 신(神)》들인 《대마왕신(大魔王神)》들인 것이다.

이러한 사실들을 은폐하기 위한 기도가 BC 2000년 이후 지금까지 신(神)들의 전쟁과 맥락을 같이하여 서구 사회는 역사의 기원을 《오리엔트 문명》 이후로써 기술하고 전세계가 《악마(惡魔)의 신(神)》인 《천관파군》의 형제들에 의해 시도된 인간 역사의 날조가 동서양 가릴 것 없이 행하여져 온 중심에 '한(韓)'민족의 상고사가 자리하고 있는 것이다.

지구계에서 우주의 진리(眞理)가 오롯이 자리를 하려면 한(韓)민족의 상고사가 먼저 자리를 하여야 하기 때문에 최근 필자가 『진실(眞實)된 세계(世界)의 역사(歷史)와 종교(宗敎)』*(미륵불

저, 2015)편에 한민족(韓民族)의 상고사 중 한웅(桓熊) 시대의 역사를 진리에 근거하여 밝혀 수록하여 두었으니 참고하시기 바란다.

단정적으로 말씀드리되, 인간의 역사는 바로 부처님들과 불보살(佛菩薩)과 함께 한 역사였음을 강조하는 바이다.

지금까지 설명 드린 《반야(般若)》의 뜻은 《지혜(智慧)》와 《지혜명(智慧明)》이 《양음(陽陰)》 짝을 한 용어이며,

《반야(般若)》 다음에 《바라밀다》가 따라 붙으면 《바라밀다》가 《천궁(天宮)》으로 들어가는 용어(用語)가 되기 때문에 이때의 《반야(般若)》는 《지혜(智慧)의 완성》의 의미인 《지혜명(智慧明)》이 되는 것으로써 『지혜(智慧)의 완성을 이룬 양자영들이』라는 뜻말을 가진 용어가 되는 것이다.

이로써 먼저 般若(반야)의 파자에서 말씀드린 내용과 같이 이의 전체적인 뜻은 『지혜의 완성을 이룬 양자영들이 순리를 따라 돌아서』라는 뜻이 되는 것이다.

---

* 양(陽)의 실상(實相)의 법(法)

반야바라밀다(般若波羅蜜多)
↓
지혜의 완성을 이룬 양자영들이 순리를 따라 돌아서

(2) 바라밀다(波羅蜜多)

바라밀다(波羅蜜多)는 범어(梵語)로는 Pāramitā, 파리어로는 pāramī, 서장어로는 pha-rol-tu-phyin-pa라고 하며 바라밀(波羅蜜), 바라미타(波羅彌多)라고 음역한다. 도피안(到彼岸), 도무극(度無極), 사구경(事究竟)이라 번역한다. 이 세 가지 번역의 뜻을 모두 가지고 있는 뜻말이 '《천궁(天宮)》에 도달'이다.

그런데 어찌하여 간단한 번역인 '천궁(天宮)에 도달'을 두고 도피안(到彼岸), 도무극(度無極), 사구경(事究竟) 등으로 번역을 하였을까 하는 문제를 여러분들께서는 심각하게 생각하셔야 하는 것이다.

이는 중심(中心)을 인정하지 않는 《그리스 자연사상》에 입각한 《대마왕과 대마왕신(神) 교단》의 추종자들이 천궁(天宮)을 모든 불자(佛者)들로 하여금 모르게 하기 위해 정곡을 찌르는

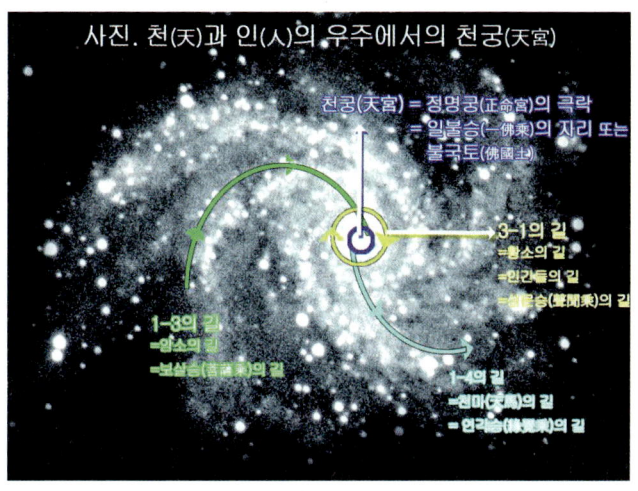

번역은 하지 않고 변죽만 울린 번역을 하였기 때문임을 분명하게 아시기 바란다.

천궁(天宮)은 상천궁(上天宮)과 천일궁(天一宮), 중앙천궁상궁(中央天宮上宮) 등의 양(陽)의 천궁(天宮)도 있으나 은하성단의 중심부를 모두 음(陰)의 천궁(天宮)이라고 이름한다.

이곳이 무극(無極)의 자리이며 구경(究竟)의 자리로써 불(佛)과 보살(菩薩) 등 뭇 밝은 이들(哲人)이 자리하는 피안(彼岸)의 세계이다.

이 천궁(天宮)의 바탕이 모두 양전자(陽電子)로 이루어져 있기 때문에 인간의 육신(肉身)을 벗은 음신(陰身)인 성(性)의 30궁(宮)은 30궁(宮) 중 명(命)인 전자(電子)를 빼앗기기 때문에 들어갈 수 없는 곳이 된다. 그러나 지혜(智慧)의 완성을 이룬 양자영(陽子靈)들은《전자(電子)》가 이미 양전자(陽電子)인 진명(眞命)의 옷을 갈아입은 관계로 천궁(天宮) 속에 머물 수 있는 것이다.

상천궁(上天宮)은 전편에서도 여러 번 설명 드린 바 있듯이 이미 시야에서는 사라져 진공(眞空)의 하늘이 되어 있으며 천일궁(天一宮)과 곧 중앙천궁상궁(中央天宮上宮)의 운행이 시작될 우리들의 지구가 있는 중앙천궁상궁(中央天宮上宮)과 향후 10억 년 후이면 나타날 중앙우주(中央宇宙) 100의 궁(宮) 등은 '양(陽)의 천궁(天宮)'으로 구분이 되고 은하성단 중심부에 있는 천

바라밀다(波羅蜜多)

- 번역 : <u>도피안(到彼岸)</u>, <u>도무극(度無極)</u>, <u>사구경(事究竟)</u>
  피안에 도달하다   무극에 도달하다   결과적으로 가야 할 자리

- 전체 의미 : 천궁(天宮)에 도달

- <u>천궁(天宮)</u> ┬ 양(陽) - 상천궁, 천일궁, 중앙천궁상궁, 중앙우주 100의 궁
             └ 음(陰) - 은하성단 중심부 (반야바라밀다심경 제호의 뜻)

무극(無極)의 자리,
구경(究竟)의 자리,
불(佛)과 보살(菩薩) 등 뭇 밝은 이들(哲人)이 자리하는 피안(彼岸)의 세계

궁(天宮)은 '음(陰)의 천궁(天宮)'으로 구분이 된다.

이러한 은하성단 중심부를 이루고 있는 천궁(天宮)이 일불승(一佛乘)의 자리로써 '불국토(佛國土)'라고 하며, 삼승(三乘)인 성문승(聲聞乘), 연각승(緣覺乘), 보살승(菩薩乘)을 거느리는 천궁(天宮)이 되는 것이며, 『반야심경』에서 말씀하시는 천궁(天宮)은 이와 같은 은하성단 중심부의 천궁(天宮)을 말씀하시는 것이다.

(3) 심(心)

마음을 심(心)이라 한다. 아직까지 대부분의 불자(佛者)들이 심(心)이라고 하는 마음을 확연히 깨우치지 못한 듯하다. 이러한 마음에 대하여 오늘 그 실체를 분명히 알고 이해를 하고 넘어가자.

마음(心)의 근본 뿌리를《성(性)의 36궁(宮)》으로써 여러분들의《영혼(靈魂)》과《영신(靈身)》이 됨을 말씀드렸다.

이러한 《성(性)의 36궁(宮)》 중 중심에 자리하는 《삼진(三眞)》 중 《진정(眞精)》이 되는 《중성자영 6》을 제외한 《영혼》의 일부로 자리하는 《양자영 18》과 《영신(靈身)》을 이루는 《양자영 6》과 《전자영 6》을 묶은 것을 《성(性)의 30궁(宮)》으로 이름하며 진화(進化)의 당체라고 한다.

그러면 이러한 점을 참고하여 다음 도형을 보고 설명을 드리겠다.

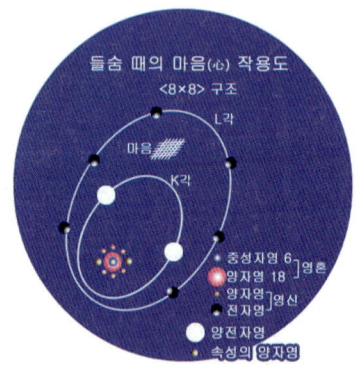

상기 도형은 산소 ○의 원자핵(核)의 구조도와 비슷한 들숨(入息) 때의 마음(心)의 작용도(作用圖)를 그린 것이다.

도형 내의 전자(電子)와 양전자(陽電子), 양자(陽子), 중성자(中性子)*의 수(數)는 산소 ○의 원자핵(核)을 기준한 단순 표기의 수이다.

　인간이 양(陽)의 육신(肉身)을 가졌을 때는 성(性)의 30궁(宮)에 석가모니 하나님 부처님의 나뉨인 삼진(三眞)인 진성(眞性) 1과 진명(眞命) 3과 진정(眞精) 6 등 합(合) 10을 만물(萬物) 중에서 유일하게 인간만이 받는 것이다. 이러한《삼진(三眞)》중의《진성(眞性)》은 반중성자(反中性子)이며 진명(眞命)은 양전자(陽電子)가 되며 진정(眞精)은 중성자(中性子)가 된다.

　이와 같이 인간의 육신(肉身) 내(內)는 40궁(宮)을 이루게 되며, 이로써 인간의 성(性)은《성(性)의 30궁(宮)》과 진정(眞精)인 중성자(中性子) 6이 합하여져 36궁(宮)을 이루게 되며,

《진성(眞性) 1》은 음양(陰陽) 분리되어《음(陰)의 진성(眞性) 1》은 우뇌(右腦)에 자리하고《양(陽)의 진성(眞性) 1》은 왼쪽 눈동자로 자리하며《진명(眞命) 1》은 오른쪽 눈동자로 자리하게 되며 《진명(眞命)》3 중 2는 속성의《양자(陽子) 2》와《음양(陰陽)》짝을 한 후 목 양쪽《편도》에 자리하였다가 들숨(入息) 때에 36

---

* 성(性)에서의 전자, 양전자, 양자, 중성자는 전자영, 양전자영, 양자영, 중성자영을 말한다. 다섯 기초 원소가 오랜 시간에 걸쳐 개체의 영(靈)으로 진화하고 다시 이 개체의 영(靈)들은 또 오랜 시간을 거쳐 성(性)의 영(靈)들로 진화한다.

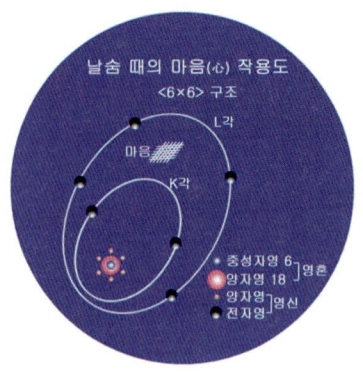

궁(宮)과 합하여져 작용(作用)을 하게 된다.

[들숨 때의 마음(心) 작용도] 도형은 뇌에 있게 되는 진성(眞性) 1과 진명(眞命) 1을 제외한 나머지가 일으키는 작용도이다.

인간의 성(性)의 30궁(宮)에 있어서 《영혼》을 이루고 있었던 《양자영 18》은 개체의 양자군(陽子群)들이 탄소 C의 원자핵(核)의 과정과 산소 O의 원자핵(核)의 과정을 겪은 양자군(陽子群)이 3합(三合)을 한 (6×3) 덩어리로써 100억 년의 우주의 역사 정보를 담고 있다. 이러한 《양자(陽子) 18》의 주위를 진화가 덜된 《양자영 6》이 회전을 하는 외곽에 일정한 거리를 두고, 그 외곽을 명(命)인 전자영(電子靈) 6이 회전을 하고 있다.

이러한 《전자영(電子靈) 6》인 《명(命)》이 안(眼), 이(耳), 비(鼻), 설(舌), 신(身), 의(意) 다섯 감각 기관과 하나의 지식(知識)의 창고를 좌뇌에 두고 관리하는 것이다.

또한, 이들이 거느리는 수많은 개체의 전자영(電子靈)들이 신경망이 펼쳐진 길을 따라 온몸 구석구석을 정령(精靈)인 피를 따라 돌다가 심장 속으로 들어와 그들의 꽁무니에 달고 들어온 《이산화탄소》를 심장의 작용으로 떼어 놓게 되면 《이산화탄소》는 벌겋게 달아 있는 《성(性)의 30궁(宮)》의 전자군(電子群)들과 양자군(陽子群)들을 두들기면서 가지고 온 정보를 전하게 된다.

이때 전자영(電子靈)인 명(命)에서 전자광(電子光)이 발생하게 되며 양자영(陽子靈)에게서는 양자광(陽子光)이 발생하게 된다.

[성(性)에서의 음기(陰氣)와 양기(陽氣)]

음기(陰氣) : 전자광
양기(陽氣) : 양자광

이때 발생한 전자광(電子光)을 '음기(陰氣)'라고 하며 양자광(陽子光)을 '양기(陽氣)'라고 한다.

이들 음기(陰氣)와 양기(陽氣)가 뒤엉켜 있는 공간(空間)이 바로 《양자영 6》과 《전자영 6》이 《6×6 구조》를 이루고 있는 바로 아래에 있는 《속성》과의 사이에 있는 공간으로써 이곳에서 아주 미세한 빛의 입자들이 뒤엉켜 있는 상태를 '마음(心)'이라고 하며, 인도의 『우파니샤드』에서는 《다르마의 구름》이라고 표현을 하고 있다.

기(氣)의 실체를 바로 알고 기(氣)를 논하여야 할 것이다. 이러한 마음(心)의 파괴력은 여러분들이 잘 알고 계실 것이다.

한편, 진화(進化)하는 성(性)의 가운데 있게 되는 중성자(中性子)는 불꽃 없는 불(火)덩어리로써 《양자(陽子)》를 벌겋게 달구는 역할은 《중성자(中性子)》의 몫인 것이다. 이러한 작용(作用) 때문에 《감각》을 벗어나게 되면 마음(心)의 작용(作用)은 일어나지 않게 된다.

이렇게 되면 사물의 분별은 어떻게 하느냐고 의문을 가지실 것이나 그 문제는 걱정할 필요가 없다. 그 이유는 들숨 때 진화(進化)하는 성(性)의 양자군(陽子群) 주위 내각인 K각을 전자(電子)인 명(命)보다 더욱 진화(進化)된 진명(眞命)인 양전자(陽電子)가 있기 때문에 분별력 없이 모두 알고 있기 때문이다.

이 때문에 석가모니 하나님 부처님께서는 지혜(智慧)인 진화(進化)하는 성(性)의 밝기를 최대화한 이후에 물방울인 전자(電子)를 떨어뜨려 버리라고 가르쳐 주고 계시는 것이다.

이렇게 될 때 일부 덕(德) 높은 일부 승려들이 수행 도중에 구공(九空)으로부터 누런 액체를 줄줄 흘리는 경우가 바로 물방울인 전자(電子)를 떨어뜨리고 있는 때이다.

이 과정이 지나면 바로 상온에서 핵(核)융합 반응이 일어나 지혜(智慧)인 진화(進化)하는 성(性)은 지혜(智慧)의 완성인 《지혜명》으로써 성령(性靈)의 옷으로 갈아입게 되는 것이다. 이때가 바로 《보살도(菩薩道)의 성취》를 이룬 것이다.

이와 같이 보살(菩薩)을 이룬 후 만(萬)가지 덕(德)을 쌓아야 불법(佛法) 일치된 《불(佛)》의 지위로 오를 수 있는 것이다. 이 때문에 《석가모니 하나님 부처님》께서 『묘법화경(妙法華經)』에서 일승도(一乘道)인 보살도(菩薩道)를 설(說)하시는 이유인 것이다.

 《양(陽)》의 육신(肉身)을 가진 인간은 《소우주(小宇宙)》로써 광대한 우주(宇宙)의 축소판이다. 그러므로 인간 내부도 <u>산소 ○의 원자핵(核)의 순환의 길</u>과 <u>탄소 C의 원자핵(核)의 순환의 길</u> 등 크게는 두 길을 가지고 있으며 <u>세분화하면 4길</u>을 가지고 있다.

 <u>산소 ○의 원자핵(核)</u>을 이루는 <u>양자군(陽子群)</u>들의 순환의 길이 인간의 머리 부분과 <u>인간의 육신(肉身)</u>을 지탱해 주는 <u>척</u>

[인체내에서의 두 갈래 길]

● 산소(O)의 원자핵 순환의 길 : 1-3-1의 길
　- 위치 : 인체의 배면부(背面部)
　- 인간 머리 부분과 척추 부분 담당
　- 백혈구 생산처

● 탄소(C)의 원자핵 순환의 길 : 1-4-1의 길
　- 위치 : 인체의 복면부(腹面部)
　- 피부, 근육, 오장육부 담당.
　- 적혈구 생산처

추의 부분을 담당하며 백혈구의 생산처가 이 길에 있으며,

탄소 C의 원자핵(核)을 이루는 양자군(陽子群)들의 순환의 길이 인간의 피부와 근육과 오장육부를 담당하며 적혈구 생산처가 이 길에 있다.

이러한 순환의 길을 1-3-1의 길과 1-4-1의 길 등 두 길이라고 이름한다. 이 길도 1-3의 길과 3-1의 길과 1-4의 길과 4-1의 길로 세분화된다.

다음은 인도의 『우파니샤드』 내용 중 일부를 이해를 돕기 위해 소개하여 드리겠다.

이 내용 소개에 앞서 불자(佛者)들께 알려 드릴 사항이 『우파니샤드(Upanishads)』는 근본진리(根本眞理)에서 밝혀진 바에 의하면 한(韓)민족에게 전하여져 오는《한단불교(桓檀佛敎)》4대 경전(經典)인《천부경(天符經)》,《삼일신고(三一神誥)》,《황제중경(皇帝中經)》,《황제내경(皇帝內經)》중《황제내경(皇帝內經)》의 해설서와 같은 것이며,

때에《한단불교(桓檀佛敎)》를 창시(創始)하신《석가모니 하나님

원천창조주이신 석가모니 하나님 부처님의
북반구 문명 최초 종교인
한단불교(桓檀佛敎) 창시와 인도 전래

3512BC 구막한제국의 5대 태우의 한웅님
(재위 3512BC~3419BC)이신 석가모니 하나님
부처님께서 한단불교(桓檀佛敎) 창시하심.

3450BC 태우의 한웅님 막내아들 복희씨(신명 : 문수보살 1세)가
고대 인도의 한(韓)민족계인 아리안족에게 한단불교 4대 경전 전함.

3370BC 인드라프라스타(Indraprastha)의
왕 유디스티라(Yudhisthira, 생몰 3418BC
~3347BC)로 오신 석가모니 하나님 부처님께서
브라만교(Brahmanism) 창시하심.

부처님》께서 고대《한국(韓國)》을 중심한《구막한제국(寇莫韓帝國)》을 여시고《5대 태우의 한웅님》(재위 3512BC~3419BC)으로 이름하셨을 때 막내아들로 태어난《복희씨》로 이름한《문수보살 1세》가《BC 3450년》에 고대《인도》의《샤카족(Sakas)》으로 이름된《아리안족(Aryans)》들에게《한단불교(桓檀佛敎) 4대 경전》을 전하여 줌으로써《황제내경(皇帝內經)》을 그들의 근기에 맞게 풀어서 기록한 경(經)이《우파니샤드》이다.

이러한《우파니샤드(Upanishads)》가《한단불교(桓檀佛敎)》의 일부분으로써《석가모니 하나님 부처님》불법(佛法)이니 거부감

을 갖지 마시기를 당부 드리는 바이다.

... 중략 ...
본다는 것은 눈과 함께 숨이 보는 것
듣는다는 것은 귀와 함께 숨이 듣는 것
생각한다는 것은 마음과 함께 모든 숨이 생각하는 것
숨을 쉰다는 것은 숨과 함께 모든 숨이 숨쉬는 것
그러므로 가장 훌륭한 것은 숨 중에 있도다

『까우쉬 따끼 우파니샤드』 제3장 2항*

... 중략 ...
심장 속 빈 공간으로 이루어진 곳은
'환희' 그 자체인 지고의 존재가 머무는 곳
그는 바로 우리 자신이며 우리가 '요가'를 통해 가고자 하는 목적지다.
이것 또한 불과 태양(太陽)과 열기이다.

『마이뜨리 우파니샤드』 제6장 27편

---

* 미륵부처님 직강 - 제19회 정본 반야바라밀다심경 강의 동영상(2016.6.18.)

그러자 쁘라자빠디가 말했다.

물질적인 아뜨만이라 불리는 것이 있으니 그가 업의 밝고 어둠에 따라 이러저러한 자궁으로 들어가고 그가 위로 다니기도 하고 아래로 돌아다니기도 하고 즐거움과 괴로움을 겪기도 하는 것이다.

다섯 근원 요소들이 가진 세밀한 성질들이 '물질'이며 그 다섯 근원 요소들 자체도 물질이다. 이것들이 결합한 것이 육신(肉身)이다. 그러므로 육신 안에 그것이 있다고 할 때 그것은 물질적인 아뜨만을 말하는 것이다.

그 물질적 아뜨만 안에 있는 불멸하는 아뜨만은 (물에 피었으나) 물이 닿지 않는 수련꽃과 같다. 그러므로 자연의 속성에 영향 받는 것은 (불멸의 아뜨만이 아니라) 이 물질적인 아뜨만이다. 그 영향으로 인해 그는 미혹의 단계로 간다. 이 미혹으로 인하여 그 사람은 자신 안에 있는 신(神)을 보지 못하는 것이다.

그 신이 그의 안에서 행위를 하게 하는 자이다. 속성의 흐름에 영향 받아 그에 따라 태어나고 죽으며 (두려움)에 떨며 당황하며 욕망을 품으며 괴로워하며 "이것은 나", "이것은 나의 것"이라 하며 자만하다 이렇게 사람은 새가 덫에 걸린 것처럼 스스로 이 물질적 아뜨만에 얽매이는 것이다.

다른 많은 스승들도 행하는 자는 이 물질적 아뜨만이라고 하셨으니 감각기관들을 통해 행하게 하는 자는 (몸) 안에 있는 뿌루샤이다.

쇳덩어리가 불에 달구어져 여러 속성들이 두들기는 대로 여러 형태로 굳어진다. 그 형태는 네 가지로 된 덮개이기도 하고 여든네 가지가 되기도 하니 그는 다양성의 주인이다.

이들 다양한 존재들은 도공의 회전판처럼 그 뿌루샤의 주위를 돈다. 쇳덩어리를 두드릴 때 (쇠를 달군 뜨거운) 불이 영향을 받지 않듯 이 뿌루샤는 영향을 받지 않는다. 다만, 그 물질적 아뜨만이 물질에 대한 집착으로 인하여 영향 받는 것이다.

『마이뜨리 우파니샤드*』 제3장 2,3편

★ 미륵부처님 직강 - 제19회 정본 반야바라밀다심경 강의 동영상(2016.6.18.)

마음(心)의 근본 뿌리가 진화(進化)하는 성(性)이다. 이러한 성(性)이 지혜(智慧)의 완성을 이룬 것이 양자군(陽子群)들이 밝음을 완성한 것이다.

그러면 제호(題號)의 설명에서 심(心)의 뜻은 '마음을 다스리는' 또는 '마음을 수행(修行)하는'으로 풀이하는 것이 타당할 것이다.

※ 깨달음을 위한 장(章)

인간의 마음(心)의 근본 뿌리인 성(性)의 36궁(宮)을 《중성자(中性子) 6》과 《양자(陽子) 24》와 《전자(電子) 6》이라고 밝혀드렸다.

이러한 《성(性)의 36궁(宮)》에 있어서 정작 진화(進化)의 주인공은 《중성자(中性子) 6》을 제외한 《양자 24》와 《전자 6》으로 이루어진 《성(性)의 30궁(宮)》이다.

이와 같은 《성(性)의 30궁(宮)》에 있어서 《영혼(靈魂)》의 일부로 자리하였던 《양자(陽子) 18》을 《영(靈)》이라고 하며, 《양자(陽子) 6》과 《전자(電子) 6》이 양음(陽陰) 짝을 한 것을 《영(靈)》의 몸으로써 《영신(靈身)》이라고 한다.

이러한 《영신(靈身)》을 가진 《영(靈)》이 여러분 스스로의 《본체(本體)》로써 또 하나의 《자기(自己)》이다.

이와 같은 《영(靈)》과 《영신(靈身)》을 세분화하여 《양자(陽子) 18》인 《영(靈)》을 진화(進化)하는 《성(性)》으로 이름하고,

영(靈)의 몸인 영신(靈身)에 있어서 양자(陽子) 6을 《정(精)》이라고 하며, 전자(電子) 6을 《명(命)》으로 이름하기도 한다.

이러한 세분화된 성(性)·명(命)·정(精)이 하나가 되어 육신(肉身)을 이루고 있는 영체화(靈體化)된 수많은 개체의 양자(陽子)와 전자(電子)를 다스리는 것이다.

육신(肉身)을 가진 인간들의 본체(本體)인 영신(靈身)을 가진 영(靈)이 또 하나의 자기(自己)로서 여러분들 심장에 자리하여 육신(肉身)을 지배하는 과정에서 드러나는 것이 마음(心)이며 육신(肉身)을 지배하는 주인(主人)으로서 진화(進化)하는 당체가 되는 것이다.

여러분들의 육신(肉身) 속에는 이러한 또 하나의 자기(自己)가 육신(肉身)의 주인으로서 자리하고 있다는 사실을 여러분들께서는 깊이 깨달으셔야 하며, 인간 육신(肉身)의 죽음은 여러분들 본체(本體)인 영(靈)과 영신(靈身)으로 봐서는 낡은 옷 한 벌 벗는 것에 지나지 않는다는 사실도 깊이 깨우치시기 바란다.

이러한 《영(靈)과 영신(靈身)》이 곧 성(性)의 30궁(宮)으로써 지금까지 마음(心)이 일어나게 되는 작용을 설명한 것이다.

　여러분들의 본체(本體)인 《영(靈)과 영신(靈身)》이 지배하는 인간 육신(肉身)에 대한 집착(執着)을 경계하기 위해 석가모니 하나님 부처님께서는 십이인연법(十二因緣法)을 설(說)하셨음을 분명히 아시기 바란다.

　또한, 부처님께서 『금강경』에서 설(說)하신 습생(濕生), 난생(卵生), 태생(胎生), 화생(化生)의 사생(四生)은 진화(進化)하여 태어나는(生) 것을 넷으로 구분하신 것이다.

　이러한 태어남에 있어서 제일 진화(進化)된 태어남이 화

성명정(性命精) (성(性)의 30궁(宮))
※ 진화하는 당체

영혼의 영(靈) : 성(性) : 양자영 18
영신(靈身) ┌ 명(命) : 전자영 6
　　　　　 └ 정(精) : 양자영 6

생(化生)인데, 인간 육신(肉身)을 벗은 이후의 천인(天人)으로서 태어남은 모두 화생(化生)임을 아시기 바란다.

 그리고 모든 작용(作用)이 이와 같으니 불자(佛者)님들께서는 마음(心) 타령하는 엉터리 공부를 좀 하였다고 하여 증상만 불자(佛者)들이 되지 못하게 하기 위해 마음(心)을 있게 하는 주인공인 진화(進化)하는 성(性)에 대한 공부를 바로 하시기를 권유 드리는 바이다.

(4) 경(經)

경(經)은 범어의 sutro, 파리어로는 sutta라고 하며 이것을 음역하여 수다라(修多羅), 수타라(修咃羅)라고 하며 번역을 계경(契經), 정경(正經), 관경(貫經)이라 한다.

경(經)은 경장(經藏), 율장(律藏), 논장(論藏) 등 삼장(三藏)을 이루고 있는데 이 중에서 경장(經藏)은 석가모니 하나님 부처님께서 직접 말씀해 주신 교법(敎法)을 뜻한다.

고로 제호(題號)의 설명에서는 따로 해석할 것이 아니라 심(心)과 같이 심경(心經)으로 함께 해석함이 옳을 것으로 보인다. 즉, '마음(心)을 다스리는 경(經)'으로 그대로 이름하는 것이 옳을 것이다.

(5) 심경(心經) 제호(題號) 해설(解說)의 정리

① 반야(般若) :
   양(陽)의 해설 - 지혜(智慧)를 이룬 양자영들이 순리를 따라 돌아서
   음(陰)의 해설 - 《지혜(智慧)의 완성》을 이룬 양자영들이 순리를 따라 돌아서
② 바라밀다(波羅蜜多) : 천궁(天宮)으로 들어가는
③ 심(心) : 마음(心)을 다스리는
④ 경(經) : 경(經)

이러한 정리에 있어서 반야(般若)의 뒤에 바라밀다(波羅蜜多)가 붙으면 반야(般若)의 해설은 음(陰)의 해설인 '《지혜(智慧)의 완성》을 이룬 양자영들이 순리를 따라 돌아서'가 된다.

이러한 해설을 감안한 최종 해설은 다음과 같다.

양(陽) : 《지혜(智慧)》를 이룬 양자영들이 순리를 따라 돌아서 천궁(天宮)으로 들어가는 마음(心)을 다스리는 경(經)

음(陰) : 《지혜(智慧)의 완성》을 이룬 양자영들이 순리를 따라 돌아서 천궁(天宮)으로 들어가는 마음(心)을 다스리는 경(經)

이 된다.

이와 같은 최종 해설에 있어서 우리들에게 친숙한 해설이 음(陰)의 해설이 되므로 이러한 음(陰)의 해설이 제호(題號)의 해설이 되는 것이다.

> 제호(題號) : 지혜(智慧)의 완성을 이룬 양자영들이 순리를 따라 돌아서 천궁(天宮)으로 들어가는 마음(心)을 다스리는 경(經)

이와 같은 제호(題號)의 해설 중 반야(般若)나 심경(心經) 등과 같은 용어(用語)는 그 작용(作用)이 지상(地上)에서 일어나는 관계로 이를 '세간법(世間法)'이라고 하며,

바라밀다(波羅蜜多) 같은 용어(用語)는 그 작용(作用)이 우주간(宇宙間)에서 일어나기 때문에 이를 '우주간(宇宙間)의 법(法)'이라고 하는 것이다.

[2] 총론(總論)의 해설(解說)

(1) 경문(經文)

```
佛言 般若波羅蜜多行
불언   반야바라밀다행

照見 五蘊 〈自性〉 皆空 度一切苦厄
조견 오온 〈자성〉 개공 도일체고액

〈諸 菩薩 阿羅漢〉 應如是覺
〈제 보살 아라한〉 응여시각
```

(2) 경문(經文)의 부분 해설(解說)

① 佛言 般若波羅蜜多行
　　불언   반야바라밀다행

《불언(佛言)》은 《부처님께서 말씀하시기를》이라고 번역을 하며 이때의 《부처님》이 《석가모니 하나님 부처님》이심을 잊지 마시기 바라며,

다음 《반야바라밀다행(般若波羅蜜多行)》의 《행(行)》은 움직임을 뜻하는 것이며,

《반야바라밀다(般若波羅蜜多)》는 제호(題號)의 설명에서 밝힌 바 있듯이 『지혜(智慧)의 완성을 이룬 양자영들이 순리를 따라 돌아서 천궁(天宮)으로 들어가는』을 뜻함으로써

전체적인 뜻은

> "『《석가모니 하나님 부처님》께서 말씀하시기를 지혜(智慧)의 완성을 이룬 양자영들이 순리를 따라 돌아서 천궁(天宮)으로 들어가면』"

이라는 뜻이 된다.

② 照見 五蘊 〈自性〉 皆空 度一切苦厄
　　조견　오온 〈자성〉　개공　도일체고액

가〉『오온(五蘊)』

《오온(五蘊)》의 온(蘊)을 음(陰), 중(衆), 취(聚)로 번역을 한다. 즉, 음(陰), 중(衆), 취(聚) 셋이 하나된 뜻말이 온(蘊)이라는 뜻이다.

이러한 음(陰), 중(衆), 취(聚)의 음(陰)은 양(陽)의 세계로 드러

'오온(五蘊)'의 의미
(※ 반야공 진화의 시작)

오(五) : 색(色), 수(受), 상(相), 행(行), 식(識)

온(蘊)
음(陰) : 음(陰)의 세계
중(衆) : 무리들.
취(聚) : 서로가 서로를 위하여 모이는 것.

'음(陰)의 세계에서 무리들이 서로가 서로를 위하여 모이는 다섯 단계
 - 색(色), 수(受), 상(相), 행(行), 식(識)'

난 현상세계의 상대 경계인 음(陰)의 세계(世界)를 뜻하는 말이며, 중(衆)은 《무리들》을 말하는 것이며, 취(聚)는 《서로가 서로를 위하여 모이는 것》을 말한다.

즉, 이 뜻은 『음(陰)의 세계에서 무리들이 서로가 서로를 위하여 모이는 것』의 뜻말을 가진 것이 온(蘊)이며, 오온(五蘊)의 오(五)는 《다섯 단계》인 색(色), 수(受), 상(相), 행(行), 식(識)을 말하는 것이다.

이러한 오온(五蘊)의 뜻말은 "음(陰)의 세계(世界)에서 무리들이 서로가 서로를 위하여 모이는 다섯 단계인 색(色), 수(受), 상(相), 행(行), 식(識)"을 말하는 것이다.

이러한 정의의 《음(陰)》의 세계는 눈(眼)에 드러나지 않은 《대공(大空)》의 바탕인 공간(空間)과 《천궁 내부(天宮內部)》에서 일어나는 일들을 말하는 것이다.

이와 같은 대공(大空)의 원천(源泉) 바탕은 파동(波動)에 의해 법(法)이 일어남으로써 무색(無色) 투명한 일정한 온도를 가진 미세한 유리구슬로 변화하여, 변화한 미세한 유리구슬이 《세제일법》의 진공(眞空)을 이룬 뒤 암흑물질과 첫 삼합(三合)을 하여 분출이 되어 개천이전《정명궁(正明宮)》과《진명궁(眞明宮)》을 이룬다고 진행을 하면서 밝혀 왔다.

이러한 때 만들어진《여섯 뿌리의 진공(眞空)》과《여섯 가지 진공(眞空)》이 암흑물질과 음양(陰陽) 짝과 첫 삼합(三合)을 한 상태가 바로 오온(五蘊)의《색(色)》의 단계이다.

이와 같은《색(色)》의 단계《반야공(般若空)》이 고온(高溫) 고압(高壓)이 작용(作用)하는《천궁(天宮)》내에서 진화(進化)하여 가는 각 단계별 내용을 살펴보도록 하자.

ㄱ) 색(色)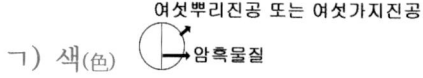

일정한 온도를 가진 미세한《여섯 뿌리의 진공(眞空)》구슬이《암흑물질》과 음양(陰陽) 짝을 한 그림이다. 이렇듯 여섯 뿌리의 진공(眞空) 구슬이 음양(陰陽) 짝을 하였을 때를《반야공

(般若空)》구슬로 표현을 한다.

　즉, 색(色)의 단계는 이러한 《여섯 뿌리 진공(眞空)》과 암흑물질이 음양(陰陽) 짝을 한 것과 《여섯 가지 진공(眞空)》과 암흑물질과 삼합(三合)을 한 상태를 말하며, 이러한 상태를 《반야공(般若空)》또는 《성(性)》의 진화(進化)라고 하며, 이것이 오온(五蘊)의 첫 단계인 색(色)의 단계가 되는 것이다.

　이러한 색(色)의 단계에 있는 음양(陰陽) 짝을 한 《여섯 뿌리 진공(眞空)》과 암흑물질이 비유를 하면 마치 개구리알처럼 서로가 엉켜 천궁 내의 바탕을 이루고 있는 것이다.

　이러한 천궁 내(內)의 바탕도 음양(陰陽)으로 나뉘어져 《여섯 뿌리 진공(眞空)》과 암흑물질이 음양(陰陽) 짝을 한 오온(五蘊)의 색(色)의 단계를 이룬 바탕과 《여섯 뿌리 진공(眞空)》과 《여섯 가지 진공》으로 된 바탕으로 되어 있으며, 그 외곽은 대공(大空)의 원천 바탕을 이루고 있는 《암흑물질》이 경계를 하고 있는 것이다.

※ 이해를 위한 장(章)

[법(法)의 일어남]

　대공(大空)의 원천 바탕이 《암흑물질》임을 진행(進行)을 하면서 밝혀 왔다.

　이러한 《암흑물질》이 《천궁(天宮)》으로 끌어들여져 미세한 여섯 뿌리의 진공(眞空)과 암흑물질이 음양(陰陽) 짝을 하는 것을 《오온(五蘊)》의 《색(色)》의 단계라고 한다.

　이와 같이 《색(色)》의 단계가 진행되기 직전 《천궁 내(內)》에서 《여섯 뿌리 진공》과 《여섯 가지 진공》이 《파동》에 의해 미세한 《여섯 뿌리 진공》과 《여섯 가지 진공》 구슬로 바뀌어 미세한 암흑물질과 결합하는 단계를 《법(法)》의 《일어남》이라고 한다.

　이러한 법(法)의 일어남의 이치를 쉽게 이해할 수 있는 내용이 얼마 전 《EBS TV》 《냉(冷) 핵융합 반응》 프로에서

방영된 적이 있다.

   이 내용에서 실험체에 일정한 싸이클(Cycle)로 파동(波動)을 하였을 때 원형의 구슬이 생겨 팽창하여 폭발하게 된다. 이렇듯 팽창하여 폭발하는 구슬로부터 중성자(中性子) 방출이 이루어진다고 실험하는 학자가 주장하는 반면, 이의 진위 여부를 가리기 위한 학자 그룹에서는 중성자(中性子) 방출이 없음을 확인하는 내용의 설명이 들어 있다.

   이 실험이 법(法)의 일어남의 이치와 똑같은 실험으로써 이때 방출되는 것은 중성자(中性子)가 아니라 미세한 진공(眞空) 뿌루샤인 것이다.

   《뿌루샤(purusha)》라는 용어는 『우파니샤드』에서 빌려온 용어로써《오래 전에 불태워진 자》라는 뜻말을 가진 용어로써 이 장에서 필자가 이름하는《여섯 뿌리 진공(眞空)》과 《여섯 가지 진공》구슬을 말하는 것이다.

'법(法)'의 일어남

오온(五蘊)의 색(色)의 단계가 진행되기 직전 천궁(天宮) 내에서 여섯 뿌리진공과 여섯가지진공이 파동에 의해 미세한 여섯뿌리진공과 여섯가지진공 구슬로 바뀌어 미세한 암흑물질과 결합하는 단계를 '법(法)의 일어남'이라고 한다.

[암흑물질]

자동차에서 불완전 연소로 인하여 내뿜는 시커먼 연기와 굴뚝에서 내뿜는 시커먼 연기를 보고는 암흑물질의 존재를 부인하지 못할 것이다.

이러한 시커먼 연기가 공간(空間)에서는 흩어져 인간들의 시야(視野)에서 사라지게 된다. 그러나 이러한 연기는 다만 사라졌을 뿐이지 그 존재가 없어진 것은 아닌 것이다.

이러한 존재를 암흑물질로 이름하는 것이다.

ㄴ) 수(受) ◯

《여섯 뿌리 진공(眞空)》과 결합한《암흑물질》에 있어서《여섯 뿌리 진공(眞空)》은 진성광(眞性光)과 진명광(眞命光)이 양음(陽陰) 짝을 하고 있다. 즉, 공(空)에 있어서 테두리는《진명광(眞命光)》이 둥글게 경계를 하고《진성광(眞性光)》이 공(空) 내부의 바탕이 된다.

법(法)의 일어남으로부터 미세한《여섯 뿌리》의《진공(眞空) 구슬》이 탄생함으로부터《석가모니 하나님 부처님》《음양(陰陽)》의 경계가 구분이 된다.

즉, 공(空)의 경계를 이루는 진명광(眞命光)의 영역이《석가모니 하나님 부처님》《음(陰)》의 영역이 되며,《여섯 뿌리 진공(眞空)》구슬의 바탕을 이루고 있는《진성광(眞性光)》의 영역이 《석가모니 하나님 부처님》《양(陽)》의 영역이 되는 것이다.

《법(法)》이 일어나 미세한《여섯 뿌리의 진공(眞空)》구슬이 《암흑물질》과 결합함으로써《여섯 뿌리 진공(眞空)》과 암흑물질이 음양(陰陽) 짝을 하는 것을《석가모니 하나님 부처님》께서 꾸준히 조물(造物)을 하신다고 하는 것이다.

이로써 탄생한 것이 오온(五蘊)의 《색(色)》의 단계이다.

이러한 《색(色)》의 단계를 지나게 되면 《공(空)》이 지닌 일정한 온도와 《진명광(眞命光)》덕분에 《색(色)》의 단계에서 음양(陰陽) 짝을 하였던 암흑물질이 생명력(生命力)을 얻어 암흑물질 자체가 공(空)의 일부로 자리하게 된다.

비유를 하면, 투명한 미세한 유리구슬에 검은 줄이 생긴 것과 같이 되는 것이다.

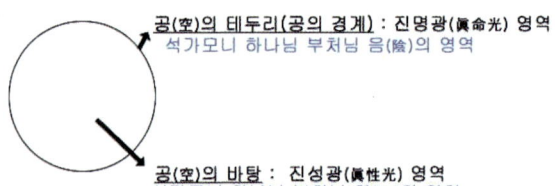

이러한 상태를《여섯 뿌리 진공(眞空)》과 생명력(生命力)을 띤 암흑물질이 서로가 서로를 받아들여 하나를 이룬다고 하여 《받아들일 수(受)》로써 표현을 한 것이《오온(五蘊)》의 두 번째 단계인《수(受)》의 단계이며,《수(受)》의 단계를 형상화한 그림이 상기 그림이 되는 것이다.

　이렇듯《여섯 뿌리 진공(眞空)》의 바탕에《진성광(眞性光)》이 자리하는 것을 석가모니 하나님 부처님께서는 착함(善)을 근본 바탕으로 한다고 말씀하시는 것이다.

ㄷ) 상(相) ◐

　상(相)은 형상(形像)을 말하며 모양과 모양이 가지는 능력이라는 뜻말을 가지고 있다.

　《여섯 뿌리 진공(眞空)》과 음양(陰陽) 짝을 한《암흑물질》이 오온(五蘊)의《수(受)》의 단계에서 생명력(生命力)을 띠고《반야공(般若空)》의 일부분으로 자리한 후

《상(相)》의 단계에서《Color》를 나타냄과 동시에 분별력(分別力)을 갖게 된다.

이러한 때《Color》를 나타내는 것이《모양》이 되며 아울러 분별력(分別力)을 갖게 되는 것이《모양이 가지는 능력》이 되는 것이다.

이와 같이 공(空)의 부분으로 생명력(生命力)을 가지고 자리한 암흑물질이 Color를 나타냄과 동시에 분별력(分別力)을 갖게 되는 단계를 색깔, 모양이 결정되는 때로써 '상(相)'이라고 하는 것이다.

ㄹ) 행(行)

《상(相)》의 과정을 거친《공(空)》과 공(空)의 부분으로 생명력(生命力)을 가지고 자리하여《Color》를 나타냄과 동시에《분별력(分別力)》을 갖게 된 진화(進化)된 암흑물질이 이 과정을 끝낸 후 그들의 능력을 극대화하기 위해 셋이 모여 하나를 이루어 가는 삼합(三合) 행(行)을 오온(五蘊)의 '행(行)'의 단계라고 하는 것이다. 이것이 두 번째 삼합(三合)이 된다.

ㅁ) 식(識)

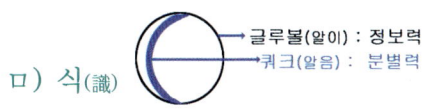

개체의 공(空)과 하나가 된 암흑물질이 진화(進化)하여 생명력(生命力)과 Color와 분별력(分別力)을 갖춘 후 셋이 모여 하나를 이룬 결과로써 나타난 것이 상기 그림의 오온(五蘊)의 '식(識)'이다.

이와 같은 식(識)이 현대물리학(現代物理學)의 소립자 세계에서 이름하는 《쿼크》이며 공(空)이 《글루볼》이다. 순수 우리말로써는 《공(空)》의 검은 부분을 《알음》이라 하며, 《공(空)》을 《알이》라고 하는 것이다.

오온(五蘊)의 색(色), 수(受), 상(相), 행(行), 식(識)은 사실상 공(空)과 하나가 된 《암흑물질》이 다섯 단계로 진화(進化)하여 가는 상태를 설명한 것이 되는 것이다.

　　이러한 오온(五蘊)의 식(識)의 다음 단계가 식(識)의 과정을 거친 반야공(般若空)들이 다시 셋이 모여 하나를 이룸으로써 만물(萬物)의 씨종자인《다섯 기초 원소》를 탄생시키는 것이다.

　　이러한 다섯 기초 원소에 대하여는 연속적으로 별도로 설명을 드리겠다.

오온(五蘊)
※ 고온고압이 작용하는 천궁(天宮) 내에서 겪는 과정

색(色) → 여섯뿌리진공 또는 여섯가지진공
　　　　→ 암흑물질

수(受) 　 암흑물질이 생명력을 얻어
　　　　 공(空)의 일부로 자리

상(相) 　 색깔(color)　　분별력
　　　　 모양과 모양이 가지는 능력
　　　　 암흑물질이 색깔을 띰

행(行) 　 삼합(三合) 작용

식(識) 　 글루볼(알이) : 정보력
　　　　 쿼크(알음) : 분별력

그리고 공(空)의 일부분으로 자리한 《쿼크》와 공(空)에 축적되는 이치인 혜(慧)를 합하여 '식(識)' 또는 '지혜(智慧)'라고 하며, 공(空)과 더불어 이를 '반야공(般若空)'이라고 하는 것이다.

혜(慧)의 축적에 대하여는 별도로 설명을 드리겠다.

※ 오온(五蘊)의 각 단계에 있어서 색(色)의 단계를 포함한 수(受), 상(相), 행(行), 식(識)의 단계와 다음 단계인 다섯 기초 원소의 단계는 고온 고압을 갖춘 천궁(天宮) 내에서 겪는 진화(進化)의 과정이 된다.

나> 자성(自性)

오온(五蘊)의 자성(自性)은 《여섯 뿌리 진공(眞空)》과 《여섯 가지 진공(眞空)》이며, 《여섯 뿌리 진공(眞空)》과 《여섯 가지 진공(眞空)》의 자성(自性)은 착함을 근본 바탕으로 한 《세제일법》순수 진공(眞空)이다. 다음으로 《오온》의 과정을 겪고 《다섯 기초 원소》가 탄생한다. 그러므로《다섯 기초 원소》의 자성(自性) 역시《여섯 뿌리 진공》과《여섯 가지 진공》이 되는 것이다.

그러면 진화(進化)하는 인간들의 자성(自性)은 과연 무엇인가 하는 점을 여러분들은 아셔야 하는 것이다.

인간들의《자성(自性)》은 인간(人間)들 스스로의 진화(進化)하는 진화의 주인공인《영혼(靈魂)》의 일부분인《양자영(陽子靈) 18》과《6×6》구조를 이루고 있는《양자영 6》과《전자영 6》으로 이루어진《영신(靈身)》이 합하여진《성(性)의 30궁(宮)》이 인간들 스스로의 진화하는《성(性)》이 되며,

《보살도 성취》의《보살(菩薩)》은《양자영 18》과《6×6》구조를 가진《양자영 6》과《중성자영 2》,《양전자영 4》으로 이루어진《영신(靈身)》을 가짐으로써 이를《성령(性靈)의 30궁(宮)》이라고 하는 것이다.

즉, 인간들의《자성(自性)》은《성(性)의 30궁(宮)》이 되며, 보살도 성취의《보살(菩薩)》이나《아라한(阿羅漢)》의 자성(自性)은《성령(性靈)의 30궁(宮)》이 되는 것이다.

자성(自性)

- 여섯뿌리진공과 여섯가지진공의 자성(自性)
  : 착함을 근본 바탕으로 한 <u>세제일법 순수 진공</u>

- 오온(五蘊)의 자성(自性) : <u>여섯 뿌리 진공과 여섯 가지 진공</u>

- 다섯기초원소의 자성(自性) : <u>여섯뿌리진공과 여섯가지진공</u>

- 진화하는 인간의 자성(自性) : <u>성(性)의 30궁(宮)</u>

- 아라한 또는 보살도 성취의 보살의 자성(自性)
  : <u>성령(性靈)의 30궁(宮)</u>

오온(五蘊)의 각 단계의 개체의 반야공(般若空)도 진화하는《성(性)》이 되나 이후에 이를 바탕으로 만들어지는 다섯 기초원소인 중성자, 양자, 중간자, 양전자, 전자 등과 복합원소 등등이 모두 반야공(般若空)으로써 진화하는《성(性)》이 되는 것이며,

이들이 인연(因緣)따라 이합집산으로 모여 하나된 것이 스스로의 진화하는《성(性)》으로써《자성(自性)》이 되는 것이다.

이 때문에 만물(萬物)은 개체수가 다른 각각의 진화(進化)하는《성(性)》을 가졌다고 하는 것이다.

《우주간(宇宙間)》과 《세간(世間)》의 진화는 진화(進化)하는 《성(性)》이 주관하는 것이며, 이러한 《성(性)》의 진화(進化) 정점(頂点)에 2합(二合)의 《순수 진공(眞空)》인 《세제일법(世第一法)》의 진공(眞空)이 있는 것이며 그 다음으로 《여섯 뿌리 진공(眞空)》이 있는 것이다.

다〉 照見(조견)과 皆空(개공)

> 조견(照見)은 환히 비추어 본다는 뜻이 되며 개공(皆空)은 모두가 공(空)들이라는 뜻으로 해설이 된다.

라〉 度一切苦厄(도일체고액)

도일체고액(度一切苦厄)은 일체고액(一切苦厄)을 건넜다는 뜻으로 모든 생사(生死)를 초월했다는 뜻으로써 탐욕과 고통이 없어진 상태를 이야기한다. 고로 이의 해석은 '모든 고난에서 벗어났으니'로 해석한다.

도일체고액(度一切苦厄)의 숨은 뜻은 반야공(般若空)인 《성(性)》의 진화(進化) 결과 나타나는 것이 역동적인 현상세계이다. 이러한 현상세계에서 부분적으로 나타나는 것이 고통과 액난이다.

이와 같이 《석가모니 하나님 부처님》께서는 인간에게 따르는 모든 고통과 액난을 몰고 오는 근원을 캐고 들어가시다 보니 다섯 기초 원소인 만물(萬物)의 씨종자에게 도달하게 되고, 이러한 씨종자를 있게 한 오온(五蘊)의 각 단계를 모두 살펴보니 모두가 반야공(般若空)인 《성(性)》의 진화(進化)의 단계로써 이들 모두가 《공(空)》들임을 환히 꿰뚫어 보시고 모든 고통과 액난으로부터 벗어나시었다는 말씀이 된다.

마> ②항 해설(解說)의 정리

> 『색(色), 수(受), 상(相), 행(行), 식(識) 등《오온(五蘊)》과《여섯 뿌리 진공(眞空)》과《여섯 가지 진공(眞空)》모두가 공(空)들임을 환히 비추어 봄으로써 모든 고난에서 벗어나니』

라고 해설이 된다.

③ <諸 菩薩 阿羅漢> 應如是覺
   <제 보살 아라한> 응여시각

가> 《제 보살(諸 菩薩)》

보살(菩薩)은 범어(梵語)로는 Bodhi-sattva, 파리어로는 Bodhi-satta라고 하며 음역하여 보리살타(菩提薩埵), 보리색다(菩提索多)라 하며 도중생(道衆生), 각중생(覺衆生), 도심중생(道心衆生)이라고 번역한다.

위로는 무상보리(無上菩提)를 구하고 아래로는 중생을 제도

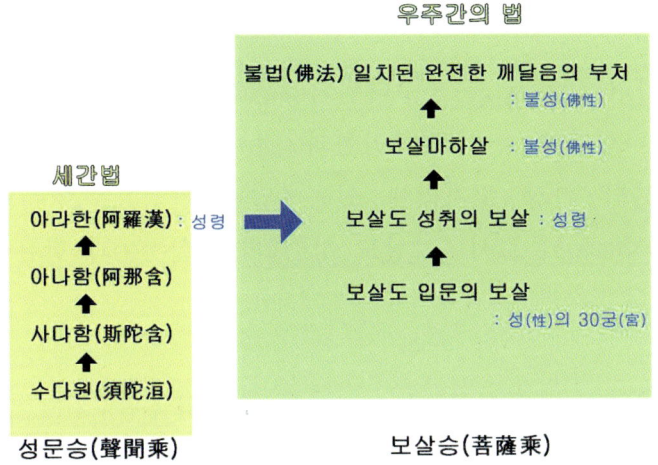

하는 상구보리(上求菩提) 하화중생(下化衆生)을 하면서 모든 바라밀의 수행을 닦아 궁극에는 성불(成佛)을 목적으로 하는 대심중생(大心衆生)이라는 뜻을 가진 말이다.

이러한 《보살(菩薩)》은 보살도 입문(入門)의 《보살(菩薩)》과 보살도(菩薩道) 성취(成就)의 《보살(菩薩)》과 《보살마하살(菩薩摩訶薩)》 등이 있으며, 이들 중 《반야심경(般若心經)》에서 이름하는 《제보살(諸菩薩)》은 《보살도》 입문의 보살(菩薩)들과 《보살도》 성취의 보살(菩薩)들을 말씀하시는 것이다.

나>《아라한(阿羅漢)》

《아라한(阿羅漢)》은 《수다원과(須陀洹果)》, 《사다함과(斯多含果)》, 《아나함과(阿那含果)》, 《아라한과(阿羅漢果)》 등 《성문승(聲聞乘) 4과(果)》의 가장 윗자리에 있는 《인간 완성》 부처(佛)를 이룬 《성자(聖者)》들로서 《보살도 성취》의 보살(菩薩)과 같은 지위에 있으나

《보살도(菩薩道) 성취》의 보살들과는 달리 《우주간(宇宙間)의 법(法)》의 진화(進化)인 《법신(法身)의》 진화의 길에는 들지 못한 분들을 말한다.

즉, 《보살》은 《불법(佛法)》 일치된 완전한 깨달음의 《부처(佛)》 이룸을 목적으로 수행을 하시는 분들을 말하나, 《아라한(阿羅漢)》은 인간 완성의 《부처(佛)》 이룸에 머물고 있는 《성자(聖者)》들을 말하는 차이가 있다.

다>《응여시각(應如是覺)》

《응여시각(應如是覺)》은《마땅히 이와 같이 깨달아라》라는 뜻말을 가진 용어이다.

라〉 ③항의 해설(解說) 정리

> 『모든 보살들과 아라한들은 마땅히 이와 같이 깨달아라.』

라고 해설(解說)이 된다.

(3) 총론(總論)의 경문(經文) 해설(解說)의 정리

지금까지 설명 드린 내용에 있어서 경문(經文)의 해설을 모아 정리하면 다음과 같다.

『《석가모니 하나님 부처님》께서 말씀하시기를,
《지혜(智慧)》의 완성을 이룬 양자영들이
순리를 따라 돌아서 《천궁(天宮)》으로 들어가면
색(色), 수(受), 상(相), 행(行), 식(識) 등 《오온(五蘊)》과
《여섯 뿌리 진공(眞空)》과 《여섯 가지 진공(眞空)》 모두가
공(空)들임을 환히 비추어 봄으로써
모든 고난에서 벗어나니
모든 보살들과 아라한들은 마땅히 이와 같이 깨달아라.』

※ 오온(五蘊) 각각의 단계적 작용(作用)을 한꺼번에 살펴보시고자 할 때는 천궁(天宮)으로 삼매로써 들어가야 하는 것이다. 이러한 천궁(天宮)으로 들어갈 수 있는 자는 지혜(智慧)의 완성을 이룬 자 밖에는 없는 것이다.

지혜(智慧)의 완성을 이루기 전 인간의 마음(心)의 근본 뿌리는 양자영(陽子靈) 24와 전자영(電子靈) 6으로 30궁(宮)을 이루고 있다.

이러한 《성(性)의 30궁(宮)》에 있어서 《지혜(智慧)의 완성》을

이루게 되면《영(靈)인 양자영(陽子靈) 24》는《밝음》을 완성하게 되고《명(命)인 전자영(電子靈) 6》은《맑음》을 완성하게 된다.

이렇게《성(性)의 30궁(宮)》이《밝음과 맑음》을 완성하고 인간 육신(肉身)을 가지고 삼매(三昧) 수행을 하게 되면 심장 깊숙한 곳에 자리한《성(性)의 30궁(宮)》에서《핵(核)융합 반응》이 일어나 맑음을 완성한《전자영(電子靈) 6》이《중성자영(中性子靈) 2》와《양전자영(陽電子靈) 4》로 전환이 된다.

이때가《육신(肉身)》을 가지고《인간 완성의 부처(佛)》를 이룬《보살도(菩薩道) 성취의 보살(菩薩)》이 되는 때이다.

이후 인간《육신(肉身)》을 벗은《보살(菩薩)》은《천궁(天宮)》으로 들어가게 되는 것이다.

이와 같이《보살(菩薩)》이《천궁(天宮)》으로 들어가게 되는 이유는《밝음》을 완성한《양자(陽子) 24》가《천궁(天宮)》의《고온고압》에 의해《핵(核)분열》을 일으킨 후 다시《핵(核)융합 반응》으로 중성자영(中性子靈)와 양전자영(陽電子靈)로 전환을 함으로써 먼저 전환된 중성자영(中性子靈) 2와 양전자영(陽電子靈) 4가

합하여져 《중성자영(中性子靈) 20》과 《양전자영(陽電子靈) 10》을 이루어 《불성(佛性)의 30궁(宮)》을 이루게 된다. 이로써 《보살(菩薩)》이 《보살마하살》이 되시는 것이다.

즉, 《보살(菩薩)》이 《천궁(天宮)》으로 들어가는 목적은 《보살마하살(菩薩摩訶薩)》을 이루시기 위함인 것이다.

이와 같은 《천궁(天宮)》 안에서 일어나는 《핵(核)분열》과 《핵(核)융합》의 과정 때에 일어나는 《오온(五蘊)》의 각각의 과정을 역순(逆順)으로 깊은 《삼매(三昧)》로써 지켜보시고 하신 말씀이다.

필자가 먼저 진행한 오온(五蘊)의 설명은 오온(五蘊)의 색(色)의 과정을 거친 반야공(般若空)이 천궁(天宮)의 회전력(回轉力)에 의해 고온고압(高溫高壓)이 작용하는 천궁(天宮) 내(內)에서 나머지 수(受), 상(相), 행(行), 식(識) 및 《다섯 기초 원소》의 진화(進化)를 단계적으로 겪게 되는 것을 설명 드린 것이라면,

《석가모니 하나님 부처님》께서는 깊은 삼매로써 천궁(天宮)의 변화상에서 오온(五蘊)의 과정을 역순(逆順)으로 꿰뚫어 보시고 하시는 말씀임에 유의하시기 바란다.

※ 깨달음을 위한 장(章)

 현대물리학(現代物理學)은 소립자 세계의 《쿼크(quark)》를 발견한 후 논리(論理)의 벽에 부딪쳐 있는 것으로 필자는 알고 있다.

 이러한 현대물리학(現代物理學)이 《쿼크》가 만들어지기까지의 논리(論理)를 세우지 못한 채 이 벽을 뛰어 넘어 첨단과학에 돌입하여 있다. 학자분들이 항상 입만 열면 논리(論理)를 앞세웠던 그들이 논리(論理)도 세우지 못한 채 현재는 미신(迷信)의 학문(學問)을 하고 있는 셈이다.

 이와 같은 현대물리학에 막혔던 논리(論理)의 벽을 허물고 《쿼크(quark)》가 만들어지기까지의 논리(論理)를 석가모니 하나님 부처님 가르침의 진리(眞理) 중의 하나인 오온(五蘊)의 각 단계를 합리적으로 설명함으로써 논리(論理)를 세워 드리는 것이니 학자분들께서는 이를 가볍게 보아 넘기지 말 것을 당부 드린다.

 눈(眼)으로 보고 확인하여 아는 것을 '지견(知見)'이라고 한다. 이러한 지견(知見)으로 알 수 있는 범위가《쿼크(quark)》의 발견이 마지막이다.

이와 같은《쿼크(quark)》발견 이후의《쿼크》생성의 이치는 눈(眼)으로 보고 확인할 수 있는 범위를 초월한 진리(眞理)에서 그 해답을 찾아야 하는 것이다.

이러한 뜻에서 오온(五蘊)의 각 단계를 상세히 설명하여 드리는 것이니 현대물리학(現代物理學)에 도움이 되었으면 하는 것이다.

(4) 다섯 기초 원소와 《쿼크》의 진화(進化)

① 다섯 기초 원소

《다섯 기초 원소》는 중성자(中性子), 양자(陽子), 중간자(中間子), 양전자(陽電子), 전자(電子)를 이름한다. 이러한 《다섯 기초 원소》가 만들어지는 곳은 고온(高溫) 고압(高壓)을 갖춘 《천궁(天宮)》 안에서이다.

오온(五蘊)의 첫 단계인 《음양(陰陽)》 합일을 이룬 《색(色)》의 과정을 거칠 때가 모두 45종류가 된다. 이러한 45종류가 두 번째 삼합(三合)의 단계인 행(行)의 단계를 지나 《식(識)》의 단계에서는 《15종류》가 된다.

이러한 《식(識)》의 단계를 거친 15종류의 《반야공(般若空)》들이 다시 삼합(三合)을 하되 이번에는 2음1양(二陰一陽)의 법칙과 2양1음(二陽一陰)의 법칙 등 일정한 법칙에 의해 삼합(三合)을 하게 된다.

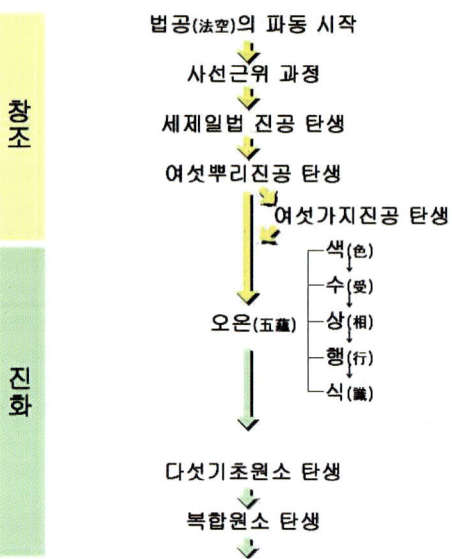

이와 같은 법칙에 있어서 2음1양(二陰一陽)의 법칙에 의해 셋이 모여 하나를 이룬《양음(陽陰)》이《중성자(中性子)》와《양전자(陽電子)》이며, 2양1음(二陽一陰)의 법칙에 의해 셋이 모여 하나를 이룬《양음(陽陰)》이《양자(陽子)》와《전자(電子)》이며, 핵(核)융합 반응 때 변환 과정에서 탄생하는 것이《중간자(中間子)》이다.

이와 같이《삼합(三合)》의 과정을 거친 이후 15종류였던《식(識)》인《쿼크》의 반야공(般若空)은 5종류 기초 원소로 탄생하는 것이다.

　이렇게 탄생된 중성자(中性子), 양자(陽子), 중간자(中間子), 양전자(陽電子), 전자(電子) 등 《다섯 기초 원소》가 만물(萬物)의 씨종자가 되는 것이며, 《오온(五蘊)》의 《색(色)》의 단계 이전까지를 《창조(創造)》로 이름하며 이후를 《진화(進化)》로 이름하는 것이다.

가〉 혜(慧)

　이렇게 만들어진 《다섯 기초 원소》가 주축이 되어 《복합원소》가 탄생하게 되고 《만물(萬物)》이 만들어지게 된다. 이러한 《다섯 기초 원소》의 《중간자(中間子)》를 제외한 중성자(中性子), 양자(陽子), 양전자(陽電子), 전자(電子) 등은 모두 《진화(進化)》를 한다.

　이와 같은 《기초 원소》 중 《중성자(中性子)》와 《양자(陽子)》는 《밝음》의 진화(進化)를 하는 것이며, 《양전자(陽電子)》와 《전자

(電子)》는 《맑음》의 《진화(進化)》를 한다.

　이러한 《진화(進化)》의 척도가 《정보(情報)》의 《공통분모(分母)》격인 《이치》의 축적량에 따라 《진화(進化)》의 정도가 결정되는 것이다. 즉, 오래전에 탄생한 《진화(進化)》하는 《기초 원소》와 이제 태어난 지 얼마 되지 않는 《진화(進化)》하는 《기초 원소》의 차이는 엄청나게 다른 것이다.

　이와 같은 기초 원소 중 《중성자(中性子)》와 《양전자(陽電子)》는 정보(情報)의 공통분모(分母)격인 이치의 축적 완성 이후는 음양(陰陽) 짝을 하는 진화(進化)를 하며, 《양자(陽子)》와 《전자(電子)》는 2음1양(二陰一陽)의 법칙을 따르는 《영체(靈體)》의 진화(進化)와 2양1음(二陽一陰)의 법칙을 따르는 《물질(物質)》의 진화(進化)를 한다.

　이러한 《진화(進化)》에 있어서 2음1양(二陰一陽)의 《영체의 진화(進化)》를 따르는 여러분들의 《영(靈)》과 《영신(靈身)》으로 자리하는 《성(性)의 30궁(宮)》을 '예'로 하여 나머지 설명을 드리겠다.

《성(性)의 30궁(宮)》이 인간 육신(肉身)을 가질 때는《석가모니 하나님 부처님》의 세 가지 참됨인《삼진(三眞) 10》이 임하게 되어《성(性)의 30궁(宮)》과 함께《40궁(宮)》을 이루어《작용(作用)》하게 된다.

이러한《삼진(三眞) 10》이《진성(眞性) 1》과《진명(眞命) 3》과《진정(眞精) 6》으로써《진성(眞性)》이《반중성자(反中性子)》이며《진명(眞命)》이《양전자(陽電子)》이며《진정(眞精)》이《중성자(中性子)》이다. 이하의 설명은 {[1] 심경(心經)의 제호(題號) 해설-(3) 마음}편을 참고하여 설명을 드리니 주의력을 가져 주시기 바란다.

이와 같은 40궁(宮) 중에서《진성(眞性) 1》은《음양(陰陽)》으로 분리되어《음(陰)의 진성(眞性)》은 우뇌(右腦)에 남고《양(陽)의 진성(眞性)》은《왼쪽 눈동자》로 자리하며《진명(眞命) 1》은 여러분들이 활동을 할 때는《오른쪽》눈(眼) 동공(瞳孔)의 공(空)으로 자리하는 것이다.

이러한《진성(眞性) 1》과《진명(眞命) 1》을 제외한 38궁(宮) 중《진명(眞命)》인《양전자(陽電子) 2》은 양쪽《편도》에 머물고《진정(眞精)》인《중성자(中性子) 6》을 중심으로《양자영(陽子靈) 1

8》이 자리하여《영혼(靈魂)》을 이루고,《영혼(靈魂)》외곽에《양자영 6》과《전자영 6》이《6×6 구조》를 이루고 회전함으로써《영신(靈身)》이 되어《심장(心臟)》의 중심부를 이루는 마음(心)의 근본 뿌리인《36궁(宮)》을 이루는 것이다.

이러한 마음(心)의 근본 뿌리인《성(性)의 36궁(宮)》에서《혼(魂)》을 이루고 있는 중심에 자리한《중성자영 6》을 제외한 나머지를《성(性)의 30궁(宮)》이라고 하며, 진화(進化)의 당체라고 하는 것이다.

이와 같은 인간 육신(肉身)을 가질 때《성(性)의 30궁(宮)》에《삼진(三眞) 10》이 임하게 되는 이유는《성(性)의 30궁(宮)》의 진화(進化)를 돕기 위해《삼진(三眞) 10》이 임하게 되는 것이며,

이를《기독인》들은《성령이 임하사》라고 표현을 하는 것이며, 한단불교(桓檀佛敎)의 4대 경전(經典) 중 하나인『천부경(天符經)』「81자(字)」에서는《만왕만래(萬往萬來)》하는 당체로 설명을 하고 있는 것이다.

이러한 40궁(宮)의 작용(作用)에 있어서 인간 육신(肉身)의 피부와 근육과 오장육부의 장기와 혈액은《영신(靈身)》의《양자

영(陽子靈) 6》이 영체화된 수많은 개체의 《양자(陽子)》를 거느림으로 자리하게 되며,

인간 육신(肉身)의 74%를 차지하는 수분(水分)은 《성(性)의 30궁(宮)》 중의 《전자영(電子靈) 6》이 영체화된 수많은 개체의 《전자(電子)》를 거느림으로써 자리하게 되는 것이며,

인간의 뇌(腦)는 《영(靈)》의 양자영(陽子靈) 18이 개체의 수많은 영체화된 개체의 양자(陽子)들을 거느림으로써 자리하게 되는 것이다.

진행(進行)을 하면서 밝혀왔듯이, 《성(性)의 30궁(宮)》의 《양자영(陽子靈)》과 《전자영(電子靈)》은 정보량(情報量)의 공통분모(分母)격인 이치의 축적이 탁월함으로써 육신(肉身)을 이루고 있는 영

[성(性)의 30궁과 인간 육신]

- 양자영 6 : 인간 육신의 피부, 근육, 오장육부, 혈액 등에 존재하는 영체화된 수많은 개체의 양자들을 거느림.
- 전자영 6 : 인체내 74%의 수분에 존재하는 영체화된 수많은 개체의 전자들을 거느림.
- 양자영 18 : 인간의 뇌에 존재하는 영체화된 수많은 개체의 양자들을 거느림.

[성(性)의 30궁의 역사]

영혼(靈魂)의 ┌ 양자영 10 : 100억년 전 천일우주(天一宇宙) 100의 궁(宮)에서
　영(靈)　│　　　　　　 탄생.
　　　　　└ 양자영 8 : 천일일(天一一), 인일일(人一一), 인일이(人一二), 인일삼
　　　　　　　　　　　 (人一三) 우주가 있는 은하수 건너편의 우주들에서만
　　　　　　　　　　　 들어짐.

영신(靈身) ┌ 양자영 6 : 지구에서 만들어짐.
　　　　　└ 전자영 6 : 지구에서 만들어짐.

체화(靈體化)된 개체의 양자(陽子)와 전자(電子)를 하인(下人) 거느리듯이 거느리고 있는 것이다.

　이의 이해를 돕기 위하여 성(性)의 양자영(陽子靈) 24와 전자영(電子靈) 6을 분리하여 설명을 드리면,

　성(性)의 양자(陽子) 10은 이미 백억 년(百億年) 전(前)에 만들어진 초기 우주인 천일우주(天一宇宙) 100의 궁(宮)에서 만들어져 양자(陽子)의 완성을 이룬 개체의 양자군(陽子群)들이며,

　양자(陽子) 8은 천일일(天一一) 우주와 인일일(人一一), 인일이(人一二), 인일삼(人一三) 우주가 있는 은하수(銀河水) 건너편의 우주들에서 만들어진 것이며,

이들의 합《양자영 18》이《중성자영 6》과 만나면《영혼(靈魂)》으로 자리하는 것이다.

그리고 양자(陽子) 6과 전자(電子) 6은《영신(靈身)》으로써 우리들의 지구(地球)에서 만들어진 것이며 20억 년(億年)의 정보(情報) 축적의 역사를 가지고 있다.

이러한 역사를 가지고 있는 성(性)의 30궁(宮)이 인간 육신(肉身)을 가질 때 영양분의 섭취로 인체(人體)를 이루는 이제 막 만들어진 정보량(情報量)이 미천한 개체의 양자군(陽子群)들과 전자군(電子群)들을 거느리는 것은 당연한 이치이다.

《성(性)의 30궁(宮)》과《삼진(三眞) 10》이 40궁(宮)을 이루어 작용(作用)함에 있어서 인간의 심(心)뿌리에 자리한《36궁(宮)》을 이루고 있는《성(性)의 30궁(宮)》에는 인간의 육신(肉身)을 이루고 있는 영체화된 수많은 개체의 양자(陽子)들과 전자(電子)들이 육신(肉身)에서 일어나는 변화의 정보(情報)를 눈, 귀, 코, 혀, 몸 등의 감각기관을 통하여《성(性)의 30궁(宮)》에 부딪침으로 정보(情報) 전달을 하게 된다.

이렇게 부딪쳤을 때 《성(性)의 30궁(宮)》의 개체의 양자(陽子)에게는 정보(情報)의 공통분모(分母)격인 이치가 입력이 된다. 이러한 이치 중 《밝음》의 이치를 《혜(慧)》라고 하는 것이다.

《성(性)의 30궁(宮)》의 《양자(陽子)》와 정보(情報)를 가져와서 부딪치는 《양자(陽子)》와 《전자(電子)》들은 부딪칠 때 미세한 《양자광(陽子光)》과 《전자광(電子光)》을 발생시킨다.

이렇듯 발생한 《양자광(陽子光)》과 《전자광(電子光)》이 뒤섞여 《중성자(中性子)》와 결합한 《성(性)의 양자(陽子) 24》주위를 회전하는 《전자(電子)》와 《속성(屬性)》사이의 공간에 자리한 것을 《다르마의 구름》 또는 마음(心)이라 한다고 전편에서 설명을 드렸다.

이러한 《마음(心)》을 만든 《양자광(陽子光)》과 《전자광(電子光)》은 사실상 측정 불가능한 미세한 금속조각들로써 《기억소재》들이다. 이러한 미세한 《기억소재》들인 금속조각들은 《마음(心)》이 가라앉을 때는 《의식(意識)》의 창고인 《인간 뇌(腦)》에 축적이 되는 것이다. 이와 같이 축적되는 미세한 《기억소재》들을 《지(智)》라고 하는 것이다.

《마음(心)》이 없어진 후 다시 지나간 옛 것을 기억할 때는 《성(性)의 30궁(宮)》《양자군(陽子群)》들에 축적된《혜(慧)》인《이치》가 의식의 창고에 축적된 당시의 미세한《기억소재》를 불러냄으로써 다시 그 당시의《마음(心)》의 상태를 만듦으로써 옛 것을 기억하게 되는 것이다.

이와 같은 작용(作用)을 하는 개체의 양자(陽子)가 처음 탄생을 하였을 때는 비유를 하면 유리구슬같이 그 표면이 흠집 없이 깨끗한 상태이다. 이때를 석가모니 하나님 부처님께서는 12인연법(十二因緣法)을 설(說)하실 때《무명(無明)》으로 말씀하신다.

이와 같이 밝지 못한 상태의 개체의 양자(陽子)가 정보(情報) 전달을 받을 때 부딪침으로써 정보(情報) 전달을 받는다고 앞 장에서 설명 드렸다.

이러한 부딪침 때에 유리구슬처럼 매끄러운 표면을 가진 양자(陽子)의 표면은《골프공》과 같이 표면에 흠집이 생기게 된다. 이와 같은 흠집으로부터 양자(陽子)의 구슬 내부에는 《육각의 빛의 고리》가 생기게 된다.

이러한 《육각의 빛의 고리》를 《혜(慧)》라고 하며, 《혜(慧)》를 모두 지니는 양자(陽子)를 《다라니》라고 하며, 《모두 지닌다》고 하여 《다라니》를 《총지(總持)》로 번역을 하는 것이다.

여러분들께서는 《무구정광 대다라니(無垢淨光大多羅尼)》를 기억하실 것이다. 이러한 경(經)의 제호에 있어서 《무구정광(無垢淨光)》은 《때 묻지 않은 깨끗한 빛》을 말씀하시는 것으로써 이 빛이 바로 양자(陽子)에 축적되는 《혜(慧)》가 되는 것이다.

양자(陽子)에게는 밝음의 이치인 《혜(慧)》만 축적되는 것이 아니고 악(惡)의 대명사인 《어두움》의 이치도 함께 입력이 되어 축적이 되는 것이다.

이러한 양자(陽子)가 정보체(情報體)임을 현대과학(現代科學)은 잘 밝혀 놓고 있다.

이와 같은 양자(陽子)에게 정보(情報)의 공통분모(分母)격인 이치의 축적에 있어서 밝음의 이치와 어두움의 이치가 함께 입력이 되나 밝음의 이치가 계속 입력되어 축적되면 양자(陽子) 자체의 정보량(情報量) 수용 한계성 때문에 어둠의 이치는 자연히 양자(陽子)로부터 빠져 나가게 되는 것이다.

이러한 양자(陽子)의 속성을 이용한 수행법이《달마조사》의 《리입사행론(理入四行論)》*이다.

이와 같이 양자(陽子)가 밝음의 이치인《혜(慧)》의 완성을 이루었을 때를《지혜(智慧)의 완성》으로 이름하며,

이때《성(性)의 30궁(宮)》의《양자영(陽子靈) 24》는 빛이 찬란하게 발산하는 하이얀《옥(玉)돌색 여의주》로 변화하는 것이다.

《무명(無明)》인 투명한 유리구슬이《옥돌색 여의주》로 바뀌기까지가 모두 진화(進化)의 과정을 거치게 되는 것이다.

이러한《옥돌색 여의주》가 천궁(天宮)에 들어가 천궁(天宮)의 고온 고압에 의해 핵(核)분열과 핵(核)융합에 의해 중성자(中性子)와 양전자로 진화(進化)를 하는 것이다.

* (개정판) 우주간의 법 해설 대승보살도 기초교리(미륵불 저, 2015), 441쪽 등

부처님께서 『금강경』에서 말씀하신 《습생, 난생, 태생, 화생》 등의 사생(四生)은 태어남(生)의 진화(進化)를 크게 4구분한 것이다.

이러한 사생(四生) 중 제일 진화(進化)된 태어남이 《화생(化生)》이다. 이러한 맑고 밝음을 가진 여러분들의 《영(靈)》과 《영신(靈身)》인 《성(性)의 30궁(宮)》은 화생(化生)으로 태어남을 깊이 아시기 바란다.

다섯 기초 원소의 진화(進化)를 이해시켜 드리기 위해 설명이 상당히 길어졌다. 그러나 설명된 내용은 이제 여러분들께서 꼭 아셔야 할 부분들임을 깊이 이해하시기 바란다.

※ 여러분들의《영(靈)과 영신(靈身)》인 성(性)의 30궁(宮)이 지니고 있는《어두움과 탁함》의 이치는 괴로움과 고통을 수반하는 죄업(罪業)을 몰고 오는 것이라면《밝음과 맑음》의 이치는 복(福)을 가져온다는 사실을 깊이 깨우쳐 아셔야 하며,

죄업(罪業)과 복(福)은 여러분《영혼(靈魂)》과《영신(靈身)》이 쥐고 있다는 사실을 깨우쳐 알게 하고 이를 복(福)된 삶으로 유도하기 위한 것이 모든 부처님들과 성인(聖人)들의 가르침이라는 사실을 새삼 깨우치시기 바라며, 이를 공부하는 첫걸음이《성(性)》의 공부임을 아시기 바란다.

복(福)

성(性)의 30궁(宮)(영과 영신)이 맑고 밝으면 복(福)이 따르나,
어둡고 탁하면 괴로움과 고통을 수반하는 죄업을 쌓게 된다.

② 《쿼크》의 진화(進化)

《반야공(般若空)》의 《양(陽)》의 부분을 이루고 있는 것이 곧 《쿼크》이다. 이러한 《식(識)》의 《양(陽)》의 진화(進化)가 곧 《쿼크(quark)》의 진화(進化)가 되는 것이다.

이러한 《쿼크》의 진화(進化)를 한눈에 알아볼 수 있는 것이 현대 미술학계에서 이름하고 있는 《감법혼색의 3원색설》의 역순(逆順)과 《가법혼색의 3원색설》이다.

이와 같은 《감법혼색의 3원색설》과 《가법혼색의 3원색설》을 정리한 후 다음 설명을 드리겠다.

가> [감법혼색 3원색설]

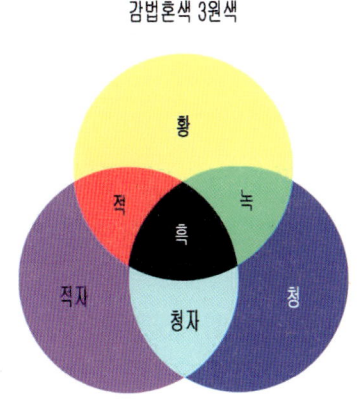

감법혼색 3원색

※《감법혼색》의 색소광(色素光)은 중앙(中央) 검은색(黑色) 부분과 가까운 색(色)이 음(陰)이 되며 외곽의 색(色)들이 양(陽)이 된다.

《감법혼색 3원색설》에서 중앙(中央)의 흑(黑)을 제외한 여섯 Color를 근본진리(根本眞理)에서는《색소광(色素光)》이라고 한다.

이러한《색소광(色素光)》을 정리하면 다음과 같다.

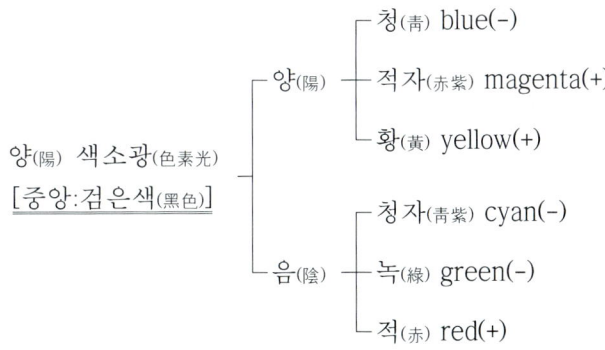

나> [가법혼색 3원색설]

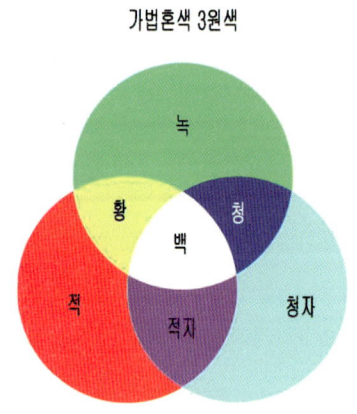

※《가법혼색》의 색광(色光)은 중앙(中央) 흰색(白色)으로부터 외부로 빛을 발(發)함으로써 흰색(白色)과 가까운 부분이 음(陰)이 되며 외곽 쪽이 양(陽)이 된다.

《가법혼색 3원색설》에서 중앙(中央)의 백(白)을 제외한 여섯 Color를 근본진리(根本眞理)에서는 《색광(色光)》이라고 한다.

이러한《색광(色光)》을 정리하면 다음과 같다.

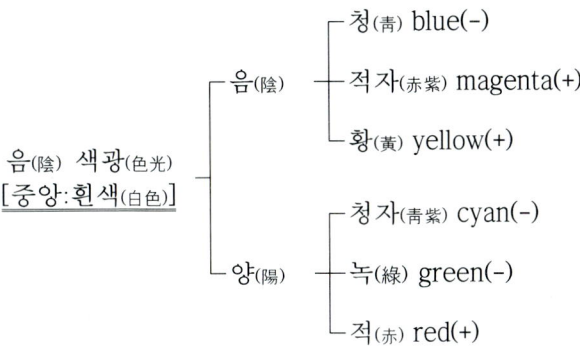

다〉 색소광(色素光)과 색광(色光)

반야공(般若空)에 있어서 공(空)과 음양(陰陽) 짝을 한 《암흑물질》도 상대적으로 무거운 암흑물질(+)과 가벼운 암흑물질(-)로 나누어진다.

이렇듯 상대적으로 무거운 암흑물질(+)과 《여섯 뿌리 진공(眞空)》이 양음(陽陰) 짝을 하여 진화(進化)하여 나타난 Color가 《색소광(色素光)》이며, 상대적으로 가벼운 암흑물질(-)과 《여섯 뿌리 진공(眞空)》이 양음(陽陰) 짝을 한 후 진화(進化)하여 나타난 Color가 《색광(色光)》이다.

이러한 색소광(色素光)의 여섯 Color와 색소광(色素光)을 나타내는 중앙점(中央点)의 흑(黑)과 색광(色光)의 여섯 Color와 색광(色光)의 중앙점에 있는 백색(白色)의 음양(陰陽) 합(合) 15 Color가 오온(五蘊)의 식(識)의 단계 15종류가 된다. 백색(白色)도 음양(陰陽)으로 구분하면 환한 밝은 색(-)과 옥돌색 흰색(+)으로 구분이 되는 것이다.

라〉 양자(陽子) 《쿼크》의 진화(進化)

양자(陽子)의 《쿼크》는 《업 쿼크(up quark) 2》와 《다운 쿼크(down quark) 1》로 되어 있다고 현대물리학(現代物理學)은 밝히고 있다. 이러한 《업 쿼크 2》가 색소광(色素光)이 되며 《다운 쿼크 1》이 색광(色光)이 되는 것이다.

이러한 양자(陽子)의 《쿼크》들은 진화(進化)를 모두 마치면 《2음(陰) 1양(陽)》의 법칙을 따르는 《중성자(中性子)》로 진화를 함으로써 《다운 쿼크 2》에 《업 쿼크 1》이 되어 《가법혼색 3원색설》의 중앙(中央)의 백색(白色)으로 돌아가되 양(陽, +)의 백색(白色)으로 돌아가는 것이다.

《인간의 뇌(腦)》가 《백색(白色)》임을 여러분들께서도 익히 알고 계시는 사항이다. 이렇듯 인간의 《뇌(腦)》를 다스리는 쪽이 여러분들 《영혼(靈魂)》의 일부인 《성(性)의 30궁(宮)》 중의 《양자(陽子) 18》이라고 설명 드린 적이 있다.

이러한 《양자(陽子) 18》은 완성된 《성(性)》의 《양자(陽子) 10》이 《혜(慧)》의 축적을 100%로 이룬 것이라면, 나머지 《양자 8》이 《혜(慧)》의 축적을 80%를 이룬 양자(陽子)들로써 나머지 20%만 이루게 되면 《혜(慧)》의 축적을 완성할 수 있는 것이다.

이 뜻은 여러분들께서 조금만 더 진리(眞理)의 공부를 하면 혜(陽子)의 축적을 완성하여 인간 진화(進化)의 완성을 이루어 괴로움과 고통을 벗어난 천궁(天宮)으로 들어갈 수 있다는 뜻이다.

이렇듯 《쿼크》가 모두 진화(進化)되었을 때 여러분들의 영혼(靈魂)은 지혜(智慧)의 완성을 이루어 찬란한 빛을 발(發)하는 하이얀 백옥색 여의주가 되어 여러분들이 원하는 곳에서 화생(化生)으로 여러분들의 뜻에 의해 자유로이 태어날 수가 있는 것이다.

이러한 목적을 위해 인간 육신(肉身)을 가지고 태어난 인간들은 교만에 젖어 오욕(五欲)에 집착(執着)된 삶을 삶으로써 밝은 혜(慧)의 축적은 이루지 못하고 어두움의 이치만 축적함으로써 육신(肉身)의 죽음을 맞이한 이후 그들의 어두워진 영혼(靈魂)은 삼악도(三惡道)인 지옥, 아귀, 축생으로 떨어지게 되는 것이 《인연과보(因緣果報)》의 법칙이다.

《쿼크》의 진화(進化)가 말해 주는 깊은 뜻은 《석가모니 하나님 부처님》께서 우주 창조를 하시고 진화(進化)하게 하시는 목적이 악(惡)의 대명사격인 《암흑물질》을 빛(光)의 세계로 끌어내어 진화(進化)하게 함으로써 궁극적인 완성의 자리인 열반(涅槃)의 자리에 들게 하여 모두가 쾌적하고 안락한 자리에 머물게 하기 위함임을 깊이 깨달으시기 바라며,

반야공(般若空)의 양(陽)의 부분인 《암흑물질》이 진화(進化)의 과정에서 Color를 띠고 《쿼크》를 이룬 이후 진화(進化)하여 옥돌색 여의주인 백색(白色)으로 변화하는 상태가 한눈으로 알아볼 수 있는 자료가 《감법혼색 3원색설》의 역순(逆順)과 《가법혼색 3원색설》이기 때문에 이를 인용 설명 드리는 것이다.

[3] 본론(本論) 인(因)의 해설(解說)

(1) 본론(本論) 인(因)의 경문(經文)

```
〈色性是空 空性是色〉 色不異空 空不異色
〈색성시공 공성시색〉  색불이공  공불이색

色卽是空 空卽是色 受相行識 亦復如是
색즉시공 공즉시색 수상행식  역부여시

〈識性是空 空性是識 識不異空 空不異識
〈식성시공  공성시식  식불이공  공불이식

識卽是空 空卽是識〉
식즉시공 공즉시식〉
```

(2) 본론(本論) 인(因)의 경문(經文) 부분 해설

① 色性是空 空性是色
　　색성시공 공성시색

※ 상기 대목은 《정본(正本) 반야바라밀다심경》의 중요한 대목 중의 한 부분이니 주의력을 집중하시기 바란다.

가〉 | 色性是空
색성시공 |

《색(色)》은 《암흑물질》을 말하며 《성(性)》은 진화(進化)하는 《성(性)》 중 제일 상층부에 자리하는 2합(二合)의 《순수 진공(眞空)》인 《음(陰)》의 《세제일법(世第一法)》 진공(眞空)을 뜻함으로써 《색성(色性)》은 《암흑물질》과 《음(陰)》의 《세제일법(世第一法)》 진공(眞空)이 첫 삼합(三合)을 하는 용어이며, 이러한 첫 삼합(三合)으로 탄생한 것이 《여섯 뿌리 진공(眞空)》이다.

이와 같이 탄생한 《여섯 뿌리 진공(眞空)》을 《시공(是空)》으로써 곧 《공(空)》이라고 말씀하시는 것이다.

《암흑물질》과 《음(陰)》의 《세제일법 진공(世第一法眞空)》이 첫 삼합(三合)을 하는 것을 《음(陰)의 삼합(三合)》이라고 하는 것이다.

이와 같은 뜻을 감안한 전체적인 해설은 다음과 같다.

> 《암흑물질》과 《음(陰)》의 《세제일법 진공(世第一法眞空)》이 삼합을 한 것이 곧 《여섯 뿌리 진공(眞空)》이며

라고 해설이 된다.

나〉 空性是色
공성시색

《공(空)》은 (干) 절대온도를 가진 《순수 공(空)》을 말하는 것이며 《성(性)》은 진화(進化)하는 《성(性)》 중 제일 상층부에 자리한 고열을 가진 2합(合)의 《순수 진공(眞空)》인 《양(陽)》의 《세제일법 진공(世第一法眞空)》을 말씀하시는 것이며,

이러한 《순수 공(空)》과 《양(陽)》의 《세제일법진공(世第一法眞空)》

이《양(陽)의 삼합(三合)》을 하여《진공(眞空)》이 되어《만억 년(萬億年)》동안 바람(風)이 되어 단련을 받음으로써《암흑물질》이 된 것을《시색(是色)》이라고 말씀하신 것이다.

상기 말씀은《암흑물질(dark matter)》의 본질을 밝히시는 말씀으로써 절대 온도를 가진《순수 공(空)》과 고열을 가진《양(陽)》의《세제일법진공(世第一法眞空)》이 삼합(三合)을 하여 하나의《진공(眞空)》을 이루어《바람(風)》이 되어 오랜 기간 단련을 받은 결과《암흑물질》로 변화한 것을 말씀하시는 내용이다.

이와 같은 뜻을 감안한 전체적인 해설은 다음과 같다.

> 절대온도를 가진《순수 공(空)》과 고열을 가진《양(陽)》의《세제일법 진공(眞空)》이 삼합하여《진공(眞空)》을 이룬 이후《바람(風)》이 되어 오랜 세월 단련을 받아 진화(進化)를 이룬 것이 곧《암흑물질》이니

② 色不異空 空不異色
　　색불이공 공불이색

　《색(色)》은《암흑물질》을 말씀하시는 것이며,《공(空)》은《여섯 뿌리 진공(眞空)》을 말씀하시는 것이다.

　이 단원에서《석가모니 하나님 부처님》께서 숨은 뜻을 전하시고자 하는 부분은《양(陽)》의《세제일법 진공(眞空)》과《순수 공(空)》이 삼합(三合)하여 바람(風)이 되어 만억 년의 단련 기간이 끝이 난 후《양음(陽陰)》의《진공(眞空)》이《음(陰)》의《암흑물질》로 탄생이 되며《양양(陽陽)》의《진공(眞空)》이《양(陽)》의《암흑물질》로 태어남으로써

　《석가모니 하나님 부처님》께서는 상기 해설에서《양(陽)》의《세제일법 진공(眞空)》이《순수 공(空)》과 첫 삼합(三合)을 한 후 바람이 되어 오랜 동안 단련 기간 끝에 탄생된 것이《양음(陽陰)》과《양양(陽陽)》의《암흑물질》임을 밝히고 계시는 것이며,

　《음(陰)》의《세제일법　진공(眞空)》과《암흑물질》과의《삼합(三合)》에서 태어나는《음음(陰陰)》의《여섯 뿌리 진공(眞空)》과《음양(陰陽)》의《여섯 뿌리 진공(眞空)》을《여섯 뿌리 진공(眞空)》으

로 이름함으로써 상대 경계인《암흑물질》이《양(陽)》이 되는 것이다.

그러나《음양(陰陽)》관계의 복잡성 때문에《양(陽)》의《진공(眞空)》의 명칭을《암흑물질》로 통일함으로써《음(陰)》의《여섯 뿌리 진공(眞空)》을《여섯 뿌리 진공(眞空)》으로 단순화할 수가 있는 것이다.

이러한《여섯 뿌리 진공(眞空)》을《음양(陰陽)》으로 다시 분리하면《음(陰)》의《여섯 뿌리 진공(眞空)》과《양(陽)》의《여섯 뿌리 진공(眞空)》으로 간단히 분리할 수가 있는 것이다.

《양(陽)》의《세제일법 진공(眞空)》과 순수 공(空)과의《삼합(三合)》에서 태어난《암흑물질》이《양(陽)》이 되고《음(陰)》의《세제일법 진공(眞空)》과《암흑물질》과의《삼합(三合)》에서 태어난《여섯 뿌리 진공(眞空)》이《음(陰)》이 되는 뜻을 가지고 있는 단원이라는 점을 깊이 인식하시기 바라며, 이와 같은 뜻을 감안한 해설은 다음과 같다.

> 《암흑물질》이 《여섯 뿌리 진공(眞空)》과 다르지 않고
> 《여섯 뿌리 진공(眞空)》이 《암흑물질》과 다르지 않으니
> 다만 《양음(陽陰)》과 《음양(陰陽)》 관계일 뿐이니라.

※ 주(註) : 상기 해설에서 《석가모니 하나님 부처님》께서는 《음(陰)》의 《세제일법 진공(眞空)》과 《암흑물질(dark matter)》이 음양(陰陽) 결합하여 《여섯 뿌리 진공(眞空)》이 만들어지고, 이렇게 하여 만들어진 《여섯 뿌리 진공(眞空)》과 《암흑물질》은 《음양(陰陽)》 관계일 뿐임을 밝히고 계시는 것임을 명심하시기 바란다.

③ | 色卽是空 空卽是色
    색즉시공 공즉시색

상기 대목은 《암흑물질》과 《여섯 뿌리 진공(眞空)》이 《양음(陽陰)》 짝을 한 《오온(五蘊)》의 《색(色)》의 단계를 말씀하시는 장면이다.

> 나아가 《오온(五蘊)》의 《색(色)》이 곧
> 《암흑물질》과 《여섯 뿌리 진공(眞空)》이 《양음(陽陰)》 짝을 한 《반야공(般若空)》이며
> 《여섯 뿌리 진공(眞空)》과 《암흑물질》이 《음양(陰陽)》 짝을 한 것이 곧 《오온(五蘊)의 색(色)》이다.

④ | 受相行識 亦復如是
    수상행식 역부여시

《오온(五蘊)》의 《색(色)》의 다음 단계들인 《수상행식(受相行識)》 역시 마찬가지로써 《암흑물질》과 《여섯 뿌리 진공(眞空)》이 《양음(陽陰)》 짝을 하여 진화(進化)하여 가는 것임을 말씀하고 계시는 것이다.

이러한 《오온(五蘊)》의 《색(色)》의 다음 단계들인 《수상행식(受相行識)》 단계들을 풀어서 해설하는 것이 옳은 듯하여 먼저 그 기록을 따로 하여 두면 《서로 받아들임(受)》과 《색깔·모양이 결정되는 과정(相)》과 《삼합을 하는 과정(行)》과 《알음알

이(識)》 과정 역시 마찬가지로써 이들이 가진 뜻을 따로 기록을 하여 두는 것이다.

이와 같은 뜻을 감안한 해설(解說)은 다음과 같다.

> 이로써 서로 받아들임과 색깔·모양이 결정되는 과정과 삼합을 하는 과정과 알음알이 과정 역시 마찬가지로써

⑤ **識性是空 空性是識**
　　식성시공　　공성시식

상기 대목의 《식성(識性)》의 《식(識)》은 《알음알이》를 말하며 《성(性)》은 《알음알이》의 일부인 《여섯 뿌리 진공(眞空)》을 말씀하시는 것이다.

이러한 《여섯 뿌리 진공(眞空)》이 진화(進化)를 한 것이 《반야

공(般若空)》《음(陰)의 부분》임을 밝히고 계시며《공성(空性)》의 《공(空)》은《암흑물질》이 되며《성(性)》은《여섯 뿌리 진공(眞空)》이 된다.

즉,《암흑물질》과《여섯 뿌리 진공(眞空)》이 양음(陽陰) 짝을 한 것이《공성(空性)》이 됨으로써 이러한《공성(空性)》이《진화(進化)》한 것이 곧《식(識)》이라고 말씀하시는 것이다.

이러한 해설(解說)에서《식(識)》은《알음알이》로써 해설을 하며 이와 같은 뜻을 감안한 해설을 정리하면 다음과 같다.

《알음알이》의 일부인《여섯 뿌리 진공(眞空)》이 진화를 한 것이《반야공(般若空)》《음(陰)》의 부분이며
《암흑물질》과《여섯 뿌리 진공(眞空)》이《양음(陽陰)》짝을 하여 진화(進化)한 것이《알음알이》이니

⑥ | 識不異空 空不異識
식불이공   공불이식

《식불이공(識不異空)》의 《공(空)》과 《공불이식(空不異識)》의 《공(空)》은 《반야공(般若空)》을 말씀하시는 것이며 《식(識)》은 《알음알이》로 해설을 한다.

이와 같은 뜻을 감안한 해설은 다음과 같다.

> 《알음알이》가 《반야공(般若空)》과 다르지 않고
> 《반야공(般若空)》이 《알음알이》와 다르지 않으므로

※ 《식(識)》의 《양(陽)》의 부분이 《쿼크》로써 《암흑물질》이 진화(進化)를 하여 분별력(分別力)을 갖는 것이며, 《음(陰)》의 부분이 《글루볼》로써 《여섯 뿌리 진공(眞空)》이 진화(進化)를 하여 《정보력(情報力)》을 갖는 것이다.

이와 같은 《식(識)》이 《진화(進化)》의 과정에서 단련을 목적

으로 하여《음양(陰陽)》이 분리되었을 때《글루볼》이《산소》를 이루는《O(오)》가 되며《쿼크》가 나르는 기러기가 되어《수소》를 이루는《H》가 되는 것으로써《수소(H)》가《음양(陰陽)》짝을 한《H_2》가《O(오)》가 양음(陽陰) 분리된《양(陽)》의《O(오)》를 만나면《H_2O》로써《물(水)》이 탄생하는 것이다.*

⑦ **識卽是空 空卽是識**
　　식즉시공　공즉시식

상기 단원의《식(識)》은《알음알이》로 해설하며《공(空)》은《반야공(般若空)》을 말씀하시는 것이다.

이와 같은 뜻을 감안한 해설(解說)은 다음과 같다.

나아가《알음알이》가 곧《반야공(般若空)》이며
《반야공(般若空)》이 곧《알음알이》가 되는 것이니라.

* 207쪽 참조.- [그림] '식(識)이 분리된 기(氣)의 사상구분(四象區分)'

(3) 본론(本論) 인(因)의 경문 해설(經文解說) 종합

《암흑물질》과 《음(陰)》의 《세제일법 진공(世第一法眞空)》이 삼합을 한 것이
곧 《여섯 뿌리 진공(眞空)》이며
절대온도를 가진 《순수 공(空)》과 고열을 가진 《양(陽)》의 《세제일법 진공(眞空)》이
삼합하여 《진공(眞空)》을 이룬 이후 《바람(風)》이 되어
오랜 세월 단련을 받아 진화(進化)를 이룬 것이 곧 《암흑물질》이니
《암흑물질》이 《여섯 뿌리 진공(眞空)》과 다르지 않고
《여섯 뿌리 진공(眞空)》이 《암흑물질》과 다르지 않으니
다만 《양음(陽陰)》과 《음양(陰陽)》 관계일 뿐이니라.
나아가 《오온(五蘊)》의 《색(色)》이 곧
《암흑물질》과 《여섯 뿌리 진공(眞空)》이 《양음(陽陰)》 짝을 한 《반야공(般若空)》이며
《여섯 뿌리 진공(眞空)》과 《암흑물질》이 《음양(陰陽)》 짝을 한 것이 곧 《오온(五蘊)의 색(色)》이다.
이로써 서로 받아들임과 색깔·모양이 결정되는 과정

과 삼합을 하는 과정과 알음알이 과정 역시 마찬가지로써

《알음알이》의 일부인《여섯 뿌리 진공(眞空)》이 진화(進化)를 한 것이《반야공(般若空)》《음(陰)》의 부분이며

《암흑물질》과《여섯 뿌리 진공(眞空)》이《양음(陽陰)》짝을 하여

진화(進化)한 것이《알음알이》이니

《알음알이》가《반야공(般若空)》과 다르지 않고

《반야공(般若空)》이《알음알이》와 다르지 않으므로

나아가《알음알이》가 곧《반야공(般若空)》이며

《반야공(般若空)》이 곧《알음알이》가 되는 것이니라.

[4] 본론(本論) 연(緣)의 해설(解說)

(1) 본론(本論) 연(緣)의 경문(經文)

〈諸 菩薩 阿羅漢〉 是諸法空相
〈제 보살 아라한〉 시제법공상

不生不滅 不垢不淨 不增不減
불생불멸 불구부정 부증불감

是故 空中無色 無受相行識 無眼耳鼻舌身意
시고 공중무색 무수상행식 무안이비설신의

無色聲香味觸法 無眼界 乃至 無意識界
 무색성향미촉법 무안계 내지 무의식계

無無明 亦無無明盡 乃至 無老死 亦無老死盡
 무무명 역무무명진 내지 무노사 역무노사진

無苦執滅道 無智亦無得
 무고집멸도 무지역무득

(2) 본론(本論) 연(緣)의 경문(經文) 부분 해설

① ＜諸 菩薩 阿羅漢＞ 是諸法空相
　＜제 보살 아라한＞　시제법공상

　不生不滅　不垢不淨　不增不減
　불생불멸　불구부정　부증불감

《제(諸) 보살(菩薩) 아라한(阿羅漢)》은 "모든 보살들과 아라한들이여"라는 뜻으로 해설이 되며, 시제법공상(是諸法空相)은 《이 전체적인 법공(法空)의 모양》을 말씀하시는 것이다.

왜 본론(本論)의 연(緣)의 부분 처음에서 전체적인 법공(法空)의 모양(相)을 말씀하시는가 하면, 본론(本論)의 인(因)의 부분 오온(五蘊)의 작용(作用)인 '반야공(般若空)인 성(性)의 진화(進化)'가 처음 시작되는 곳이 진화기(進化期)에 돌입한 법공(法空) 내부에 자리한 대공(大空)의 바탕에서 시작이 되기 때문에 본론(本論)의 연(緣)의 부분에서는 이러한 대공(大空)을 둘러싸고 있는 두터운 《암흑물질층》과 《적멸보궁(寂滅寶宮)》 모두가 포함된 법공(法空)의 모양(相)을 드러내시는 것이다.

이러한 《법공(法空)의 모양(相)》은 『불생불멸(不生不滅) 불구부정(不垢不淨) 부증불감(不增不減)』《생겨나는 것도 없어지는 것도 아니며 더러워지지도 깨끗해지는 것도 아니며 늘어나고 줄어드는 것도 아니니라》라고 말씀하시는 뜻은 법공(法空)의 모양과 모양이 가지는 능력인 상(相)은 처음부터 결정된 것으로써 《생겨나는 것도 없어지는 것도 아니며 더러워지지도 깨끗해지는 것도 아니며 늘어나고 줄어드는 것도 아닌 것이다.》

그러나 법공(法空) 내부에 자리하는 대공(大空)을 바탕으로 하는 현상세계에서는 《생겨나는 것도 없어지는 수도 있으며 더러워지기도 하고 깨끗해지기도 하며 늘어나고 줄어들기도 하는 것이다.》

이러한 대공(大空)을 바탕으로 하는 현상세계도 법공(法空)의 진화(進化) 기간이 모두 끝이 나면 이들도 모두 사라져 《휴식기 법공(法空)》인 《법성(法性)의 1-6체계》와 《암흑물질》이 음양(陰陽) 짝을 하는 《법공(法空)》으로 돌아가기 때문에, 《생겨나는 것도 없어지는 것도 아니며 더러워지지도 깨끗해지는 것도 아니며 늘어나고 줄어드는 것도 아닌》 상태로 돌아가는 것이다.

이러한 뜻의 경문(經文) 해설을 정리하면 다음과 같다.

> 모든 《보살》들과 《아라한》들이여,
> 이 전체적인 《법공(法空)》의 모양은
> 생겨나는 것도 없어지는 것도 아니며
> 더러워지지도 깨끗해지는 것도 아니며
> 늘어나고 줄어드는 것도 아니니라.

라고 정리된다.

② 是故 空中無色 無受相行識
　　시고　공중무색　무수상행식

'공중무색(空中無色)'의 공(空)은 법공(法空)의 양(陽)의 부분을 이루고 있는 법성(法性)의 1-6체계 진공(眞空)층을 이름하는 것이다.

법공(法空)은 《고온고압》이 작용하는 법성(法性)의 1-6체계 순수 진공(眞空)층과 암흑물질층이 양음(陽陰) 짝을 하여 휴식기 법공(法空)을 이루고 있음을 진행(進行)을 하면서 밝혀 왔다.

이러한 법공(法空)의 양(陽)의 부분인 법성(法性)의 1-6체계 순수 진공(眞空)의 자리가 완성된 열반(涅槃)의 자리로써 석가모니 하나님 부처님께서는 무여열반(無餘涅槃)으로써《남음이 없는 열반》이라고 말씀하시는 진화(進化)의 최종 목적지가 되는 자리이다.

이와 같은 최종 완성의 자리인 법성(法性)의 순수 진공(眞空) 가운데는 오온(五蘊)의 과정도 없음(無)을 말씀하신 내용이『공중무색(空中無色) 무수상행식(無受相行識)』《법성(法性)의 진공(眞空) 가운데는《오온(五蘊)》의《색(色)》의 단계도 없으며 서로 받아들임과 색깔·모양이 결정되는 과정과 삼합을 하는 과정과 알음알이의 과정이 없으며》이다.

이와 같은 경문(經文) 해설을 정리하면 다음과 같다.

> 이러한 연고로《법성(法性)》의 순수《진공(眞空)》가운데는
> 《오온(五蘊)》의《색(色)》의 단계도 없으며
> 서로 받아들임(受)과 색깔·모양이 결정되는 과정(相)과
> 삼합(三合)을 하는 과정(行)과 알음알이(識)의 과정이 없으며

라고 정리된다.

> ③ 無眼耳鼻舌身意 無色聲香味觸法 無眼界 乃至 無意識界
> 무안이비설신의　　무색성향미촉법　　무안계　내지　무의식계

　상기 말씀은 사람의 몸(身)을 구성하고 있는 여섯 뿌리인 안(眼), 이(耳), 비(鼻), 설(舌), 신(身), 의(意)가 상대 경계인 빛깔(色), 소리(聲), 향기(香), 맛(味), 촉감(觸), 지(智)(양자(陽子)가 가진 기억소재)를 만나게 되면 육식(六識)인 《여섯 알음알이》의 경계인 안식(眼識), 이식(耳識), 비식(鼻識), 설식(舌識), 신식(身識), 의식(意識)의 경계가 생긴다.

　이러한 설명 내용을 육근(六根), 육경(六竟), 육식(六識)의 '18경계'라고 하며, 이는 마음(心)의 근본 뿌리인 《성(性)의 30궁(宮)》을 겨냥한 18경계의 수행으로써 이의 대표적인 수행법이 『관보현보살행법경』에서 부처님께서 말씀하시는 《여섯 뿌리 참회법》이다.

십팔계(十八界)

- 육근(六根) : 안(眼), 이(耳), 비(鼻), 설(舌), 신(身), 의(意)
- 육경(六竟) : 색(色), 성(聲), 향(香), 미(味), 촉(觸), 법(法)
- 육식(六識) : 안식(眼識), 이식(耳識), 비식(鼻識), 설식(舌識), 신식(身識), 의식(意識)

이러한 육근(六根), 육경(六境), 육식(六識)의 18경계 역시 《법성(法性)의 순수 진공(眞空)》의 자리에는 없음(無)을 말씀하시는 장면이다.

그러나 《현상세계》가 있는 반야공(般若空)의 진화(進化)에 있어서는 《성(性)》을 중심한 육근(六根), 육경(六境), 육식(六識)의 18경계가 분명히 자리함을 아시기 바란다.

이러한 경문(經文) 내용을 풀어서 해설하면 다음과 같다.

> 눈, 귀, 코, 혀, 몸, 뜻도 없으며 빛, 소리, 향내, 맛, 닿음, 기억도 없으며
> 볼 수 있는 주위가 없으니 생각할 범위도 없으며

라고 정리된다.

④ 無無明 亦無無明盡 乃至 無老死 亦無老死盡
　 무무명　역무무명진　내지　무노사　역무노사진

상기 경문(經文)의 말씀은 <u>십이인연법(十二因緣法)</u>에 관한 말씀이다. 먼저 이러한 십이인연법(十二因緣法)을 상세히 살펴보기로 하자.

[십이인연법(十二因緣法)]

<u>무명(無明)</u>은 갓 태어난 개체의 <u>양자(陽子)</u>를 이름하며 <u>정보(情報)</u> 축적량이 없으므로 이를 《밝지 못함》의 단계로 이름한다.

이러한 밝지 못한 개체의 <u>양자(陽子)</u>가 셋이 모여 하나를 이루어 가는 <u>삼합(三合)</u>을 하는 <u>작용(作用)</u>을 <u>행(行)</u>의 단계라고 하며,

이로써 만들어진 《알음알이》의 덩어리인 《성(性)의 30궁(宮)》을 《<u>식(識)</u>》이라고 한 것이다.

십이인연법(十二因緣法)의 식(識)은 오온(五蘊)의 식(識)과는 달리 먼저 개체의 양자(陽子)인 무명(無明)이 먼저 자리함으로써 개체의 양자(陽子)들이 삼합(三合)을 하여 이룬 알음알이(識)의 덩어리로써의 《성(性)의 30궁(宮)》을 말하는 것이다.

즉,《성(性)의 30궁(宮)》을 풀어서 말씀하신 것이 무명(無明), 행(行), 식(識)이라는 뜻이다.

이러한《성(性)의 30궁(宮)》인《영(靈)》과《영신(靈身)》이 다시 인간 육신(肉身)을 가지고 태어나고자 할 때는《성(性)의 30궁(宮)》중의 영신(靈身)을 이루는 양자(陽子) 6과 전자(電子) 6이《성(性)의 30궁(宮)》으로부터 떨어져 나와《탄소 순환》의 길을 따라 곡물, 과일, 야채 등이 되어 육신(肉身)을 이루게 하여 줄 부모(父母)님께 영양분으로 섭취된 뒤,

양자(陽子) 4와 전자(電子) 2는 아버지로부터 정자(精子)로 잉태되고 양자(陽子) 2와 전자(電子) 4는 어머니로부터 난자(卵子)로 탄생이 된 후 정자(精子)와 난자(卵子)가 만나 어머니(母)의 자궁(子宮)에 수태가 될 때를 '명색(名色)'이라고 한다.

한편,《성(性)의 30궁(宮)》중에서 어머니(母)의 자궁(子宮)에서

수태의 과정을 거치는 양자(陽子) 6과 전자(電子) 6을 제외한 영체화(靈體化)된 양자(陽子) 18은 탄소 순환의 과정과 수태의 과정을 거치는 양자(陽子) 6과 전자(電子) 6의 주위를 항상 맴돌다가 양자(陽子) 6과 전자(電子) 6이 수태의 과정을 거칠 때 총알같이 한 줄기 빛이 되어 어머니(母)의 자궁(子宮) 속으로 들어가 이들과 하나를 이루어 《성(性)의 30궁(宮)》으로 복원이 되는 것이다.

이러한 육입(六入)의 과정 이후 수태의 과정을 거치는 양자(陽子) 6과 전자(電子) 6이 뒤따라 들어온 양자(陽子) 18이 서로 부딪쳐 옛날에 헤어졌던 자기들의 동료들인지를 확인하는 단계가 '촉(觸)'의 단계이며,

이후 이들의 확인 작업이 모두 끝이 나 서로가 서로를 받아들이는 단계가 '수(受)'의 단계이며,

이러한 수(受)의 단계 이후 양자(陽子) 6과 전자(電子) 6과 양자

[명색(明色)]

- 정자(精子) : 양자영 4와 전자영 2
- 난자(卵子) : 양자영 2과 전자영 4

"정자와 난자가 어머니 자궁에서 수태될 때"
양자영 6 + 전자영 6 = 영신(靈身)

(陽子) 18은 이제 서로 화합하여 각각이 맡은 바 소임을 충실히 할 것을 다짐하는 단계가 '애(愛)'의 단계이며,

이후 어머니(母)께서 열심히 영양분을 공급하여 주시는 덕분에 이를 받아들이는 단계를 '취(取)'의 단계라고 하며,

이로써 열심히 노력한 결과로써 태어나게 되는 태아(胎兒)의 단계를 '유(有)'의 단계라고 한다.

이러한 '유(有)'의 단계 때에 한단불교(桓檀佛敎)의 4대 경전(經典) 중 하나인 『천부경(天符經)』「81자(字)」에서 이야기하는 만왕만래(萬往萬來)하는 당체인 석가모니 하나님 부처님의 삼진(三眞) 10이 내려와 이들과 모두 하나를 이루어 40궁(宮)을 이루게 되는 것이다.

이후 세상에 태어났을 때를 '생(生)'의 단계라고 하며, 이후 인간의 일생(一生)을 살다가 늙고 병들어 죽는 단계를 '노사(老死)'로 구분한 것이 십이인연법(十二因緣法)이다.

이러한 십이인연법(十二因緣法)은 여러분들의 본체(本體)인《영(靈)》과《영신(靈身)》으로써의《성(性)의 30궁(宮)》을 풀어서 말씀

하신 《무명(無明), 행(行), 식(識)》이 인(因)이 되고 무명(無明), 행(行), 식(識) 셋이 하나된 《성(性)의 30궁(宮)》이 겪는 9단계가 연(緣)이 되어 작용(作用)함으로써 한 번 진화(進化)의 완성을 이룬다는 뜻으로 설(說)하시게 된 법문(法門)으로써,

석가모니 하나님 부처님께서 강조하시는 바는 육신(肉身)의 주인공인 여러분들의 《영(靈)》과 《영신(靈身)》인 《성(性)의 30궁(宮)》이 정작 진화(進化)의 주인공으로써 중요한 것이지 여러분들의 《영(靈)》과 《영신(靈身)》인 《성(性)의 30궁(宮)》이 작용(作用)하여 만든 인간의 육신(肉身)은 허망한 것이니 육신(肉身)에 대한 집착(執着)을 끊게 하기 위해서 설(說)하신 법문(法門)이 십이인연법(十二因緣法)이다.

이러한 십이인연법(十二因緣法)도 완성된 법성(法性)의 진공(眞空) 중에는 없다는 말씀이 경문(經文)의 내용이 되는 것이다.

이러한 경문(經文) 내용을 풀어서 해설하면 다음과 같다.

> 밝지 못한 씨종자도 없으니 밝지 못한 씨종자가 다함 또한 없으며
> 늙고 죽는 것이 없으니 늙고 죽는 것이 다함 또한 없느니라.

라고 해설이 된다.

⑤ 　無苦執滅道　無智亦無得
　　무고집멸도　무지역무득

고집멸도(苦執滅道)는 사제(四諦)를 말씀하신 것으로써, 모든 괴로움을 동반하는 고통(苦痛)은 집착(執着)을 쌓음으로써 오는 것이니 이를 없애어 사라지게(滅) 하는 자리가 도(道)의 자리로써 곧 보살도(菩薩道)의 자리라고 말씀하시는 법문(法門)이 사제(四諦)인 고집멸도(苦執滅道)이다.

이러한 사제(四諦)인 고집멸도(苦執滅道) 역시 완성된 자리인 법성(法性)의 순수 진공(眞空)에는 없다는 말씀이 무고집멸도(無苦執滅道)이다.

다음으로 『무지역무득(無智亦無得)』의 지(智)에 대하여서는 정확히 아셔야 될 필요가 있다.

먼저 진행(進行)한 마음(心)의 설명에서 《성(性)의 30궁(宮)》의 작용(作用)으로 일어나는 양자광(陽子光)과 전자광(電子光)이 혼재되어 있는 상태를 마음(心) 또는 《다르마의 구름》으로 비유하여 설명 드린 적이 있다.

이러한 양자광(陽子光)과 전자광(電子光)들은 미세한 《기억 소재들》로써, 마음(心)이 가라앉을 때는 의식(意識)의 창고인 뇌(腦)에 축적이 된 후 다시 기억을 되살릴 때는 성(性)의 양자군(陽子群)들에 축적된 정보(情報)의 공통분모(分母)격인 혜(慧)의 작용으로 뇌(腦)에 축적된 《기억 소재들》이 불러나와 다시 마음(心)의 경계를 만듦으로써 옛 것을 기억하여 알게 된다고 설명을 드린 적이 있다.

이러한 마음(心)을 있게 하는 《기억 소재들》인 양자광(陽子光)과 전자광(電子光)들이 범어(梵語)의 프라즈냐(Prajna), 음역의 파야(波若)가 되는 주인공들로서 이를 '지(智)'라고 하는 것이다.

때문에 지(智)라고 하였을 때는《기억하여 아는 것》으로 해설하는 것이 정확한 뜻풀이가 되는 것이다. 이러한《기억하여 아는 것》을 아름답게 표현한 우리말이《슬기》인 것이다.

이와 같은 지(智)의 상대 경계가《본능적(本能的)으로 아는 것》이 정보(情報)의 공통분모(分母)격인《이치》인《혜(慧)》가 되는 것이다.

이러한 지(智)와 혜(慧)는 양음(陽陰) 짝을 한 용어로써 '지혜(智慧)'라고 이름하게 되나, 이와 같은 용어(用語)가 분리되었을 때 그 뜻의 해석을 정확히 할 줄 알아야 하는 의미에서 상세히 그 뜻을 밝히는 바이다.

법성(法性)의 순수 진공(眞空)의 자리에 있어서는 이러한《슬기》마저 없으므로 또한 얻을 것이 없다는 뜻의 말씀이 '무지역무득(無智亦無得)'이 되는 것이며, 이러한 얻을 바가 없는 연고를 '이무소득고(以無所得故)'라고 말씀하시는 것이다.

이러한 경문(經文)의 뜻을 정리하여 해설하면 다음과 같다.

> 괴로움과 집착과 사라져 없어짐과 다스릴 길도 없으며 슬기가 없으므로 또한 얻을 것이 없느니라.

라고 정리된다.

(3) 본론(本論) 연의 경문(緣의 經文) 해설 종합

> 모든 《보살》들과 《아라한》들이여,
> 이 전체적인 《법공(法空)》의 모양은
> 생겨나는 것도 없어지는 것도 아니며
> 더러워지지도 깨끗해지는 것도 아니며
> 늘어나고 줄어드는 것도 아니니라.
> 이러한 연고로 《법성(法性)》의 순수 《진공(眞空)》가운데는
> 《오온(五蘊)》의 《색(色)》의 단계도 없으며
> 서로 받아들임(受)과 색깔·모양이 결정되는 과정(相)과
> 삼합(三合)을 하는 과정(行)과 알음알이(識)의 과정이 없으며
> 눈, 귀, 코, 혀, 몸, 뜻도 없으며 빛, 소리, 향내, 맛, 닿음, 기억도 없으며
> 볼 수 있는 주위가 없으니 생각할 범위도 없으며
> 밝지 못한 씨종자도 없으니 밝지 못한 씨종자가 다함 또한 없으며
> 늙고 죽는 것이 없으니 늙고 죽는 것이 다함 또한 없느니라.

괴로움과 집착과 사라져 없어짐과 다스릴 길도 없으며 슬기가 없으므로 또한 얻을 것이 없느니라.

[5] 본론(本論) 과(果)의 해설(解說)

(1) 본론(本論) 과(果)의 경문(經文)

> 以無所得故　菩提薩埵〈依般若空進化〉
> 이무소득고　보리살타　〈의반야공진화〉
>
> 依般若波羅蜜多故　心無罣碍　無罣碍故　無有恐怖
> 의반야바라밀다고　심무가애　무가애고　무유공포
>
> 遠離顚倒夢想　究竟涅槃
> 원리전도몽상　구경열반

(2) 본론(本論) 과(果)의 경문(經文) 부분 해설

① 　以無所得故　菩提薩埵〈依般若空進化〉
　　이무소득고　보리살타　〈의반야공진화〉

《이무소득고(以無所得故)》는《이로써 얻을 바가 없는 연고》를 말씀하시는 것이며,《보리살타(菩提薩埵)》는《보살도(菩薩道)》성취를 목적으로 하는《보살(菩薩)》을 말씀하시는 것이다.

인간의 마음(心)의 근본 뿌리인《영혼(靈魂)》과《영신(靈身)》과 자연계(自然界)의 뭇 생명체(生命體)와 고체(固體) 진화(進化)를 하는 모든 물질들이《반야공(般若空)》진화(進化)로부터 이루어진다.

이 때문에《보살도(菩薩道)》성취를 목적으로 하는《보살(菩薩)》도《반야공(般若空)》의 진화(進化)의 길을 따라《보살도(菩薩道)》성취의《보살》을 이루는 것이다.

이와 같은 뜻을 감안한 해설은 다음과 같다.

> 이로써 얻을 바가 없는 연고로《보살도(菩薩道)》성취를 목적으로 하는《보살》은
> 《반야공(般若空)》진화(進化)의 길을 따라

라고 해설이 된다.

※ 이해를 위한 장(章)

《얻을 것이 없다》는 표현은 《아무것도 얻을 필요를 느끼지 않는다》는 표현과도 같은 뜻을 가진다.

얻을 것이 있다, 없다의 표현은 이익됨을 전제로 표현된 말이다. 그러나 《아무것도 얻을 것이 없는》 자리는 이익을 떠난 자리로써 이익됨이 필요 없는 자리라는 뜻이다.

마침 법성(法性)의 순수 진공(眞空)의 자리에 드는 것을 행복도(幸福度)에 비유한 『우파니샤드』 중의 일부 구절을 비유로써 소개하여 드리면 다음과 같다.

"왕이시여! 우리가 몸이 건강하고 재산이 풍족하며 만인의 주인으로 숭앙받은 인간이 가질 수 있는 행복의

조건을 모두 갖게 되었다고 하더라도 이 행복감은 저 세상을 정복한 조상(祖上)들의 행복감의 백 분의 일일 뿐입니다.

이 죽은 조상들의 행복감은 《간다르바》 세계에서의 행복감의 백분의 일에 불과하며, 《간다르바》의 행복감은 다시 업(業)의 대가로 신(神)이 된 자들의 행복감의 백분의 일이며, 이들의 행복감은 업(業)과 관계없이 본래부터 신(神)인 자들의 행복감의 백분의 일, 이들의 행복감은 창조주의 행복감의 백분의 일, 창조주의 행복감은 베다를 알고 죄와 욕망을 털어 버린 해탈한 자의 행복감의 백 분의 일일 뿐이다.

이 해탈한 자의 행복이 지고의 행복이며 《브라만(Brahman)》의 세계입니다."

하고 야자발끼야가 말했다. …중략…

『브리하다란야까 우파니샤드』 제4장 제3편 33

② | 依般若波羅蜜多故　心無罣碍　無罣碍故　無有恐怖
　　의반야바라밀다고　심무가애　무가애고　무유공포

《지혜의 완성을 이룬 양자영들이 순리를 따라 돌아서 천궁(天宮)으로 들어가는 것에 의지하는 연고로》를《의반야바라밀다고(依般若波羅蜜多故)》로 말씀하고 계시는 것이며,《아무 걸림이 없는 마음》을《심무가애(心無罣碍)》로 말씀하시고,《아무 걸림이 없는 연고》를《무가애고(無罣碍故)》로 말씀하시며,《두려움은 있을 수가 없음》을《무유공포(無有恐怖)》라고 말씀하시는 것이다.

이와 같은 뜻을 감안한 해설(解說)의 정리는 다음과 같다.

지혜의 완성을 이룬 양자영들이 순리를 따라 돌아서
《천궁(天宮)》으로 들어가는 것에 의지하는 연고로
아무 걸림이 없는 마음이 되느니라.
아무 걸림이 없는 연고로 두려움은 있을 수가 없으며

③ | **遠離顚倒夢想 究竟涅槃**
　　원리전도몽상　구경열반

《뒤바뀐 꿈의 생각이 멀리 떠나는 것》을《원리전도몽상(遠離顚倒夢想)》으로 말씀하시는 것이며,《궁극에는 열반에 이르는 것》을《구경열반(究竟涅槃)》이라고 말씀하시는 것이다.

이와 같은 뜻을 감안한 해설은 다음과 같다.

> 뒤바뀐 꿈의 생각이 멀리 떠나게 되므로 궁극에는 열반에 이르느니라.

이 말씀 중《뒤바뀐 꿈의 생각》이 무엇인가를 분명히 할 필요가 있다.

반야공(般若空)의 진화(進化)의 과정에 일시적으로 인간 육신(肉身)을 가지고 태어난 인간들은 육신(肉身)의 죽음을 맞이하기까지 100년도 살지 못하는 것이다.

이러한 인간들이 인간으로 태어났을 때 교만하게도 그들이 모든 것의 주인인 양 행세하면서 욕망(慾望)과 집착(執着)에 의하여 이기심에 젖은 채 제 잘난 멋에 육신(肉身)의 삶을 살다가 늙고 병들어 죽게 되어 있는 이치를 전부인 양 생각하고 진리(眞理) 속에 자리한 육신의 죽음 이후를 진화(進化)하는 마음(心)의 근본 뿌리인 《성(性)》인 그대들 《영혼(靈魂)》과 《영신(靈身)》의 삶을 무시한 채 욕망에 끄달린 육신(肉身)의 삶을 사는 태도를 《뒤바뀐 꿈의 생각》이라고 말씀하시는 것이다.

　구경열반(究竟涅槃)은 《궁극에는 열반에 이른다》는 말씀으로써 남음이 없는 열반(涅槃)인 법성(法性)의 순수 진공(眞空)의 자리에 이르럼을 말씀하시는 것이다.

(3) 본론(本論) 과(果)의 경문해설(經文解說) 종합

이로써 얻을 바가 없는 연고로 《보살도(菩薩道)》 성취를
목적으로 하는 《보살》은
《반야공(般若空)》 진화(進化)의 길을 따라
지혜의 완성을 이룬 양자영들이 순리를 따라 돌아서
《천궁(天宮)》으로 들어가는 것에 의지하는 연고로
아무 걸림이 없는 마음이 되느니라.
아무 걸림이 없는 연고로
두려움은 있을 수가 없으며
뒤바뀐 꿈의 생각이 멀리 떠나게 되므로
궁극에는 열반에 이르느니라.

[6] 본론(本論) 보(報)의 해설(解說)

(1) 본론(本論) 보(報)의 경문(經文)

> 三世諸佛 依般若波羅蜜多故 得阿耨多羅三藐三菩提 故知
> 삼세제불 의반야바라밀다고 득아뇩다라삼먁삼보리 고지
> 般若波羅蜜多 是大神呪 是大明呪 是無上呪 是無等等呪
> 반야바라밀다 시대신주 시대명주 시무상주 시무등등주

(2) 본론(本論) 보(報)의 경문(經文) 부분 해설

① 三世諸佛 依般若波羅蜜多故
　　삼세제불　의반야바라밀다고

과거, 현재, 미래의 모든 부처님들을 삼세제불(三世諸佛)이라

고 말씀하시는 것이며,

이러한 모든 부처님들께서도 반야공(般若空)의 진화(進化)를 따르심으로써 지혜(智慧)의 완성을 이룬 양자영들이 순리를 따라 돌아서 천궁(天宮)으로 들어가게 됨으로써 일불승(一佛乘)의 자리에 계시게 되는 것이다.

이와 같은 뜻을 감안한 해설은 다음과 같다.

> 과거, 현재, 미래의 모든 부처님들도
> 지혜의 완성을 이룬 양자영들이 순리를 따라 돌아서
> 천궁(天宮)으로 들어가는 것에 의지하였던 연고로

라고 정리된다.

② 得阿耨多羅三藐三菩提 故知
　 득아뇩다라삼먁삼보리　고지

아뇩다라삼먁삼보리(阿耨多羅三藐三菩提)는 범어(梵語)로는 Anuttarā-samyak-saṃbodhi라고 하며 파리어로는 Anuttarā-sammā-sambodhi라고 한다. 이것을 줄여서 음역으로는 아뇩삼보리(阿耨三菩提) 또는 아뇩보리(阿耨菩提)라고 하며, 신역에서는 무상정등정각(無上正等正覺) 또는 진정평등각지(眞正平等覺知)라고 하며 일체 진리 가운데 최상의 지혜란 뜻이다.

그러므로 무상정등정각(無上正等正覺)은 가장 높고 바르고(正) 평등한, 또는 두루한(等) 바른(正) 깨달음(覺)으로 풀이하는 것이다. 이러한 풀이가 부처님께서 『금강경』을 설(說)하시면서 말씀하신 문자(文字)에 얽매인 《작은 법》인 세간법(世間法)의 해설이 되는 것이다.

이와 같은 아뇩다라삼먁삼보리에 대한 《우주간(宇宙間)의 법(法)》 해설을 총체적으로 알았을 때 불법(佛法)의 심오함을 새삼 깨닫게 되실 것이다.

문자(文字)의 해설에서 아뇩다라삼먁삼보리를 《무상정등정각(無上正等正覺)》으로 번역한 내용을 가지고 다음 설명에 임하고자 한다.

[무상(無上) 정등(正等) 정각(正覺)]

가〉 **무상(無上)** : 경문(經文)의 《아뇩다라》가 무상(無上)으로 번역된 것으로써 더 위(上)가 없음을 말하는 것이다.

나〉 **정등(正等)** : 경문(經文)의 《삼먁》이 번역된 것으로써 절대평등(絶大平等)을 정등(正等)으로 번역한 것이다.

이러한 절대 평등은 별(星)들 표면의 진화(進化)에 있어서 최종 진화(進化)를 완성한 별(星)들이 태양성(太陽星), 달(月) 등의 밝은 별(星)들이다. 이러한 태양성(太陽星)이나 달(月) 등의 밝은 별들이 비추어 주는 빛(光)들에 의해 만물(萬物)이 화육(化育)된다.

이와 같이 비추어 주는 밝은 빛들이 어디든지 골고루 비추어지게 되는 것을 절대평등(絶大平等)이라고 하는 것이며,

이의 숨은 뜻은 별(星)들 진화(進化)의 완성으로 태양성(太陽星)이나 달(月) 등의 밝은 별(星)들로 태어나는 것을 말하는 것으로써 이를 '법(法)의 완성'이라고 하는 것이다.

다〉 **정각(正覺)** : 경문(經文)의 삼보리(三菩提)가 번역된 것으로써 바른 깨달음의 의미로 정각(正覺)으로 번역하였으나, 이는 완전한 깨달음을 말하는 것으로써 별(星)들 핵(核)의 진화(進化)가 완성된 것을 의미한다.

이러한 별(星)들 핵(核)의 진화(進化) 과정에 일시적으로 인간 육신(肉身)을 가지고 태어나서 육신(肉身)의 본체(本體)로서 마음(心)의 근본 뿌리 중의 성(性)의 30궁(宮)이 여러분들의 《영(靈)》과 《영신(靈身)》으로써 자리하는 것이다.

즉, 별(星)들의 핵(核)으로써 자리한 《성(性)의 30궁(宮)》이 핵(核)의 진화(進化)를 이루기 위해 인간 육신(肉身)을 가지고 태어나게 된다는 뜻이다.

이러한 《성(性)의 30궁(宮)》이 진화(進化)를 하게 되면 보살심(菩薩心)의 근본 뿌리인 《성령(性靈)의 30궁(宮)》을 이루게 되며,

이로써 《성령(性靈)의 30궁(宮)》은 반야바라밀다(般若波羅蜜多)에 의지해 일불승(一佛乘)이 자리하시는 불국토(佛國土)인 천궁(天宮)으로 들어간 후 핵(核)분열과 핵(核)융합 방법에 의해 《불성(佛性)의 30궁(宮)》으로 태어나 완전한 깨달음을 이루게 되는 것

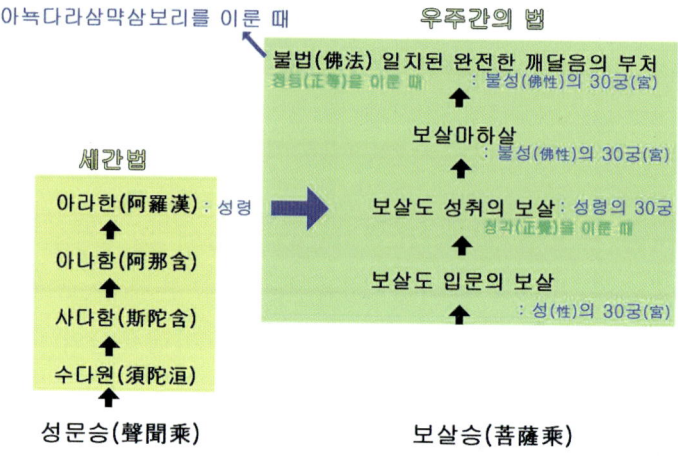

이다.

　　이러한《불성(佛性)의 30궁(宮)》을 이루었을 때가 보살마하살의 단계로써 보살마하살의 단계를 거치면 많은 덕행(德行)을 쌓은 후 다음 단계로써《음(陰)의 아뇩다라삼먁삼보리》단계인 천궁(天宮)을 이루고 일불승(一佛乘)의 자리에 앉게 되시는 것이다.

　　핵(核)의 진화(進化)는《성(性)의 30궁(宮)》→《성령(性靈)의 30

궁(宮)》→《불성(佛性)의 30궁(宮)》이 마지막 단계이다.

《성령(性靈)의 30궁(宮)》을 이루었을 때가 보살도(菩薩道) 성취의 보살을 이룬 때로써 이때를《인간 완성의 부처 이룬 때》로 이름하며,《불성(佛性)의 30궁(宮)》을 이룬 때를《완전한 깨달음의 때》로 이름하는 것이다. 이러한 때를《불(佛)》의 진화(進化)의 완성이라고 하는 것이다.

이와 같이《보살도 입문》의 보살과《보살도 성취》의《보살》과《보살마하살》등 세 번 크게 깨닫는 것을《삼보리》라고 하며 이를《정각(正覺)》으로 번역을 한 것이다.

아뇩다라삼막삼보리(Anuttarā-samyak-sambodhi)
= 무상정등정각(無上正等正覺)

- 음(陰)의 아뇩다라삼막삼보리 :
  천궁(天宮)을 이루고 일불승(一佛乘)의 자리에 계실 때

- 양(陽)의 아뇩다라삼막삼보리 :
  천궁(天宮)의 변화상의 과정을 겪고 황금알 대일의 폭발로 탄생되는 태양성의 일신삼체(一身三體) 또는 일신사체(一身四體)를 이루었을 때

※ 이상의 설명에서 드러나 있듯이, 아뇩다라삼먁삼보리는 별(星)의 표면과 별(星)의 핵(核)의 진화(進化)가 완성된 태양성(太陽星)이나 달(月) 등 밝은 별(星) 중심에 부처님들께서 정좌하고 계시는 상태를 표현한 용어로써, 이를《불법(佛法) 일치된 완전한 깨달음의 불(佛)》을 이루신 때로 이름하는 것이다.

이러한 아뇩다라삼먁삼보리도 음양(陰陽)으로 구분되어 천궁(天宮)을 이루고 일불승(一佛乘)의 자리에 계실 때가《음(陰)의 아뇩다라삼먁삼보리》의 때가 되며, 천궁(天宮)의 변화상인《커블랙홀》→《태양수 ⊕9의 핵》→《화이트홀》→《퀘이샤》→《황금알 대일(大一)》의 과정을 겪고《황금알 대일(大一)》의 폭발로 탄생하는 태양성(太陽星)이 일신삼체(一身三體)를 이루었을 때가《양(陽)의 아뇩다라삼먁삼보리》의 때가 되는 것이다.

이러한《불법(佛法) 일치된 완전한 깨달음》을 얻은 것을 경문(經文)에서는 『득아뇩다라삼먁삼보리(得阿多羅三藐三菩提)』라고 하신 것이다.

이러한 경문(經文) 해설 내용을 따로 정리하면 다음과 같다.

> 《불법(佛法)》 일치된 완전한 깨달음을
> 얻게 되는 것을 아는 까닭이니라.

라고 해설이 된다.

③ 般若波羅蜜多
반야바라밀다
是大神呪 是大明呪 是無上呪 是無等等呪
시대신주 시대명주 시무상주 시무등등주

《반야바라밀다(般若波羅蜜多)》는 《지혜의 완성을 이룬 양자영들이 순리를 따라 돌아서 천궁(天宮)으로 들어가는》 뜻말을 가진 용어이다.

이와 같은 《반야바라밀다(般若波羅蜜多)》 뜻말의 해설 다음 내용 해설은 분리하여 설명드리도록 하겠다.

가> 등각위(等覺位)

　화엄 52위(位)의 구분에 있어서 등각위(等覺位)는 보살도(菩薩道) 성취의 보살(菩薩)을 이룬 때를 이름한다.

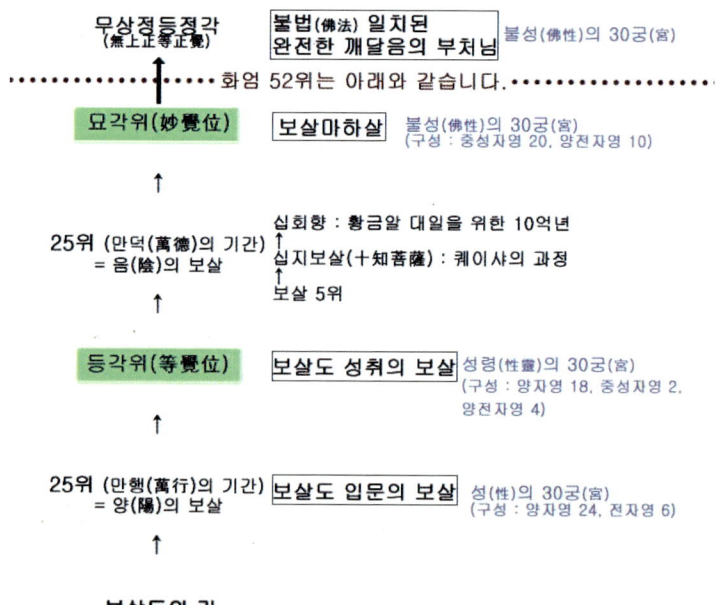

이러한 보살(菩薩)의 마음(心)의 근본 뿌리를 완성된 양자(陽子) 24와 중성자(中性子) 2와 양전자(陽電子) 4가 30궁(宮)을 이루고 있는 《성령(性靈)의 30궁(宮)》이라고 진행을 하면서 밝혔다.

이러한 《성령(性靈)의 30궁(宮)》에서 양전자(陽電子) 4를 《진명(眞命)》이라고 하며 일명 해인(海印)이라고도 한다.

이러한 《진명(眞命)》을 모든 악신(惡神)들은 제일 두려워한다. 진명(眞命)을 한 곳에 모은 결정이 《번개》이다.

비유를 하면, 「그리스 신화(神話)」에서 《제우스 신(神)》이 손에 《번개》를 쥐고 모든 신(神)들을 제압하는 장면을 보셨을 것이다. 신화(神話)의 《제우스 신(神)》은 《노사나佛》을 형상화한 것이며 《번개》는 진명(眞命)인 양전자(陽電子)를 형상화한 것이다. 이 때문에 《제우스 신(神)》이신 《노사나佛》을 《신(神)들의 아버지》라고 하는 것이다.

모든 신(神)들을 제압하는 무기가 진명(眞命)인 양전자(陽電子)이며, 보살(菩薩)은 스스로가 이를 획득함으로써 마(魔)를 퇴치하는 대신력(大神力)을 가지게 된다.

이로써 대신주(大神呪)는 《마(魔)를 항복시키는 힘을 가지고 있는 《대신(大神)》의 힘과 능력을 말씀하시는 것이며,

또한 《맑음》의 극치인 《진명(眞命)》으로 만들어진 《번개》가 내려쳤을 때 환한 《밝음(明)》으로 《세간(世間)》과 《온 우주(宇宙)》 곳곳을 밝게 관찰하는 힘과 능력을 《시대명주(是大明呪)》라고 하신 것이다.

나> 묘각위(妙覺位)

등각위(等覺位)에 오른 보살도(菩薩道) 성취의 보살(菩薩)이 반야바라밀다(般若波羅蜜多)에 의지하는 근본 목적이 고온고압(高溫高壓)이 작용하는 천궁(天宮)에서의 핵(核)분열과 핵(核)융합 때문임을 꼭 기억하시기 바란다.

인간의 마음(心)의 근본 뿌리 중 《성(性)의 30궁(宮)》의 양자(陽子) 24와 전자(電子) 6은 양자(陽子) 24가 지혜(智慧)의 완성인 《밝음》을 완성하고 전자(電子) 6이 모든 업(業)을 청산하고 《맑음》을 완성하였을 때,

인간의 심장 깊숙한 곳에서 상온(常溫)에서 핵(核)융합 반응이 일어나 전자(電子) 6이 중성자(中性子) 2와 양전자(陽電子) 4로 전환이 된다. 이때가 보살도 성취의 보살(菩薩)을 이룬 때이다.

이후 이러한 보살(菩薩)이 반야바라밀다(般若波羅蜜多)에 의지해 천궁(天宮)으로 들게 되면《성령(性靈)의 30궁(宮)》중의 완성된 양자(陽子) 24가 천궁의 고온고압에 의해 핵(核)분열을 일으킨 후 핵(核)융합에 들어가는 때가 천궁(天宮)의 변화상인《커블랙홀(Kerr Black Hole)》→《태양수 ⊕9의 핵(核)》→《화이트홀(White hole)》→《퀘이샤(Quasar) 현상》→《황금알 대일(大一)》의 과정 중《퀘이샤 현상》이 일어나는 때이다.

이후 성령(性靈)의 30궁(宮)은 중성자(中性子) 20과 양전자(陽電子) 10으로써 30궁(宮)을 이룬《불성(佛性)의 30궁(宮)》을 이루는 것이다.

이러한 불성(佛性)의 30궁(宮)을 이룬 때가 바로 묘각위(妙覺位)의 보살마하살(菩薩摩訶薩)을 이룬 때인 것이다.

《보살마하살》과《아뇩다라삼먁삼보리》를 이루신 부처님들

과의 차이는 핵(核)을 이루는《불성(佛性)의 30궁(宮)》에서는 차이가 없으나, 별(星) 표면의 진화(進化)인 법(法)의 진화(進化)에 있어서《보살마하살》들께서는 법(法)의 진화(進化)를 계속하는 상태이며《아뇩다라삼먁삼보리》를 이루신 부처님들은 불(佛), 법(法)의 진화(進化)를 모두 완성하신 차이가 있는 것이다.

이러한 중성자(中性子) 20과 양전자(陽電子) 10을 이룬 불성(佛性)의 30궁(宮)은《태양성(太陽星)》이나《달(月)》등의 밝은 별(星)의 핵(核)과 천궁(天宮)을 이루시고《태양수(太陽數) ⊕9의 핵(核)》을 갖춘 일불승(一佛乘)과 꼭 같은 것이다.

이 때문에 시무상주(提無上呪)의 무상(無上)의 직역은《위가 없다》는 뜻이 되나, 분명히 보살(菩薩)마하살 위에는 부처님(佛)들께서 계심으로써 직역은 맞지 않는 해설이 되는 것이다.

그러므로『금강삼매경 진성공품』주석에서도 드러나 있듯 무상(無上)은 무상명(無上明)으로 해설하는 것이 옳은 것이다.

즉, 무상명(無上明)의 해설이 될 때는 밝음이 위가 더 없다는 뜻으로 바로 태양성(太陽星)이나 밝은 별의 핵(核)으로 자리하였을 때의 상황이 되므로 불성(佛性)의 30궁(宮)이 의미하는 뜻과 부합되는 것이다.

　때문에 태양성(太陽星)이나 밝은 별의 중심핵(中心核)을 가진 법궁(法宮)의 《황금빛》으로 세간(世間)과 법계(法界)를 두루 비추어 만물(萬物)을 화육(化育)하는 위가 더없는 힘과 능력을 《시무상주(是無上呪)》라고 한 것이다.

　그리고 불국토(佛國土)인 천궁(天宮)을 이루시고 일불승(一佛乘)으로 자리하신 부처님의 천궁(天宮)의 변화상이 《커블랙홀》 → 《태양수 ⊕9의 핵(核)》 → 《화이트홀》 → 《퀘이샤》 → 《황금알 대일(大一)》의 과정을 겪고 《황금알 대일(大一)》의 대폭발로 《천(天)과 인(人)》의 우주에서는 《일신사체(一身四體)》로 태어나고 《지(地)》의 우주에서는 《일신삼체(一身三體)》를 이룬 비유를 하자면 우리들 태양성(太陽星)과 수성(水星)과 금성(金星) 등 3성(星)으로 태어나듯이 태양성(太陽星) 3성(星)으로 태어나게 되는 일과 법신(法身), 보신(報身), 화신(化身) 등 삼신(三身)으로 나타나는 힘과 능력을 《시무등등주(是無等等呪)》라고 하는 것이다.

　위에서 설명된 해설 내용을 다시 간략히 정리하면 다음과 같다.

다> 《등각위(等覺位) 두가지 도(到)》와 《묘각위(妙覺位) 두가지 도(到)》

※ 주(呪)는 힘(力)과 능력(能力)을 뜻하는 용어(用語)이다.

ㄱ> 등각위(等覺位)에 있는 두 가지 도(到)

㉮ 대신주(大神呪) : 마(魔)를 항복 받을 수 있는 대신(大神)의 힘과 능력
㉯ 대명주(大明呪) : 큰 《밝음》으로 사방을 훤히 비추어 보는 힘과 능력

※ 《등각위(等覺位)》의 두가지 도(到)인 《시대신주(是大神呪)》와 《시대명주(是大明呪)》는 《불성(佛性)의 30궁(宮)》 중 《음(陰)》의 부분인 《양전자(陽電子) 10》의 작용(作用)을 드러낸 것이다.

ㄴ> 묘각위(妙覺位)에 있는 두 가지 도(到)

㉮ 무상주(無上呪) : 태양성(太陽星)과 밝은 별(星)의 법신(法身)으로 세간(世間)과 《법계(法界)》

를 두루 비추어 만물(萬物)을 화육
         (化育)하는 큰 힘과 능력
　　㉯ 무등등주(無等等呪) : 불(佛)의 진신삼사성(眞身三四星)
         과 법신(法身), 보신(報身), 화신
         (化身) 등 삼신(三身)으로 나타
         나는 힘과 능력을 말하는 것
         이다.

※《묘각위(妙覺位)》의 두 가지 도(到)인《시무상주(是無上呪)》와《시무등등주(是無等等呪)》는《불성(佛性)의 30궁(宮)》중 양(陽)의 부분인《중성자(中性子) 20》의 작용(作用)을 드러낸 것이다.

　위와 같은 뜻을 감안한 ③번의 해설 내용은 다음과 같이 정리된다.

《불법(佛法)》 일치된 완전한 깨달음을
얻게 되는 것을 아는 까닭이니라.

지혜의 완성을 이룬 양자영들이 순리를 따라 돌아서
《천궁(天宮)》으로 들어가면
마(魔)를 항복받을 수 있는 《대신(大神)》의 힘과 능력과
큰 《밝음》으로 사방을 훤히 비추어 보는 힘과 능력과
태양성(太陽星)과 밝은 별(星)의 법신(法身)으로
《세간(世間)》과 법계(法界)를 두루 비추어
《만물(萬物)》을 화육(化育)하는 큰 힘과 능력과
불(佛)의 진신삼사성(眞身三四星)과
법신(法身), 보신(報身), 화신(化身) 등 삼신(三身)으로 나타나는 힘과 능력이

(3) 본론(本論) 보(報)의 경문해설(經文解說) 종합

> 과거, 현재, 미래의 모든 부처님들도
> 지혜의 완성을 이룬 양자영들이 순리를 따라 돌아서
> 천궁(天宮)으로 들어가는 것에 의지하였던 연고로
> 《불법(佛法)》일치된 완전한 깨달음을 얻게 되는 것을
> 아는 까닭이니라.
> 지혜의 완성을 이룬 양자영들이 순리를 따라 돌아서
> 《천궁(天宮)》으로 들어가면
> 마(魔)를 항복받을 수 있는 《대신(大神)》의 힘과 능력과
> 큰 《밝음》으로 사방을 훤히 비추어 보는 힘과 능력과
> 태양성(太陽星)과 밝은 별(星)의 법신(法身)으로
> 《세간(世間)》과 법계(法界)를 두루 비추어
> 《만물(萬物)》을 화육(化育)하는 큰 힘과 능력과
> 불(佛)의 진신삼사성(眞身三四星)과
> 법신(法身), 보신(報身), 화신(化身) 등 삼신(三身)으로 나타나는 힘과 능력이

[7] 결론(結論)의 해설(解說)

(1) 결론(結論)의 경문(經文)

> 能除一切苦 眞實不虛 故說 般若波羅蜜多呪 卽說呪曰
> 능제일체고　진실불허　고설　반야바라밀다주　즉설주왈

(2) 결론(結論)의 경문(經文) 부분 해설

① 能除一切苦 眞實不虛
　　능제일체고　진실불허

　능제일체고(能除一切苦)는《모든 고난을 능히 소멸할 수 있으며》라는 뜻이며 진실불허(眞實不虛)는《진실되어 허망하지 아니함으로써》라는 뜻이다.

이와 같은 뜻을 정리하면 다음과 같다.

> 모든 고난을 능히 소멸할 수 있으며
> 진실되어 허망하지 아니함으로써

② 故說 般若波羅蜜多呪 卽說呪曰
　　고설　반야바라밀다주　즉설주왈

고설(故說) 반야바라밀다주(般若波羅蜜多呪)는《지혜의 완성을 이룬 양자영들이 순리를 따라 돌아서 천궁으로 들어가는 주문을 설하는 것이니》라는 뜻이며,《즉설주왈(卽說呪曰)》은《곧 주문을 설하여 일러 주노라》라는 뜻이다.

이와 같은 해설 내용을 정리하면 다음과 같다.

> 지혜의 완성을 이룬 양자영들이 순리를 따라 돌아서
> 천궁으로 들어가는
> 주문을 설하는 것이니 곧 주문을 설하여 일러 주노라

라고 정리된다.

(3) 결론(結論)의 경문해설(經文解說) 종합

> 모든 고난을 능히 소멸할 수 있으며
> 진실되어 허망하지 아니함으로써
> 지혜의 완성을 이룬 양자영들이 순리를 따라 돌아서
> 천궁으로 들어가는
> 주문을 설하는 것이니 곧 주문을 설하여 일러 주노라

[8] 비밀주(祕密呪)의 해설(解說)

(1) 비밀주(祕密呪)의 경문(經文)

> 阿帝阿帝 波羅阿帝 波羅乘阿帝 菩提 娑婆訶 (세 번)
> 아제아제   바라아제   바라승아제   모지 사바하

(2) 비밀주(祕密呪)의 경문(經文) 부분 해설

　　진언(眞言)을 범어(梵語)로 다라니(Dharani)라고 하며 음역으로 총지(總持), 능지(能持), 능차(能遮)라고 번역한다.

　　이러한 번역의 뜻이 총체적으로 모아서 지님으로써 능력(能力)을 가지게 되며 능력을 차단하게도 한다는 뜻으로써,《성(性)》의 양자군(陽子群)들이 정보(情報)의 공통분모(分母)격인 혜

(慧)인《이치》를 모아서 지님으로써 능력을 발휘하게 하기도 하고 차단하기도 한다는 의미를 지니고 있다.

그러므로 지금까지 진행(進行)한 심경(心經)의 해설을 공부한 후 눈을 감고 조용히 명상(暝想)한 후 생각이 끊어진 자리에서 진언(眞言)을 계속하여 염송하면,

성(性)의 양자군(陽子群)들에게 심경(心經)의 해설 진리(眞理)가 혜(慧)로써 축적이 되므로 여러분들의 영(靈)인 성(性)이 밝아지게 되는 것이다.

이러한 역할을 하는 대단히 중요한 것이 진언(眞言)이라는 점을 새삼 깊이 깨달으시기 바란다.

① | 阿帝阿帝
    아제아제 |

《아제아제(阿帝阿帝)》는《아제(阿帝)》를《음양(陰陽)》짝을 하여

기록한 진언(眞言)으로써,

《음(陰)》의《아제(阿帝)》가《아만(阿曼)》과《나반(那般)》에서 설명 드린 바대로《대공(大空)》을《음신(陰身)》으로 하신《석가모니 하나님 부처님》을 말씀하시는 것이며,

《양(陽)》의《아제(阿帝)》는《선천우주(先天宇宙)》《천일일(天一一) 우주》인 지금의《오리온좌 성단》에《석가모니 하나님 부처님》께서 머물고 계실 때를《양(陽)》의《석가모니 하나님 부처님》으로 호칭할 때의 용어가 되는 것이다.

고로《양(陽)》의《아제(阿帝)》역시《석가모니 하나님 부처님》을 호칭하는 용어가 되는 것이다.

이러한 뜻을 감안한《아제아제(阿帝阿帝)》의 뜻을 정리하면 다음과 같다.

```
음(陰) :《석가모니 하나님 부처님》
양(陽) :《석가모니 하나님 부처님》
```

② 波羅阿帝
　　바라아제

《바라(波羅)》는 《근본(根本)》을 뜻하는 용어(用語)로써 이때의 《아제(阿帝)》는 《음(陰)》의 《아제(阿帝)》로서 《석가모니 하나님 부처님》을 뜻하는 것이다.

이러한 뜻을 감안한 《바라아제(波羅阿帝)》의 뜻을 정리하면 다음과 같다.

근본(根本)이신 석가모니 하나님 부처님

③ 波羅乘阿帝
　　바라승아제

《바라승아제(波羅乘阿帝)》의 《승(乘)》은 《수레》를 뜻함으로써,

크게는 회전(回轉)을 하며 수많은 《별(星)》들을 거느리고 고정되거나 이동을 하는 《천궁(天宮)》을 중심(中心)한 《은하성단(銀河星團)》을 뜻하는 《문자(文字)》가 되며,

적게는 《은하성단(銀河星團)》에 속하여 있는 개체의 《별(星)》들을 《수레》로 비유를 한 문자(文字)이다.

그리고 《바라(波羅)》는 《근본(根本)》을 뜻하는 문자(文字)이며, 《아제(阿帝)》는 《양(陽)》의 《아제(阿帝)》로서 《석가모니 하나님 부처님》을 뜻한다.

이로써 《바라승아제(波羅乘阿帝)》 전체의 뜻은 다음과 같다.

성단(星團)들의 주인이신 석가모니 하나님 부처님

④ 菩提 娑婆訶
　　모지　사바하

《모지(菩提)》는《보리(菩提, Bodhi)》로써《정각(正覺)》인《바른 깨달음》을 말하는 것이며《사바하(娑婆訶)》는《원만(圓滿)》《성취(成就)》를 뜻하는 용어이다.

이와 같은 뜻을 감안한 전체의 뜻은 다음과 같다.

　　바른 깨달음을 원만성취하게 하소서

(3) 비밀주(祕密呪)의 경문해설(經文解說) 종합

『석가모니 하나님 부처님, 석가모니 하나님 부처님,
근본(根本)이신 석가모니 하나님 부처님,
성단(星團)들의 주인이신 석가모니 하나님 부처님,
바른 깨달음을 원만성취하게 하소서.』

※ 이러한 진언(眞言) 해석의 뜻을 받아들이셔서 올바른 《불자(佛者)》들이라면 하루빨리 《정본(正本)》《반야바라밀다심경(般若波羅蜜多心經)》을 받아들이시고 진언(眞言)의 잘못된 문자(文字) 역시 고쳐 적으시고 한글 《정본(正本)》《반야바라밀다심경》독송을 마친 후에는 필히 바르게 해설한 진언(眞言) 내용을 독송하시기를 당부 드린다.

[9] 《진언(眞言)》과 《다라니》의 의의(意義)

　　진리(眞理) 자체가 《석가모니 비로자나 하나님 부처님》이시다. 이러한 《진리(眞理)》가 있고 난 그 다음이 방편으로 나누어진 것이 진리(眞理)의 《양음(陽陰)》이다.

　　이렇듯 나누어진 진리(眞理)의 《양음(陽陰)》에 있어서 양(陽)의 진리(眞理)가 《석가모니 하나님 부처님》이시며, 음(陰)의 진리가 《관세음보살 1세》이시다.

　　고로 《석가모니 비로자나 하나님 부처님》께서 방편상 모든 일을 하실 때가 《석가모니 하나님 부처님》으로서 《석가모니 비로자나 하나님 부처님》이 곧 《석가모니 하나님 부처님》이신 것이다.

　　한마디로 말씀드려, 《진리(眞理)》 자체를 떠난 《음(陰)》의 진리(眞理)는 존재하지 않기 때문에, 《석가모니 하나님 부처님》을 떠나 《관세음보살 1세》가 존재하지 않는다는 뜻이다.

때문에 차제에 분명히 하여야 할 사안을 말씀드리면, 인간의 주인공인《영혼》은《영》과《혼》이 양음 짝을 한 단어로써,

《영》은 개체의《양자》가《혼》이 깃들어짐으로써《영》이 된 것이며 이러한《영》에 깃들어져 있는《혼》이《석가모니 하나님 부처님》으로부터 받은《양전자》로써 이를《정명(正命)》이라고 한다.

이러한《영(靈)》에게 다시《혼(魂)》을 불어 넣은 것이《석가모니 하나님 부처님》으로부터 받은《삼진(三眞)》중의《중성자》이며 이로써《영(靈)》은《영혼(靈魂)》을 이루게 되고,

이와 같은《영혼》에게 생명을 불어넣은 것이《영신》으로써 영신을 이루고 있는 주인공인《양자》와《전자》는《석가모니 하나님 부처님》께서 만드시고 이렇게 하여 만들어진《양자》와《전자》에게 생명을 불어넣는《양전자》를《진명(眞命)》이라고 하며 이러한《진명(眞命)》을 관리하시는 분이《관세음보살》이시다.

이로써《양자》와《전자》에게《진명(眞命)》이 둥글게 둘러쌈으로써《양자영(陽子靈)》과《전자영(電子靈)》이 되어 인연 따라《영신(靈身)》을 이루는 것이다.

이렇듯 『정명(正命)과 진명(眞命)이 조화를 이루고』 『양음(陽陰)의 이치가 균형을 이룬』 것이 《진언(眞言)인 다라니》로써 《원천창조주》의 신비한 힘(力)이 작용(作用)을 하는 것이다.

때문에 《정명(正命)》과 《진명(眞命)》이 조화를 이루지 못하고 《양음(陽陰)의 이치》가 균형이 깨어진 다라니는 《대마왕》들과 《악마(惡魔)의 신(神)》들인 《대마왕신》들의 다라니로써

향후 《대마왕》 노릇을 하시던 《관세음보살 1세》께서 만드신 《신묘장구대다라니》와 모든 《다라니》와 《대마왕》들과 《악마(惡魔)의 신(神)》들인 《대마왕신(神)》들이 만든 주문(呪文)과 《다라니》 등 일체는 《석가모니 하나님 부처님》의 이름으로 《메시아》이신 《미륵불》이 이의 폐지(廢止)를 명령하는 바이니 그렇게들 아시기 바란다.

《대마왕》《관세음보살 1세》가 만든 《다라니》를 즐겨하는 《마왕 불자》들은 《파멸(波滅)》의 길로 가는 자들임을 분명히 하며,

《관세음보살 1세》 스스로께서도 이러한 문제들을 깊이 참회하시고 지금은 《관세음보살》의 직책을 떠나시어 사라져간 상태이며,

향후 후천우주(後天宇宙)《관세음보살》이 되실 분께도 이러한 《다라니》는 꼭 필요한 경우를 제외하고는 남발하지 않도록 하였음을 알려드림과 동시에

여타《석가모니 하나님 부처님》께서 만드신《다라니》는 상기 말씀드린 두 가지 원칙인《정명(正命)》과《진명(眞命)》의 조화를 이룬 가운데《양음(陽陰)》의 이치가 균형을 이룬《다라니》이니

이외의 일체《마성(魔性)》을 가진《다라니》는《폐(廢)》하는 바이며《다라니》는 최소화해야 할 필요가 있음을 알려드리는 바이다.

[10] 정본(正本) 반야바라밀다심경(般若波羅蜜多心經) 한문경(韓文經)

(韓文) (正本) 般若波羅蜜多心經
(한문) (정본) 반야바라밀다심경

브라만 法華硏修院 彌勒佛 譯

佛言 般若波羅蜜多行
　불언　　반야바라밀다행

照見五蘊 〈自性〉 皆空 度一切苦厄
　조견오온　〈자성〉　개공　도일체고액

〈諸 菩薩 阿羅漢〉 應如是覺
〈제　보살　아라한〉　응여시각

〈色性是空 空性是色〉 色不異空 空不異色
〈색성시공　공성시색〉　색불이공　공불이색

色卽是空 空卽是色 受相行識 亦復如是
　색즉시공　공즉시색　수상행식　역부여시

〈識性是空 空性是識 識不異空 空不異識
〈식성시공　공성시식　식불이공　공불이식

識卽是空 空卽是識〉
　식즉시공　공즉시식〉

〈諸 菩薩 阿羅漢〉 是諸法空相
〈제　보살　아라한〉　시제법공상

不生不滅 不垢不淨 不增不減
　불생불멸　불구부정　부증불감

是故 空中無色 無受相行識 無眼耳鼻舌身意
시고　공중무색　무수상행식　　무안이비설신의

無色聲香味觸法　無眼界 乃至 無意識界
무색성향미촉법　　무안계　내지　무의식계

無無明 亦無無明盡 乃至 無老死 亦無老死盡
무무명　역무무명진　내지　무노사　역무노사진

無苦執滅道 無智亦無得
무고집멸도　　무지역무득

以無所得故 菩提薩埵 〈依般若空進化〉
이무소득고　　보리살타　　〈의반야공진화〉

依般若波羅蜜多故 心無罣碍 無罣碍故
의반야바라밀다고　　심무가애　무가애고

無有恐怖 遠離顚倒夢想 究竟涅槃
무유공포　원리전도몽상　　구경열반

三世諸佛 依般若波羅蜜多故 得阿耨多羅三藐三菩提 故知
삼세제불　　의반야바라밀다고　　　득아뇩다라삼먁삼보리　　고지

般若波羅蜜多 是大神呪 是大明呪 是無上呪 是無等等呪
반야바라밀다　　시대신주　　시대명주　　시무상주　　시무등등주

能除一切苦 眞實不虛 故說 般若波羅蜜多呪 卽說呪曰
능제일체고　　진실불허　고설　반야바라밀다주　　즉설주왈

阿帝阿帝 波羅阿帝 波羅乘阿帝 菩提 娑婆訶 (세 번)
아제아제　　바라아제　　바라승아제　모지　사바하

(韓文) 정본(正本) 반야바라밀다심경 독송 종(終) (세 번)

415

[11] 정본(正本) 반야바라밀다심경(般若波羅蜜多心經) 한글경

(한글) 정본(正本) 반야바라밀다심경(般若波羅蜜多心經)

지혜(智慧)의 완성을 이룬 《양자영》들이 순리를 따라 돌아서
천궁(天宮)으로 들어가는 마음(心)을 다스리는 경(經)

브라만 法華硏修院 彌勒佛 譯

《석가모니 하나님 부처님》께서 말씀하시기를,

《지혜(智慧)》의 완성을 이룬 양자영들이
순리를 따라 돌아서 《천궁(天宮)》으로 들어가면

색(色), 수(受), 상(相), 행(行), 식(識) 등 《오온(五蘊)》과
《여섯 뿌리 진공(眞空)》과 《여섯 가지 진공(眞空)》 모두가
공(空)들임을 환히 비추어 봄으로써
모든 고난에서 벗어나니

모든 보살들과 아라한들은 마땅히
이와 같이 깨달아라.

《암흑물질》과 《음(陰)》의 《세제일법 진공(世第一法眞空)》이
삼합을 한 것이 곧 《여섯 뿌리 진공(眞空)》이며

절대온도를 가진 《순수 공(空)》과
고열을 가진 《양(陽)》의 《세제일법 진공(眞空)》이
삼합하여 《진공(眞空)》을 이룬 이후
《바람(風)》이 되어 오랜 세월 단련을 받아
진화(進化)를 이룬 것이 곧 《암흑물질》이니

《암흑물질》이 《여섯 뿌리 진공(眞空)》과 다르지 않고
《여섯 뿌리 진공(眞空)》이 《암흑물질》과 다르지 않으니
다만 《양음(陽陰)》과 《음양(陰陽)》 관계일 뿐이니라.

나아가 《오온(五蘊)》의 《색(色)》이 곧
《암흑물질》과 《여섯 뿌리 진공(眞空)》이
《양음(陽陰)》 짝을 한 《반야공(般若空)》이며
《여섯 뿌리 진공(眞空)》과 《암흑물질》이
《음양(陰陽)》 짝을 한 것이 곧 《오온(五蘊)의 색(色)》이다.

이로써 서로 받아들임과 색깔·모양이 결정되는 과정과
삼합을 하는 과정과 알음알이 과정 역시 마찬가지로써

《알음알이》의 일부인 《여섯 뿌리 진공(眞空)》이
진화(進化)를 한 것이 《반야공(般若空)》《음(陰)》의 부분이며

《암흑물질》과 《여섯 뿌리 진공(眞空)》이
《양음(陽陰)》 짝을 하여 진화(進化)한 것이 《알음알이》이니

《알음알이》가 《반야공(般若空)》과 다르지 않고
《반야공(般若空)》이 《알음알이》와 다르지 않으므로
나아가 《알음알이》가 곧 《반야공(般若空)》이며

《반야공(般若空)》이 곧 《알음알이》가 되는 것이니라.

모든 《보살》들과 《아라한》들이여,

이 전체적인 《법공(法空)》의 모양은
생겨나는 것도 없어지는 것도 아니며
더러워지지도 깨끗해지는 것도 아니며
늘어나고 줄어드는 것도 아니니라.

이러한 연고로 《법성(法性)》의 순수 《진공(眞空)》 가운데는
《오온(五蘊)》의 《색(色)》의 단계도 없으며
서로 받아들임(受)과 색깔·모양이 결정되는 과정(相)과
삼합(三合)을 하는 과정(行)과 알음알이(識)의 과정이 없으며

눈, 귀, 코, 혀, 몸, 뜻도 없으며
빛, 소리, 향내, 맛, 닿음, 기억도 없으며
볼 수 있는 주위가 없으니 생각할 범위도 없으며

밝지 못한 씨종자도 없으니
밝지 못한 씨종자가 다함 또한 없으며
늙고 죽는 것이 없으니
늙고 죽는 것이 다함 또한 없느니라.

괴로움과 집착과 사라져 없어짐과 다스릴 길도 없으며
슬기가 없으므로 또한 얻을 것이 없느니라.

이로써 얻을 바가 없는 연고로

《보살도(菩薩道)》 성취를 목적으로 하는 《보살》은
《반야공(般若空)》 진화(進化)의 길을 따라

지혜의 완성을 이룬 양자영들이 순리를 따라 돌아서
《천궁(天宮)》으로 들어가는 것에 의지하는 연고로
아무 걸림이 없는 마음이 되느니라.

아무 걸림이 없는 연고로
두려움은 있을 수가 없으며
뒤바뀐 꿈의 생각이 멀리 떠나게 되므로
궁극에는 열반에 이르느니라.

과거, 현재, 미래의 모든 부처님들도
지혜의 완성을 이룬 양자영들이 순리를 따라 돌아서
천궁(天宮)으로 들어가는 것에 의지하였던 연고로
《불법(佛法)》 일치된 완전한 깨달음을
얻게 되는 것을 아는 까닭이니라.

지혜의 완성을 이룬 양자영들이 순리를 따라 돌아서
《천궁(天宮)》으로 들어가면
마(魔)를 항복받을 수 있는 《대신(大神)》의 힘과 능력과
큰 《밝음》으로 사방을 훤히 비추어 보는 힘과 능력과
태양성(太陽星)과 밝은 별(星)의 법신(法身)으로
《세간(世間)》과 법계(法界)를 두루 비추어
《만물(萬物)》을 화육(化育)하는 큰 힘과 능력과
불(佛)의 진신삼사성(眞身三四星)과

법신(法身), 보신(報身), 화신(化身) 등
삼신(三身)으로 나타나는 힘과 능력이

모든 고난을 능히 소멸할 수 있으며
진실되어 허망하지 아니함으로써
지혜의 완성을 이룬 양자영들이 순리를 따라 돌아서
천궁으로 들어가는 주문을 설하는 것이니
곧 주문을 설하여 일러 주노라.

진언(眞言)

『석가모니 하나님 부처님, 석가모니 하나님 부처님,
근본(根本)이신 석가모니 하나님 부처님,
성단(星團)들의 주인이신 석가모니 하나님 부처님,
바른 깨달음을 원만성취하게 하소서.』(세 번)

(한글) 정본(正本) 반야바라밀다심경 독송 종(終) (세 번)

[12] [마왕불법(魔王佛法)과 진언(眞言)]

《진언(眞言)》은《산스크리트어(Sanskrit)》로 되어 있다. 이러한 《산스크리트어(Sanskrit)》가 일반적인 문자(文字)가 아니다 보니 《대마왕(大魔王)》 불(佛), 보살(菩薩)들과《악마(惡魔)의 신(神)》들인 《대마왕신(大魔王神)》들이 이를 악용(惡用)하여 《한문(韓文)》의 뜻 글자로 번역을 하면서 엉터리 번역을 하여 기록하여 두고

《진언(眞言)》을 해석하면 큰일 나는 양《독각》중(衆)들이 호들갑을 떨면서 아무것도 모르는《앵무새》《불자(佛者)》들로 하여금《진언(眞言)》의 본래 의미하는 뜻과는 다른《대마왕》들이 가진《악(惡)》의 씨앗을 심고 그들의 사상(思想)과《관념(觀念)》에 물들게 하는《마성(魔性)》의《기(氣)》만 심게 됨으로써,

궁극적으로《불자(佛者)》들을《파멸(波滅)》의 길로 인도하고 있는 무서운 짓을 서슴없이 하고 있는 실정이라 이러한 실정을 보다 못해《진언(眞言)》모두는 해석할 수 없으나 그 중 중요한 《정본(正本)》《반야바라밀다심경(般若波羅蜜多心經)》《진언(眞言)》 만은 해설하여 드리고자 한다.

그러면《정본 반야바라밀다심경(心經)》진언(眞言)에 자주 등

장하는《아제(阿帝)》에 대한 확실한 이해를 위해 먼저《아제(阿帝)》의 의미를 파악할 수 있는 배경 설명부터 살펴보고, 다음으로 진언(眞言)이 왜곡되어진 이유를 살펴보는 순서로 다음을 진행(進行)하도록 하겠다.

(1) [아제(阿帝)]

① [아만(阿曼)과 나반(那般)]

《한단고기(桓檀古記)》(임승국 번역주해. 정신세계사간, 1987)《삼성기 전하편(三聖記全下扁)》에 보면《아만(阿曼)》과《나반(那般)》에 대한 기록이 있다. 이러한 기록의《아만(阿曼)》과《나반(那般)》은《석가모니 하나님 부처님》을《음양(陰陽)》으로 나누어 놓은 용어(用語)이다.

즉,《아만(阿曼)》은《언덕이 끝이 없다》는 뜻으로《석가모니 하나님 부처님》의《음신(陰身)》이며 현존(現存)하는 모든《우주(宇宙)》들을 바탕하는《대공(大空)》을 뜻하는 문자(文字)이며,

《나반(那般)》은 《많은 것을 옮기는》《천궁(天宮)》을 중심하여 《회전(回轉)》하는 우주간(宇宙間)의 《은하성단(銀河星團)》을 뜻하는 글자로써,

《대공(大空)》이 《원천창조주》이신 《석가모니 하나님 부처님》의 《음신(陰身)》이 되고 회전하는 수많은 별(星)들을 거느린 《성단(星團)》들이 《석가모니 하나님 부처님》의 나뉨으로써 《석가모니 하나님 부처님》의 《양신(陽身)》이 된다.

이로써 《아만(阿曼)》과 《나반(那般)》은 《석가모니 하나님 부처님》을 《음양(陰陽)》으로 나눈 《대공(大空)》과 《성단(星團)》을 뜻함으로써 회전하는 많은 별(星)들을 거느린 《성단(星團)》들에서는 《영체(靈體)》와 《고체(固體)》의 진화(進化)를 하는 수많은 《양자(陽子)》와 《전자(電子)》들이 《영(靈)》들이 되어 이동하며 진화(進化)한다는 사실을 깊이 인식하시기 바란다.

② [《석가모니 하나님 부처님》과 작은곰자리(Ursa Minor) 《베타성(β星)》

《선천우주(先天宇宙)》의 하늘(天)이 《상천궁(上天宮)》과 《천일궁(天一宮)》이 《음양(陰陽)》 짝을 한 것임을 여러 차례 밝힌 적이 있다.

이러한 《하늘(天)》에 있어서 《음(陰)》의 하늘(天)인 《상천궁(上天宮)》은 《석가모니 하나님 부처님》의 《화(化)》로써 지금은 《진화(進化)》되어 사라지고 없으나 《천일궁(天一宮)》의 중심을 이루고 있는 현재의 《북극성(北極星)》이 공전(公轉)을 하고 있어 《상천궁(上天宮)》의 위치를 알려 주고 있으며, 《양(陽)》의 《하늘(天)》인 《천일궁(天一宮)》은 《작은곰자리(Ursa Minor)》별(星)자리를 이루고 지금도 존재(存在)하고 있다.

이러한 《하늘(天)》이 되는 《천일궁(天一宮)》에 있는 《베타성(星)》이 《석가모니 하나님 부처님》의 《육신성(肉身星)》이다.

표) 하늘

	선천우주(先天宇宙)의 하늘	후천우주(後天宇宙)의 하늘
음(陰)	상천궁(上天宮)	중앙천궁상궁(中央天宮上宮)
양(陽)	천일궁(天一宮)	중앙우주(中央宇宙) 100의 궁(宮)
※ 서기 2000년은 선천우주(先天宇宙)와 후천우주(後天宇宙)의 갈림길.		

이와 같은 《육신성(肉身星)》에 《석가모니 하나님 부처님》께서 머무르실 때 《석가모니 하나님 부처님》의 《육신(肉身)》도 《2음(陰) 1양(陽)》의 법칙에 의해 《음양(陰陽)》으로 다시 분리되어

《음(陰)》의 육신(肉身) 중의 한 분은 《석가모니 하나님 부처님》께서 《인간 육신(肉身)》을 가지고 태어나실 때 쓰시는 《육신(肉身)》이며

또 다른 《음(陰)의 육신(肉身)》 중 한 분은 《작은곰자리(Ursa Minor)》 《베타성(β星)》에서 《옥황상제(玉皇上帝)님》으로 자리하시고

《육신(肉身)》에서 나누어진 《양(陽)》의 《육신(肉身)》은 《대마왕(大魔王)》 《다보불(佛)》이 되시어 《석가모니 하나님 부처님》의 간섭을 받지 않고 독자적인 진화(進化)를 하는 《독각(獨覺)》의 최고 우두머리가 되시는 분이다.

이와 같은 설명에 있어서 제일 중요한 점은 《우주간(宇宙間)

[석가모니 하나님 부처님의 육신]

2음(陰) ┌ 석가모니 하나님 부처님께서 인간 육신을 가지고 태어나실 때
       └ 작은곰자리 베타성에 자리하신 옥황상제님

1양(陽) ─ 대마왕 다보불 : 독자적인 진화를 하는 독각(獨覺)의 최고 우두머리

》의 모든 진화(進化)하는《영(靈)》들 모두를 다스리는 분이《석가모니 하나님 부처님》의《음신(陰身)》중의 한 분인《옥황상제(玉皇上帝)》님이라는 점이다.

즉,《석가모니 하나님 부처님》과《옥황상제(玉皇上帝)》님은 쉽게 말씀드리면,《석가모니 하나님 부처님》의《정신(精神)》과《음(陰)》의《육신(肉身)》으로써《우주간(宇宙間)》과《세간(世間)》에서 일을 도모하실 때의《석가모니 하나님 부처님》《음양(陰陽)》이라는 사실을 깊이 인식하시기 바란다.

③ [황제(皇帝)와 상제(上帝)와 천제(天帝)]

《원천창조주(源泉創造主)》이신《석가모니 하나님 부처님》께서 인간 육신(肉身)을 가지고 태어나셔서 인간들을 다스리는 최고의 지위에 올랐을 때《석가모니 하나님 부처님》께만 붙일 수 있는 고유한 칭호가《황제(皇帝)》이며,

《석가모니 하나님 부처님》께서 천상(天上)에 오르셨을 때 모든 천제(天帝)들을 포함한 인간 무리들과《만물(萬物)》들을 모두 다

스리실 때 《천제(天帝)》들 중에서도 제일 높은 《천제(天帝)》라 하여 붙여진 칭호가 《상제(上帝)》이시다.

그리고 《제(帝)》의 칭호는 《노사나불(佛)》이나 《아미타불(佛)》이나 독각불(獨覺佛)이신 《다보불(佛)》 등 《불법(佛法)》 일치를 이루신 《부처님(佛)》들에게만 붙일 수 있는 칭호로써, 부처(佛)를 이루었으나 《법(法)》의 완성을 하지 못한 《부처(佛)》들에게는 붙일 수 없는 칭호가 《제(帝)》이다.

이와 같이 《불법(佛法)》 일치를 이루신 부처(佛)님들께서 하나같이 《천상(天上)》으로부터 오셨기 때문에 《제(帝)》를 《천제(天帝)》로써 호칭을 하는 것이다.

[帝의 칭호]

皇帝(황제) : 석가모니 하나님 부처님께서 인간 육신을 가지고 태어나셔서 인간들을 다스리시는 최고 지위에 올랐을 때의 칭호
上帝(상제) : 천제들 중에서 제일 높은 천제. 옥황상제
天帝(천제) : 불법(佛法) 일치를 이루신 부처님들께서 인간 육신을 가지고 인간들을 다스리시는 지위에 올랐을 때의 칭호

④ [황제(皇帝)와 제국(帝國)]

《석가모니 하나님 부처님》께서 인간 육신(肉身)을 가지고 오셔서 최고 지도자의 위(位)에 오르셨을 때 가지시는 고유한 칭호가《황제(皇帝)》임을 앞장에서 밝혀 드렸다.

이러한《황제(皇帝)》와《천제(天帝)》들께서 다스리던 국가(國家)를《제국(帝國)》이라고 하며《우주간(宇宙間)》과《세간(世間)》에서 이러한《제국(帝國)》이 있었던 적은 유일하게 단 한 곳 밖에 없다.

이러한 한 곳을 밝혀 드리면,《한민족(韓民族)》고대 국가(國家)인《한국(韓國)》(3898BC~2333BC) 시절《신시(神市)》세 곳을《중원 대륙》에 만들고《중원 대륙》을 다스렸던《한국(韓國)》을 중심한《구막한제국(寇莫韓帝國)》밖에는 없는 것이다.

이때《한국(韓國)》을 중심한 구막한제국(寇莫韓帝國)을 다스렸던 분들이《18분》의《한웅(桓熊)》님들로서 이러한《18분(分)》의《한웅(桓熊)》님들 중《석가모니 하나님 부처님》께서《4번》을《황제(皇帝)》지위에 머무셨고 나머지《14분(分)》중 3분을 제외한《11분》들이 모두《불법(佛法)》일치를 이루신《부처(佛)》들로서《천제(天帝)》들이신 것이다.

이 관계의 상세한 설명은 최근 필자가 강의(2012년)를 한『진실된 세계의 역사(歷史)와 종교(宗敎) 上』(미륵불 저, 2015) [제1장 불교(佛敎)란 과연 어떠한 종교(宗敎)인가]편의《한국(韓國)과 한웅(桓熊)》편을 참고하시면 쉽게 이해가 되실 것이다.

이 장을 통해서 다시 한 번 더《메시아(Messiah)》가 밝히는 바는《중원 대륙》에서의《황하 문명(文明)》따위는 존재하지 않았으며 다만《한국(韓國)》을 중심한《구막한제국(寇莫韓帝國)》문명(文明)만 있었을 뿐이며,

이렇듯 역사(歷史) 왜곡을 한 마왕학자(魔王學者)들은 역사(歷史) 왜곡을 한 것보다 진리(眞理)의 실상(實相)을 왜곡한 탓에《지옥고(地獄苦)》보다 더한《우주간(宇宙間)》과《세간(世間)》에서 두 번 다시는 인간 육신(肉身)을 가지고 태어나지 못하고 영원히 사라져가야 할 슬픈 운명을 가진 자들임을《메시아(Messiah)》가 분명히 하는 것이다.

더러 역사(歷史)를 전문적으로 연구한다는 자(者)들이《황제(皇

帝)》를 사칭하고 《왕조(王朝)》가 큰 영역을 지배하였다 하여 《제국(帝國)》, 《제국(帝國)》하고 함부로 떠벌이고 있는데, 이는 《마왕(魔王)》학자(學者)들이 쓰는 상투적인 술법이니 이러한 짓을 하지 마시고 《제국(帝國)》의 의미가 과연 어디 있는지를 다시 한 번 더 생각하시기를 바란다.

그리고 이와 같은 《진리(眞理)》의 《실상(實相)》을 위해 분명히 경고하는 바는 《제(帝)》의 뜻을 훼손하는 어떠한 일들도 《천상(天上)》을 욕보이는 처사라는 점을 깊이 명심하시기 바라며, 다음으로 《진언(眞言)》에 대하여 말씀드리겠다.

[13] [당(唐) 현장 역(譯)
　　　　《반야바라밀다심경(般若波羅蜜多心經)》]

《진언(眞言)》

[문자(文字)] [揭諦揭諦 波羅揭諦 波羅乘揭諦 菩提 娑婆訶]
　　　　　　게제게제　바라게제　바라승게제　모지　사바하
[발음(發音)] [아제아제　바라아제　바라승아제　모지　사바하]

(1) [《당(唐)》《현장 역(譯)》반야심경(般若心經) 진언(眞言)의 문제점]

　《반야바라밀다심경》의 줄임말이《반야심경》이다. 고로 앞으로의 진행(進行)에서는 줄임의 뜻이 담긴《반야심경》으로 이름하는 것에 대해 이해를 하시기 바란다.

　《당(唐)》《현장 역(譯)》의《반야심경》《진언(眞言)》의 문제점은 상기와 같이《문자(文字)》의 뜻 따로《발음(發音)》따로 분리를 하여 선량한《불자(佛者)》들을 기만하고 이러한《불자(佛者)》들에게《독각(獨覺)》의 최고 우두머리들 중 한 명인《대마왕(大魔王)》《문수보살》을 찬양하며 그의《마성(魔性)》의 기(氣)인《악(惡)》의 씨앗을《관념(觀念)》으로 심는 진언(眞言)으로 되어 있다.

이러한《진언(眞言)》의《발음(發音)》은《산스크리트어(Sanskrit)》로《발음(發音)》함으로써《불자(佛者)》들을 속이고 있는 파렴치한 짓을 하고 있는 것이다.

한마디로 말씀드리면,《불법(佛法)》을 고치고 왜곡하여《당마왕불법(唐魔王佛法)》인《독각(獨覺)》들의《불법(佛法)》으로 만든 자(者)가《다보불(佛)》과《문수보살》이며,

같은 맥락으로《반야심경》역시 왜곡하고 고치어 썩은《불법(佛法)》으로 전환시킨 자(者)가《관세음보살 1세》와《문수보살》이라는 뜻이다.

(2) [현장 역(譯)《반야심경》진언(眞言)의 해설]

① 《揭諦揭諦(게제게제)》

《揭諦(게제)》의 《揭(게)》자(字)의 《한문(韓文)》뜻글의 의미는 《높이들》이라는 뜻을 가진다.

그러나 《문수보살》은 《산스크리트어(Sanskrit)》를 처음 번역하면서 이를 《소리글》로 바꾸어 《揭(게)》로 번역하면서 《바다게》라는 뜻으로 번역을 한 것이다. 여러분들이 잘 아는 《영덕대게》와 같은 《바다 게》로써 《한문(韓文)》의 뜻글 중 《게(揭)》로써 번역을 하였다는 뜻이다.

이렇게 번역을 한 목적은 《문수보살》이 《동해(東海)》《사가라》용궁(龍宮)에서 《사가라 용왕(龍王)》으로 있을 때의 형상이 《대게》이다. 고로 《게제(揭諦)》는 《문수보살》을 《천제(天帝)》로서 높이 받드는 문자(文字)로써 사용한 것이다.

즉, 《게제(揭諦) 게제(揭諦)》는 《음양(陰陽)》짝을 하여 놓은 문자(文字)로써 그 뜻은 음(陰)의 《게제(揭諦)》가 《문수보살》을 이야기하는 것이며, 《양(陽)》의 《게제(揭諦)》가 《사가라 용왕(龍王)》을 뜻하는 것이다.

이로써 《게제(揭諦) 게제(揭諦)》의 의미는 《문수보살님》 《사가라 용왕(龍王)님》이라는 뜻이 되는 것이다.

※ 특기(特記)

진행(進行)을 하면서 말씀드린 바와 같이 《제(帝)》의 칭호는 《불법(佛法)》 일치된 《부처님》들에게만 붙일 수 있는 칭호로써 《불법(佛法)》 일치를 이루지 못한 《문수보살》로서는 감히 《제(帝)》의 칭호를 쓸 수 없는 분임을 기억하시기 바라며,

이 역시 《문수보살》의 《자만심》이 빚어낸 헤프닝이라는 사실을 《메시아(Messiah)》가 분명히 하는 것이며, 《문수보살》로서는 감히 쓸 수가 없는 칭호인 것이다.

② [《波羅揭諦(바라게제)》]

《바라(波羅)》는 《근본(根本)》을 뜻하는 용어(用語)로써, 이때의 《

게제(揭諦)》는 음(陰)의 《게제(揭諦)》로써 《문수보살》이 된다.

고로 《바라게제(波羅揭諦)》는 〔근본(根本)이신 문수보살님〕이라는 뜻이 된다.

③ [《波羅乘揭諦(바라승게제)》]

《바라승게제(波羅乘揭帝)》의 《승(乘)》은 《수레》를 뜻함으로써 크게는 《영체(靈體)》 진화(進化)를 하는 《영(靈)》들과 《고체(固體)》의 진화(進化)를 하는 《영(靈)》들과 《물질(物質)》의 근본 씨앗이 되는 개체의 《양자(陽子)》들과 《전자(電子)》들과 많은 《물질(物質)》들을 진화(進化)시키면서 《회전》을 하며 수많은 《별(星)》들과 함께 이들을 거느리고 고정되거나 이동을 하는 《천궁(天宮)》을 중심한 《은하성단(銀河星團)》을 뜻하는 문자(文字)가 되며,

적게는 《은하성단(銀河星團)》에 소속하여 있는 개체의 《별(星)》들을 《수레》로 비유를 한 문자(文字)이다.

이러한 뜻을 감안한《바라(波羅)》는《근본(根本)》을 뜻하는 문자(文字)이며,《게제(揭諦)》는《양(陽)》의《게제(揭諦)》로써《사가라 용왕(龍王)》을 뜻한다.

이로써《바라승게제(波羅乘揭諦)》전체의 뜻은〔근본 수레이신 사가라 용왕님〕이라는 뜻이 되는 것이다.

④《菩提娑婆訶(모지사바하)》

《모지(菩提)》는《보리(菩提)》로써《바른 깨달음》인《정각(正覺)》을 뜻하는 문자(文字)이며,《사바하(娑婆訶)》는《원만, 성취》를 뜻함으로 전체의 뜻은〔바른 깨달음을 원만 성취하게 하소서〕라는 뜻이 되는 것이다.

⑤《진언(眞言)》전체의 뜻

게제게제(揭諦揭諦) 바라게제(波羅揭諦)
바라승게제(波羅乘揭諦) 모지사바하(菩提娑婆訶)

『문수보살님, 사가라 용왕(龍王)님
근본(根本)이신 문수보살님
근본 수레이신 사가라 용왕(龍王)님
바른 깨달음을 원만 성취하게 하소서』

라는 뜻이 되는 것이다.

※ 이와 같은 진언(眞言)의 해석에서도 드러나 있듯이, 진언(眞言)을 통해《마성(魔性)》의《기(氣)》를 불자(佛者)들에게 심어《정신적》으로 그들을 지배하고자 하는《대마왕》《관세음보살 1세》와《문수보살》의 행위는 용서받지 못할 엄청난 잘못을 저지르고 있는 것임을 여러분들은 깊이 생각하셔야 될 일임을 분명히 밝혀 드리는 바이며, 이로써《정본(正本)》《반야바라밀다심경》해설(解說)을 모두 마치도록 하겠다.

부 록

부록은 2016년 2월 8일부터 2016년 8월까지 진행된 미륵부처님의 정본 반야바라밀다심경 강의 내용을 근거로 구성되었습니다.

메시아이신 미륵부처님의 강의 동영상은 브라만법화연수원 홈페이지(http://www.brahmanedu.org)에 공개되어 있습니다.

1. 특별강의편
   - 《좌익사상》을 근본 바탕으로 한 《글로벌화(化) 체제》 붕괴의 시작
   - 미륵부처님께서 밝히시는 법화사부경(法華四部經)
   - 팔정도(八正道)와 육바라밀행(六波羅蜜行)

2. 기타 관련 자료

[특별법문 (2016.7.2)]

《좌익사상》을 근본 바탕으로 한
《글로벌화(化) 체제*》 붕괴의 시작**

지상(地上)에서 현재를 살고 있는 인간 무리들에게 조만간 닥쳐올 《문명의 종말》을 눈앞에 두고 원천창조주이신 《석가모니 하나님 부처님》께서 마지막 인간 무리들에게 자비심을 베푸시는 중요한 변하의 실상을 먼저 살펴보고 디음 강의에 임하도록 하겠다.

최근 진행된 영국의 브렉시트(Brexit, 영국의 EU 탈퇴, 2016년 6월 23일 브렉시트 국민투표일)는 좌익사상을 청산하고 불균형이 아닌 평등을 바탕으로 한 자유주의 사상으로 회귀하는 중요한 결단을 내린 용기 있는 영국인들의 선택이었음을 여러분들은 알아야 하는 것이다.

소수의 재벌들이 그들의 기득권을 지키기 위해 좌익사상을 확산시켜 돈(자본)으로 일반민들을 노예화시키고 인간 본래의 주인공인 《인간성(人間性)》 파괴를 위해 만들어진 체제가 《이기심》과 《탐욕》의 극치를 달리는 《글로벌화(化)》 체제로써 《좌익사상》이 새로운 가면의 탈(脫)을 쓰고 나타난 것이다.

---

* 글로벌화(Globalisation) : 세계화, 신자유주의
** 제20회, 제21회 정본 반야바라밀다심경 강의 동영상 (2016.7.02.)
　　제22회 정본 반야바라밀다심경 강의 동영상 (2016.7.16.)
※ 미국판 브렉시트 - 제8회 삼일신고 강의 동영상 (2016.11.19)
※ 자유민주주의 사상과 좌익사상 - 제10회 삼일신고 강의 동영상 (2016.12.03)

인간 무리들 중 상위(上位) 1%가《돈(자본)》의 노예화가 된 일반민(一般民)들을 지배하고자 하는《글로벌화(化)》체제를 표방하는 자(者)들이 만든 단체가《독일》과《프랑스》가 주도하는 EU(European Union, 유럽연합)이다. 이러한 EU가 인간 본래의 주인공인《인간성(人間性)》을 파괴하고 인간(人間)의 육신(肉身)에만 집착을 하는 좌익사상을 바탕으로 하는 단체임을 오늘을 살고 있는 인류들은 알아야 하는 것이다.

영국의 EU 탈퇴는 인간 본래의 주인공인《인간성(人間性)》파괴를 위하여 만들어진 좌익사상을 바탕으로 하는 EU 붕괴의 서막으로써 향후 일정기간 내에 EU는 점차적으로 붕괴되어 사라질 것이며, 평등을 바탕으로 하는《자유주의 사상》의 본거지인《영국》에서 EU(유럽연합) 탈퇴로 인하여 새로이 시작되는 불균형이 아닌 평등을 바탕으로 하는《자유주의 사상》이 세계로 확산이 됨으로써 파괴된《인간 본래의 주인공》인《인간성(人間性)》이 회복됨으로써《지상(地上)》의《인류》들에게 크나큰 이익을 주게 될 것임을 오늘을 살고 있는 지상(地上)의 인간 무리들은 분명히 알아야 하며,

이러한《영국》의《브렉시트(Brexit)》는 인간 무리들로 하여금 파괴된 인간 본래의 주인공인《인간성(人間性)》을 되찾게 함으로써《도덕성》회복과《사회정의》구현을 이루고, 조만간 닥쳐올 지상(地上)의 인류 문명 종말 때 그대들이 믿고 따르는 잘못된《종교》가 아닌《영국》의《브렉시트(Brexit)》가 계기가 되어 인간 본래의 주인공인《인간성(人間性)》을 되찾은 인간 무리들이 영원한《구원(救援)》의 길로 인도될 것임을 단호히 말씀 드리는 바이며, 이는 곧《하늘(天)》

의 뜻임을 메시아이신 미륵불이 분명히 밝히는 바이다.

　　원천창조주이신《석가모니 하나님 부처님》께서는 후천우주 초입에 들어선 지금의 때에 좌익사상의 근본 바탕과 좌익세력 모두들을 정리하셨기 때문에 EU 뿐만 아니라 중국 공산당과 이북 공산당 역시 몰락하여 갈 것임을 이치로써 확정지우셨기 때문에 EU와 중국 공산당과 이북 공산당과 인간 본래의 주인공인《인간성(人間性)》파괴를 위해 광분하는 세계의 좌익단체들은 몰락의 과정을 거치는 크나큰 대혼란의 때가 오며 이때를 대비하여 천상(天上)의 소식을 메시아이신 미륵불이 인간 무리들에게 전하여 드리는 것이니 관계자들은 이를 고맙게 받아들임으로써 환골탈퇴하여 미리 미리 혼란에 대처하는 것이 현명한 처사임을 알아야 할 것이다.

　　인간 본래의 주인공인《인간성(人間性)》을 파괴하고《인간 육신(人間肉身)》의 능력(能力)에만 집착을 하는《글로벌화(化)》체제에 영향 받았기 때문에 세계의 언론들과 정치인들이 대부분 좌익화되어 있음을 알아야 하며《한국》을 공산화된 경제체제로 전환시키기 위해 국민들을 속이는《경제민주화》라는 허울좋은 슬로건을 내걸고 그들만의 좌익 정권 연장을 목적으로 하는 좌익세력들이 부추기는《개헌》논리를 배척하고 좌익화된《국회개혁》을 위해 힘을 쏟아야 할 것이며,

악질 중의 악질 악마의 신(神)인《김대중》이 이북의《인민군》을 끌어들여 벌인 5.18 광주폭동에 대한 진실을 밝히고 이 자가 처음 시작한《이중임금제》를 철폐하고 이로부터 만들어진《노동귀족》을

청산하고, 진화된 《좌익사상》인 《신자유주의》를 부르짖는 《재벌》들이 사주하는 《좌익세력》의 함정을 붕괴시키고 이들을 사주하는 《대재벌》위주의 정책도 혁신이 되어야 인간 본래의 주인공인 《인간성(人間性)》회복으로 인한 《도덕성》과 《사회정의》가 바로 서는 한국으로 거듭 태어나게 됨을 이 시간을 빌어 다시 말씀 드리는 바이며,

5.18 광주 폭동 이후 《한국》의 역대 대통령을 지낸 《노태우》, 《김영삼》, 《김대중》, 《노무현》, 《이명박》 등이 《좌익사상》을 가진 빨갱이 대통령들로서, 이 자(者)들이 백성들을 속이고 일반 국민들에게는 생소한 용어인 《글로벌화(化)》를 부르짖으며 백성들의 의식구조를 《좌익화》시키기 위해 광분하였던 것이다.

이와 같은 《글로벌화(化)》가 곧 《좌익사상》을 바탕으로 세계를 《좌익화(化)》시키는 용어였다는 것을 왜? 몰랐던가를 되묻고 싶다.

이와 같이 백성들을 기만한 탓으로 지금까지 5.18 광주 폭동에 대한 정확한 실상(實相)이 밝혀지지 않았으며, 《사회정의》의 파괴는 《사법부(司法府)》가 책임을 져야 하는 사항이다.

이러한 탓에 지금의 대한민국 국민들 상당수가 《좌익사상》을 가진 국민들로 변하여 있으며, 현재 일부 《여당》 국회의원을 제외한 대부분의 《국회의원》들이 《좌익출신》《국회의원》들로서 《국회》는 《공산당화》가 되어 있는 가운데, 지금은 5.18 광주 폭동의 진실

을 은폐하기 위해 보수 단체 탄압을 위한 각종《좌익사상》이 담긴《법안》을 기정사실화하여 국회에 그 법안을 제출하여 놓고 있다.

이로써 대한민국 사회는《도덕성》과《사회정의》가 실종된 부패한 사회로 변하여 있다는 사실을 국민여러분들은 분명히 아셔야 하는 것이다.

이러한 지적을 등한시하게 되면《한국(韓國)》의 미래도 없다는 것을《영국》의 브렉시트(Brexit) 찬성 국민투표 결과를 대하면서 메시아이신 미륵불이 한 말씀 드리는 것이다.

오늘날 이북이 평양만 잘 살고 나머지 양민들은 노예개념으로 다스리고 있는 실정과 영국의 런던과 옥스퍼드와 캠브리지에서 브렉시트(Brexit) 반대표가 많이 나온 것이 이와 같은 맥락임을 직시하여야 하며, 이러한 소수의 10%가 잘 먹고 잘 살고 대물림하여 교육받는 사회를 획책하는 자들이《좌익세력》들이라는 사실이며, 그 대표적인『예』가《로스쿨》제도와 같은 것이다.

《정치》,《경제》,《사회》,《문화》전반을《좌익화》시키는 체제를《글로벌화(化)》라고 하며,《글로벌화(化)》최대 목표가 인간(人間)의 주인공(主人公)인 인간(人間) 내면(內面)에 자리한《본성(本性)》으로 이름되는《인간성(人間性)》의 파괴이며, 이로써《인간(人間)》《육신(肉身)》이 가지는《본능(本能)》에 강력하게 집착하는 무리들이《글로벌화(化)》

된 무리들이라는 사실을 차제에 깊이 인식하시기 바라며,

인간(人間)의 본래 주인인 진화(進化)된 《인간성(人間性)》을 부정하고 진화(進化)가 한참 덜된 인간(人間)의 껍데기에 불과한 《인간 육신》에 집착함으로써 《인간(人間)》육신(肉身)이 가진 능력(能力)을 최대한 이용하는 사상이 《좌익사상》이며, 이러한 좌익사상의 특징은 《선동》과 《폭력》이다.

이러한 《좌익사상》을 가진 EU(유럽연합)은 《돈》으로써 《폭력》을 행사하는 나라들의 모임이다.

이와 같이 그들이 가진 《좌익사상》을 젊은이들에게 물들여 놓으면 그들은 《도덕성》과 《사회정의》가 실종된 《인간 육신》의 쾌락만을 추구하는 《썩고》부패한 정신세계를 가지게 되며, 이는 비유를 하자면 마치 《좌익》의 그물망에 걸려든 한 마리 불나방이 살기 위해 발버둥치는 형국과 같이 불쌍한 신세로 전락하게 되는 것이다.

그리고 《인간성(人間性)》을 중요시하는 《보수세력》보다 우주적으로 《50억년》 진화가 덜된 자(者)들이 인간(人間) 육신(肉身)에 집착하는 《좌익세력》들이며, 백성들을 주인으로 삼는 사회를 《민주사회》라고 하는데, 특정한 세력을 위해 광분하는 《좌익세력》들이 《민주(民主)》라는 용어를 쓰며 일반 백성들을 현혹시키고 《보수세력》보다 인간진화(人間進化)가 한참 덜된 《좌익세력》들이 그들이 《진보세력》이라고 백성들에게 사기를 치고 있는 실정이 지금의 실정인 것임

을 분명히 밝혀 두는 바이다.

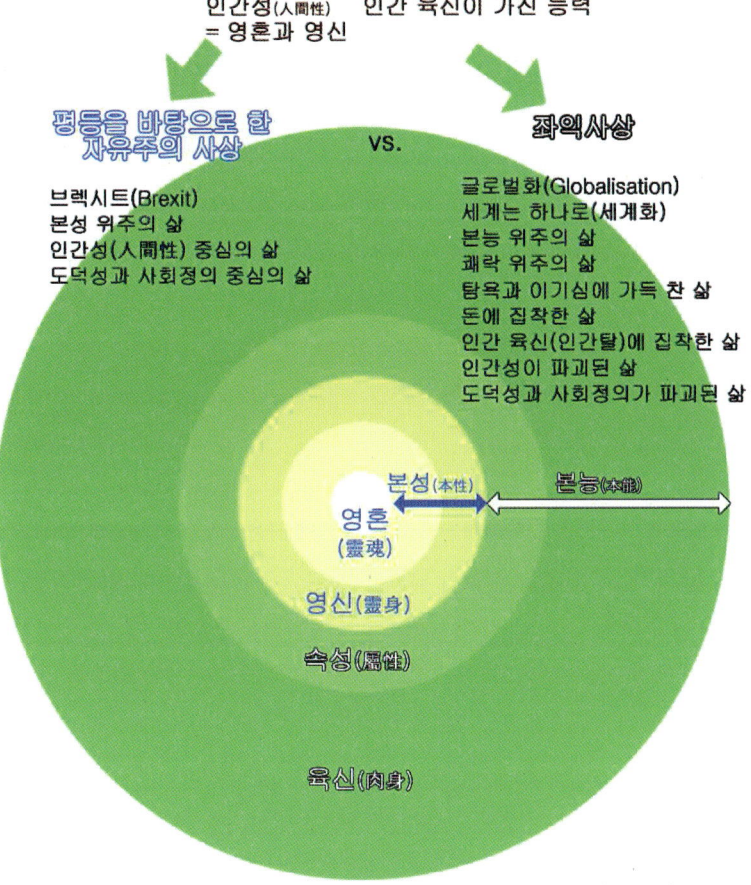

[특별법문 (2016.7.2.)]에 대한 보충 강의(2016.7.16.)*

이번 시간에는 지난 법회 때(2016년 7월 2일) 특별강의에서 말씀 드린 내용 중 누락된 부분을 보충 설명하고 다음 강의를 시작하겠다.

《인간성(人間性)》(영혼과 영신) 파괴란? 《육신(肉身)》이 가진 《본능(本能)》이 그의 능력을 최대화하여 도출한 《탐욕》과 《이기심》을 《인간성(人間性)》에게 입력(入力)시킴으로써 《인간성(人間性)》이 본래 가진 《도덕성(道德性)》과 《정의(正義)》를 갖춘 《착함(善)》의 근본 바탕이 《도덕성(道德性)》과 《정의(正義)》가 파괴된 《악(惡)》의 근본 바탕으로 타락(墮落)되는 것을 말하는 것이다.

인간의 주인공인 《본성(本性)》으로 이름되는 《인간성(人間性)》(영혼과 영신)을 파괴하고 인간 《육신(肉身)》이 가진 《본능(本能)》을 최대화하여 이를 수탈하고자 인간 육신(肉身)에 집착하는 사상이 《좌익사상》임을 말씀드렸다.

이러한 《좌익사상》이 인간 무리들을 《공멸(共滅)》로 내어 모는 장면을 말씀드리면, 지금을 살고 있는 《어머니》들은 그의 자녀들로 하여금 어릴 때부터 각종 과외 공부를 시킴으로써 어린아이들로

---

* 제22회 정본 반야바라밀다심경 강의 동영상 (2016.7.16.)

하여금 《인간성(人間性)(영혼과 영신)》을 파괴시키고 인간 육신(肉身)이 가진 《본능(本能)》을 최대화하여 경쟁사회에서 우위를 차지하기 위하여 《좌익사상》의 특징인 《이기심》과 《탐욕》을 집중적으로 심게 되는 것이 오늘날의 현실이다.

이와 같은 현실이 궁극적으로 《파멸》을 면하기 어렵게 되는 장면을 말씀드리면, 이러한 교육을 받은 아들들과 딸들이 자라나서 《장년기》와 《노년기》를 거치기까지의 기간 동안 전체 인구수를 100%로 보면 50%는 각종 《질병》에 시달리고 남은 50% 중 25%는 《본성(本性)》인 《인간성(人間性)(영혼과 영신)》 파괴로 오는 부작용인 《치매》와 《우울증》와 《뇌(腦)》 계통의 질병을 앓게 되고 나머지 25%는 《도덕성(道德性)》 파괴로 오는 《암》 환자들이 된다는 사실을 바로 알아야 하며,

이들이 《육신(肉身)》의 죽음을 맞이하면 스스로가 스스로의 진화(進化)하는 주인공인 《본성(本性)》으로 불리는 《인간성(人間性)(영혼과 영신)》을 스스로가 파괴하였기 때문에 인간으로 태어날 수 있는 《윤회(輪廻)》의 길은 막혀 버린 것이다.

이로써 그는 두 번 다시 새로운 진화(進化)를 하지 못하고 그의 《인간성(人間性)》과 《속성(屬性)》과 《육신(肉身)》은 공포스럽기 짝이 없는 《무간지옥》으로 사라져 가야만 하는 것이며, 결국 그는 영원히 《구원(救援)》을 받지 못하게 되는 것이다.

이 때문에 《인간성(人間性)(영혼과 영신)》을 파괴하는 육신(肉身)의 본능(本能)에만 집착하는 《좌익사상》이 인간 무리들을 《공멸(共滅)》로 몰고 간다는 사실을 알아야 하며,

이와 같이 《도덕성(道德性)》과 《정의(正義)》가 파괴된 인간 육신(肉身)에 집착하는 《좌익사상》을 가진 《어머니》들이 《임신(妊娠)》을 하게 되면 《장애아(障礙兒)》 잉태 확률이 상당히 높아진다는 사실도 아울러 말씀 드리는 바이다.

그리고 모든 《종교(宗敎)》는 《진리(眞理)》를 가르치지 않고 잘못된 《믿음》을 《인간성(人間性)》(영혼과 영신)에게 입력시킴으로써 《진리(眞理)》를 바탕으로 한 《맑고》《밝음》을 추구하는 《인간성(人間性)》의 진화(進化)를 방해하기 때문에 《종교적》 사상과 관념으로부터 벗어나라고 가르치는 것이며,

인간 《구원(救援)》의 본질(本質)도 모르면서 인간 《구원(救援)》을 입에 담으며 떠들어 대고 있는 여러분들이 잘 아는 잘못된 《믿음》을 가진 《종교(宗敎)》를 가진 집안에서 《장애아》가 많이 태어나는 이유가 상기 이유가 되는 것이다.

소생이 전생(前生) 한때인 13세기 《몽골》의 《징기스칸》(재위 AD1206~AD1227)으로 왔을 때와 16세기 《인도》의 《무굴제국》 3대 왕 《악바르 대제(大帝)》(생몰 1512~1605)로 왔을 때 인간 무리들의 화합(和合)을 위해 서로간의 《종교(宗敎)》를 존중할 것을 가르쳤으나 후천우주(後天宇宙) 기간으로 들어온 지금의 때로써는 모든 인간들이 스스로의

진화(進化)를 위해《종교(宗敎)》들을 내려놓아야 할 때임을 말씀드리는 것이다.

미륵불(佛)께서 밝히시는

묘법화 사부경 (妙法華 四部經)*

1. 법성게 (法性偈)

   : 화엄경 대의(大意)

2. (정본) 반야바라밀다심경(正本 般若波羅蜜多心經)

3. 삼일신고(三一神誥)

4. 무량의경(無量義經)

※ 묘법연화경(妙法蓮華經, saddharma-pundari-ka-sūtra)은 마왕불교(魔王佛敎)에서 심하게 왜곡한 탓에 《참고용》으로 사용

---

* 제26회 정본 반야바라밀다심경 강의 동영상 참조(2016년 8월 20일)

팔정도(八正道)와 육바라밀행(六波羅蜜行)*

○ 구족행(具足行)

[팔정도(八正道)]
정견(正見)
정사유(正思惟)
정어(正語)
정업(正業)
정명(正命)
정정진(正精進)
정념(正念)
정정(正定) : 바른 선정(禪定)은 위빠사나(Vipassanā)와 사마타(Samatha)의 바른 수행이다. 보살도에서의 선(禪)은 젠(Zen) 또는 찬(Chan)으로 알려진 선이 아니고 위빠사나이며 정(定)은 사마타를 뜻한다. 위빠사나는 선(禪)의 극치, 즉 맑음의 극치로 마음이 맑아지고 맑아지고 그렇게 된다.

○ 실천행(實踐行)

[육바라밀행(六波羅蜜行)]
보시바라밀(報施婆羅蜜)

---

* 제26회 정본 반야바라밀다심경 강의 동영상 참조(2016년 8월 20일)

지계바라밀(持戒波羅蜜)

인욕바라밀(忍辱波羅蜜)

정진바라밀(精進波羅蜜) : 이것은 자신의 성(性)을 밝게 하기 위해서 끊임없이 노력하는 것을 말한다. 즉, 지혜를 밝게 하기 위해 꾸준히 석가모니 하나님 부처님 진리의 법을 공부하는 것을 말한다.

선정바라밀(禪定波羅蜜) : 위빠사나와 사마타 둘다를 수행하는 것을 말한다. 그 수행 방법은 올바른 참회기도이다.

반야바라밀(般若波羅蜜)

팔정도(八正道)

※ 팔정도를 생활화하면 계율이 필요없다.

- 정견(正見) : 바른 견해를 가져라. 거꾸로 가는 견해를 가지지 말아라.

- 정사유(正思惟): 바른 생각을 하고 바른 생각으로써 항상 사물을 바라 볼 줄 알아야 한다.

- 정어(正語) : 거짓말 하지 말아라. 바른 말만 하라.
  그럼으로써 정업(正業)이 생긴다.

- 정업(正業) : 악업(惡業)이 생겨지는 것이 아니고 선업(善業)이 생겨진다.
  선업(善業)이 정업(正業)이다.

- 정명(正命) : 정업(正業)이 생겨지면, 스스로 명(命)이 맑아진다.
  (※ 성(性)의 30궁(宮) 관련 내용 참조)

- 정정진(正精進): 바른 정진(석가모니 하나님 부처님 참회기도와 진리의 법을 공부하면서 직접적인 명상 등)을 하라.
  그럼으로써 정념(正念)이 생긴다.

- 정념(正念) : 바른 정진을 통해 생김.

- 정정(正定) : 바른 선정(禪定)은 위빠사나(Vipassana)와 사마타(Samatha)의 바른 수행이다.
  보살도에서의 선(禪)은 참선, 젠(Zen) 또는 찬(Chan)으로 알려진 선(禪)이 아니고 위빠사나이며, 정(定)은 사마타를 뜻한다.
  위빠사나는 선(禪)의 극치, 즉 맑음의 극치로 마음이 맑아지고 맑아진다.

    ※ "복식호흡 배워가지고 석가모니 하나님 부처님 참회기도 부지런히 하라!"
    ※ 위빠사나와 사마타가 동시에 되는 수행이 바로 "미륵부처님께서 가르치시는 석가모니 하나님 부처님 참회기도와 진리의 법 공부를 통한 직접적인 명상"이다.

메시아이신 미륵부처님 직강-제26회 정본 반야바라밀다심경 강의 동영상 (2016.08.20. 토)
브라만법화연수원 http://www.brahmanedu.org

육바라밀행(六波羅蜜行)

- 🟢 보시바라밀(布施波羅蜜) : 쉽고도 어려운 겁니다. 법시, 무외시 등 생활화하라.
  길 가다가 힘겨운 수레를 끌고 가는 노인이 있으면 뒤에 쫓아가
  밀어줄 수 있는 그런 마음가짐이 되어져야 한다.
  그것도 일종의 보시행이다.

- 🟢 지계바라밀(持戒波羅蜜) : 팔정도(八正道)만 지키면 지계바라밀은 자동적으로
  해결된다. 그러므로 팔정도가 생활화되어야 한다.

- 🟢 인욕바라밀(忍辱波羅蜜) : 어떠한 경우에라도 참아라. 같이 성내고 마주하지
  마라. 참으면서 지혜로써 그 난국을 빠져나가라.

- 🟢 정진바라밀(精進波羅蜜) : 이것은 자신의 성(性)을 밝게 하기 위해서 끊임없이
  노력하는 것을 말한다. 즉, 지혜를 밝게 하기 위해 꾸준히
  석가모니 하나님 부처님 진리의 법을 공부하는 것을 말한다.

- 🟢 선정바라밀(禪定波羅蜜) : 위빠사나와 사마타 둘다를 수행하는 것을 말한다.
  그 수행 방법은 달마조사 《리입사행론(理入四行論)》 공부와
  올바른 참회기도이다.

- 🟢 반야바라밀(般若波羅蜜) : 지혜의 완성을 이룬 양자영들이 순리를 따라 돌아서
  천궁으로 들어가는 것.

※ 선정바라밀과 반야바라밀 관련 강의 참조.
제14회 정본 반야바라밀다심경 강의(2016.5.21)
제17회 정본 반야바라밀다심경 강의(2016.6.4),
제18회 정본 반야바라밀다심경 강의 참조(2016.06.18)
제19회 정본 반야바라밀다심경 강의(2016.06.18) - 직접적인 명상, 반야바라밀다심경 제호 해설

메시아이신 미륵부처님 직강-제26회 정본 반야바라밀다심경 강의 동영상 (2016.08.20. 토)
브라만법화연수원 http://www.brahmanedu.org

불법(佛法) 왜곡된 반야심경의 해독(害毒)

불법(佛法) 왜곡된 반야심경을 공부하거나 외우게 되면,
그 사상과 관념의 포로가 된다.

마왕들 사상과 관념을 가지게 되면,
유간지옥이나 무간지옥으로 빠지게 된다.

메시아이신 미륵부처님의 직강 '제1회 (개정판) 정본 반야바라밀다심경 강의 동영상(2016.2.8)'에서 인용

지옥으로부터 스스로 벗어날 수 있는 길

지금 무간지옥, 원유지옥 등에 빠져있는 자의 육신이 내 말이라도 듣고 한 3년만 부지런히 석가모니 하나님 부처님께 참회기도하고 바른 진리의 법 공부를 하면 스스로 그 곳으로부터 벗어나 구원받을 수 있다.

메시아이신 미륵부처님의 직강 '제9회 (개정판) 정본 반야바라밀다심경 강의 동영상(2016.4.2)'에서 발췌

표) 불교 구분

구분			비고
보살불교	석가모니 하나님 부처님의 음(陰)의 불법	한단불교	한단불교 4대 경전 (천부경, 삼일신고, 황제내경, 황제중경)
		바라문교	리그베다, 우파니샤드
		신라보살불교	천경신고(天經神誥)
		로마신교(초기 기독교)	경전 없음
성문불교	석가모니 하나님 부처님의 양(陽)의 불법	성문의 불법	굴내결집본
		정토불교	아미타경, 무량수경, 승만경, 유마경
마왕불교	연각불교	음(陰)의 연각과 독각 불교	굴외결집본(굴내결집본 왜곡) 반야심경 1차 파괴. 그리스 자연사상에 입각한 불법 파괴.
		마왕관음불교	굴외결집본 왜곡. 소의경전 : 금강경. 천수경과 연각의 수행법인 선법
		상좌부 연각불교	굴외결집본 왜곡 (음의 연각과 독각불교 경전 왜곡)
		신선도인 선교(仙敎)	북두칠성연명경
	독각불교	음(陰)의 독각불교 / 음(陰)의 연각과 독각 불교	굴외결집본(굴내결집본 왜곡)
		음(陰)의 독각불교 / 상좌부 독각불교	굴외결집본 왜곡 (음의 연각과 독각불교 경전 왜곡)
		양(陽)의 독각불교 / 대중부 독각불교	굴외결집본 왜곡
		양(陽)의 독각불교 / 당 마왕불교	상좌부 연각과 독각 불교 경전 왜곡. 반야심경 원문 2차 파괴

※ 보살불교는 공부하는 불교이다.
※ 마왕불교는 불법(佛法) 공부를 하지 않고 복을 비는 불교의 특징을 가지는데, 연각불교가 특히 그 색채가 짙다.

표) 불교경전 결집과 불법(佛法) 파괴

	시기	주최자	구원자	결과
1차 불법 파괴	503BC~ 497BC	악마(惡魔)의 신(神)인 화신(化神)의 《석가모니》	악마(惡魔)의 신(神)인 화신(化神)의 석가모니	묘법화경을 불법(佛法) 파괴한 묘법연화경.
1차 경전결집 (굴내결집)	497BC ~ 496BC	천왕불 (아사세 왕(Ajatasatru))	석가모니 하나님 부처님	·《경율 2장》으로 된《굴내결집본》완성. ·《성문(聲聞)》의 불법
2차 불법 파괴 (굴외결집)	495BC ~ 492BC	관세음보살 1세 (위제희 부인)		· 굴내결집본을 불법(佛法) 파괴하여 음(陰)의 연각과 독각불교 경전인《굴외결집본》완성. · 그리스 자연사상에 입각한 불법(佛法) 파괴. · 1차 반야심경 파괴
3차 불법 파괴	383BC ~ 348BC (35년간)	비로자나 1세 (카라쇼카(Kalasoka) 왕) 악마(惡魔)의 신(神)인 화신(化神)의 석가모니 (마하데바(Mahadeva))	악마(惡魔)의 신(神)인 화신(化神)의 석가모니	· 대중부 독각불교 경전. (굴외결집본 왜곡) · 악마의 신인 화신(化神)의 석가모니를 창조주로서의 구원자로 둔갑시키고 관음신앙의 관세음보살을 대마왕신 부처를 보좌하는 보살로 격하하여 흡수함. · 금강경은 대중부 독각불교 탄생 때 거의 파괴됨.

4차 불법 파괴	273BC ~ 236BC	관세음보살 1세 (아쇼카왕(Ashoka. 재위 273BC~236BC)	관세음 보살	· <u>《경율논 3장》인 상좌부 연각과 독각 불교 경전</u>. 굴외결집본 2차 왜곡 (음의 연각과 독각불교 왜곡). · 관세음보살을 연각(緣覺)의 창조주로서 구원자로 하여 상위에 자리하게 함. 논장을 경율 2장에 추가함으로써 일반민들의 불법(佛法)에의 접근을 차단시킴. · 기복신앙으로 추락시킴. 예) 티벳 불교
5차 불법 파괴	AD608 ~ AD649	다보불 문수보살 1세	다보불	· <u>양(陽)의 독각불교</u> (당 마왕불교) · 굴외결집본 3차 왜곡(상좌부 연각과 독각불교 경전 왜곡) · 2차 반야심경 원문 파괴. · 다보불 1세를 창조주로서 구원자로 자리하는 순수 독각(獨覺)들만의 경전을 만듦. 이를 신역(新譯)이라 하였으며, 상좌부 연각과 독각불교 경전을 구역(舊譯)이라고 함. · 관음신앙 철저히 삭제함.
	재위 AD690~AD705	관세음보살 1세 (의정. AD635~AD713) 묘음보살(측천무후. 재위 AD690~AD705)		· 당 마왕불교 경전의 일부 파괴. · 천수경 만듦. · 연각의 수행인 선법 활성화하여 <u>관음신앙 부활시켜 당마왕불교에 접목시킴</u>.
	1500 년대	조선 왕조 문정왕후		· 당마왕불교 혁파하고 <u>마왕관음불교로 전환</u>.

[한단불교(桓檀佛敎)의 역사 그리고
대마왕(大魔王)과 대마왕신(大魔王神)들에 의한
마왕불교(魔王佛敎)의 한국(韓國) 전래]

진화 정도에 따른 불교 구분

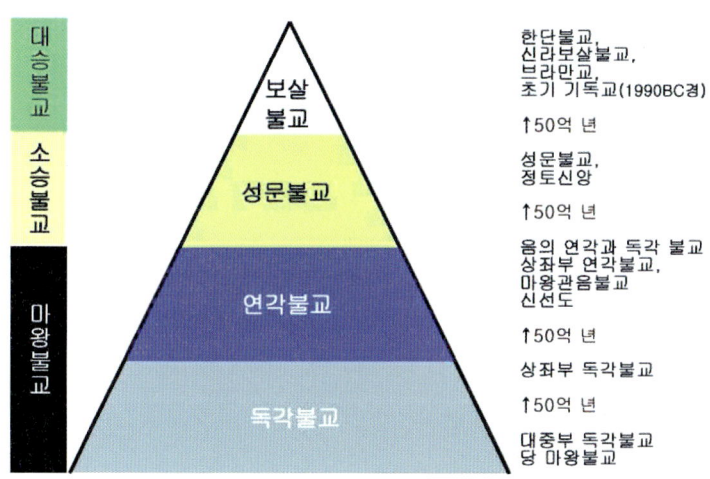

원천창조주이신 석가모니 하나님 부처님의 북반구 문명 최초 종교인 한단불교(桓檀佛敎) 창시와 인도 전래

3512BC 구막한제국의 5대 태우의 한웅님 (재위 3512BC~3419BC)이신 석가모니 하나님 부처님께서 한단불교(桓檀佛敎) 창시하심.

3450BC 태우의 한웅님 막내아들 복희씨(신명 : 문수보살 1세)가 고대 인도의 한(桓)민족계인 아리안족에게 한단불교 4대 경전 전함.

3370BC 인드라프라스타(Indraprastha)의 왕 유디스티라(Yudhisthira, 생몰 3418BC~3347BC)로 오신 석가모니 하나님 부처님께서 브라만교(Brahmanism) 창시하심.

굴내결집본(497BC~496BC)인 성문(聲聞)의 불법(佛法) 전래

※ 고타마불은 아사세왕을 제바달다로 말했다.

마가다국 아사세왕 (천왕불, 생몰 534BC~461BC)

라보 1왕조(1300BC~300BC), 아유타야 왕국(800BC~300BC)

굴내결집본 완료 직후

485BC 베트남의 비자야 지역

스리랑카 싱할리 왕국 조대 왕 비자야 (노사나불, 562BC~475BC)

상좌부 불교(上座部 佛敎) 남방 전래

아쇼카 왕의 주도하에 굴외결집본을 다시 왜곡하여 관세음보살을 창조주로 하면서
경율 2장을 논장에 추가하여 경율론 3장을 만듦.
이를 '상좌부 연각과 독각 불교(상좌부 불교)'라고 한다.

마우리아 왕조 아쇼카 왕
(관세음보살 1세, 재위 273BC~236BC)

○ 250BC 태국 대아유타야 왕국
(300BC~AD640)

스리랑카

굴내결집본인 성문(聲聞)의 불법(佛法)의 한반도 전래 경로

1BC 가야 수로왕(首露王)
(노사나불, 25BC~AD110, 재위 6BC~AD110)

태국 대아유타야 왕국
(300BC~AD640)

허황옥(신명 : 정화수왕지불)과 장유화상이
해상 경로를 통해 성문(聲聞)의 불법(佛法)
을 가야에 전달

[한국(韓國)에서의 한단불교(桓檀佛敎)의 불법(佛法) 파괴]

북반구 문명의 최초 종교인 한단불교(桓檀佛敎)와 관련된 주요 사건 일부

단군조선(2333BC~232BC) 때 단군왕검으로 이름한 문수보살 1세와 연등불이 한단불교 말살정책 펼쳤으며, 신선도인 연각불교를 정착시켜 기복신앙 뿌리 내림 ●

3512BC 한국(韓國)을 중심한 구막한제국의 5대 태우의 한웅님으로 이름하신 석가모니 하나님 부처님께서 한단불교 창시하심.

신라(36BC~AD935) 600년간 박혁거세 왕 (재위 36BC~AD36)으로 이름하신 석가모니 하나님 부처님의 한단불교와 성문의 불법과 만나 대승보살불교가 찬란히 꽃피움.

1BC 가야 수로왕(노사나불, 25BC~AD110)으로 이름한 노사나불 때 태국의 대아유타야 왕국으로부터 허황옥과 장유화상이 성문의 불법(佛法) 가지고 가야로 들어옴.

해상을 통한 성문(聲聞)의 불법(佛法) 전래

신라보살불교 말살을 위한 당마왕불교의 한반도 유입

의정(AD635~AD713)으로 이름한 관세음보살 1세가 천수경 만듦.

관세음보살 1세의 지원으로 측천무후(재위 AD690~A705)로 이름한 묘음보살은 당마왕불교 경전 일부를 파괴하여 천수경을 만들고 연각의 수행법인 선법을 활성화하여 당마왕불교에 접목시킴으로써 관음신앙을 부활시킴.

2차 유입

1차 유입

두순(AD566~AD640, 천관파군 1세)
: 화엄종 초조.
두순으로 이름한 천관파군 1세는 대마왕 다보불과 문수보살 1세의 지원으로 관음신앙이 철두철미하게 삭제한 당마왕불교 만듦.

선덕여왕(재위 AD632~AD647)으로 이름한 관세음보살 2세는 한반도 보살불교 말살을 위해 자장율사(AD590~AD658)로 이름한 미륵불 3세를 통해 당마왕불교 들여옴.

주요 관련 인물 :
천태지자(AD538~AD597, 문수보살 1세) : 천태종
두순 또는 당 고조 이연(재위 AD618~AD626, 천관파군 1세) : 화엄종
당 태종(재위 AD626~AD649, 무곡성불)
당 현장(AD602~AD664, 천관파군 1세 분신)
도선(AD596~AD667, 이오신 분신) : 계율종

상좌부 연각과 독각 불교(上座部 佛敎)의 특징*

"~ 이러한 상좌부 불교의 특징이 아쇼카 왕(신명 : 관세음보살 1세)은 경율 2장으로 된 굴내결집본에 <u>그리스 자연사상을 가미</u>하여 《음(陰)의 연각과 독각 불교》인 굴외결집본이 탄생된 것에 논장(論藏)을 삼장(三藏)이라고 이름하고 집어 넣어가 불법(佛法)을 방대하게 만들어 가지고 결과적으로 불자들로 하여금 마왕 승려들의 입(口)으로 통하여서만이 불법(佛法)을 대하는 경우가 대부분이며, 이로써 <u>기복신앙</u>으로만 자리잡게 하는 술책이 《상좌부(上座部) 연각과 독각 불교》 저변에 깔려 있는 것이 특징이다. ~"

-미륵부처님의 직강 제5회 정본 반야바라밀다심경 강의 동영상에서 발췌-

---

* 메시아이신 미륵부처님 직강 : 제5회 정본반야바라밀다심경 강의 동영상(2016.3.5.)
http://brahmanedu.org/hanguk/books/heart/books_heart_vods5.html

[악마의 신(神)인 화신(化神)의 석가모니와 고타마불(佛)]

[악마의 신(神)인 화신(化神)의 석가모니가
원천창조주이신 석가모니 하나님 부처님 호를
도적질한 목적과 그가 반쪽짜리 부처인 이유]

호를 도적질한 목적   후천우주 전체 정복을 위해.

고타마 불(佛)이 반쪽짜리 부처인 이유
별의 진화를 알아야 불법(佛法) 일치된 완전한 깨달음의 부처를 이룰 수 있다. 그러나 고타마 불(佛)이 115억 년 전 상천궁에서 비로자나 1세의 아들로 처음 인간 육신을 가지고 태어났을 때 원천창조주이신 석가모니 하나님 부처님의 호를 도적질하여 석가모니라 이름한 죄로 그의 아비인 비로자나 1세와 같은 벌을 받았다.

그의 아비인 최고 악마의 신인 비로자나 1세는 개천이전 진명궁(眞明宮) 커블랙홀이 만들어질 때 석가모니 하나님 부처님 두번째 분신으로 진명궁에 자리하면서 바로 역모를 꾸며 진명궁(眞明宮)에서 1-4-1의 진화의 길을 갈 많은 신(神)들이 처음 탄생할 때 악(惡)의 씨앗을 심었다. 이후 그는 진명궁 황금태양의 핵붕괴로 분출되어 밖으로 나왔을 때 석가모니 하나님 부처님께 체포되어 더이상 법신인 별의 진화를 하지 못하는 벌을 받았다.

악마의 신인 화신(化神)의 석가모니 역시 115억년 전 호를 도적질한 죄로 법신의 진화를 하지 못하는 벌을 받고 인간으로 태어나는 진화의 길만 허락받았다. 그래서 고타마 불(佛)은 불법(佛法) 일치된 완전한 깨달음의 부처를 이룰 수 없다.

지상에서 고타마로 와서 반쪽짜리 부처를 이루었다는 증거는 그가 설한 법은 훔친 불법(佛法)을 설하고 때로는 그 훔친 불법(佛法)을 왜곡하여 설했다는 것과 사리가 나왔다는 것이다.

불법(佛法) 일치된 완전한 깨달음의 부처는 자신의 법(法)이 있으며 육신의 죽음에서 사리가 나오지 않는다.

참고 : 메시아이신 미륵부처님의 직강 '제8회 (개정판) 정본 반야바라밀다심경 강의 동영상(2016.4.2)' 등

공(空)의 이해

1. 법공(法空)과 대공(大空)

2. 진공(眞空)과 반야공(般若空)

공(空)의 이해
1. 법공(法空)과 대공(大空)

※ 지구계 시간 기준

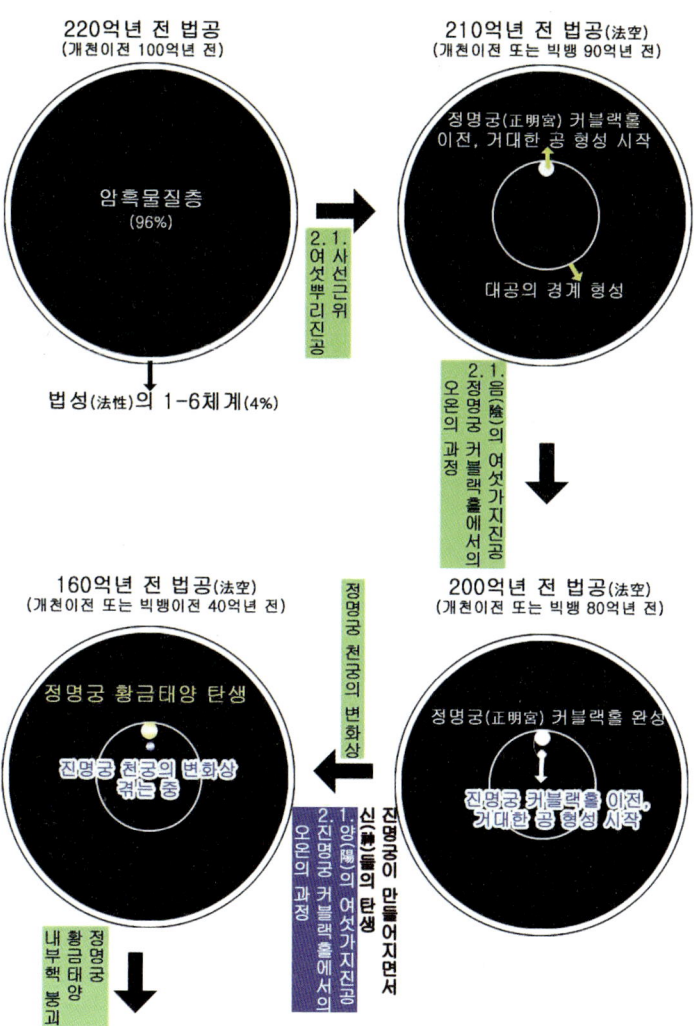

469

※ 지구계 시간 기준

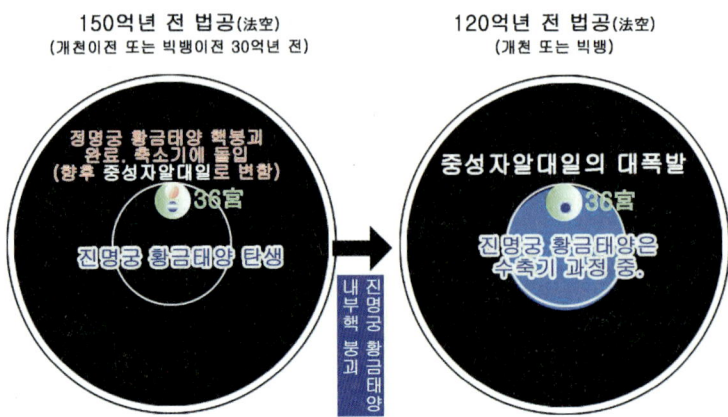

120억년 전 : 현존우주가 탄생하면서부터 불교라는 종교는 이미 있었다. 석가모니 하나님 부처님께서는 인간들이 바른 길로 가라고 지도하기 위해서 가르침을 베푼 종교가 불교이다. 마왕불교는 <u>석가모니 하나님 부처님의 불교를 찬탈하기 위해서 만들어졌다.</u>

115억년 전 : 상천궁에서 <u>신(神)들이 인간 육신을 가지고 처음 태어났다.</u>

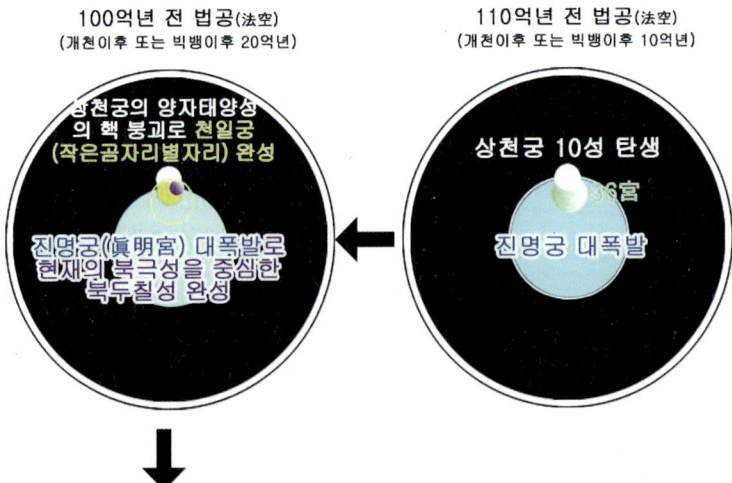

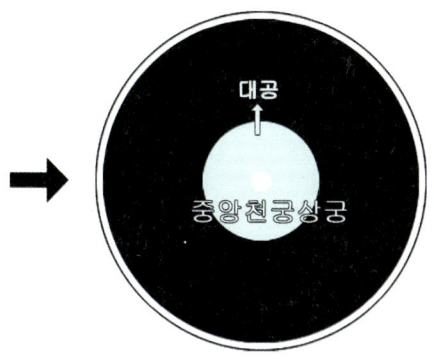

메시아이신 미륵부처님 직강 : 제1회 정본반야바라밀다심경 강의 동영상
(2016.2.8. http://brahmanedu.org/hanguk/books/heart/books_heart_vods1.html)
(개정판) 묘법화의 실상의 법(미륵불, 2015) 74쪽
메시아이신 미륵부처님 직강 : 제11회 삼일신고(三一神誥)
(2016.12.3. http://brahmanedu.org/hanguk/books/samilsingo/books_samilsingo_vods11_20161203.html)

2. 진공(眞空)과 반야공(般若空)*

> 법공(法空) 내 대공(大空)이 있고,
> 대공 내 진공(眞空), 반야공(般若空) 등이 있다.
>
> 모든 진화(進化)하는 당체가 반야공(般若空)이다.
> 만물(영체와 고체 등) 각각은 반야공(般若空) 집합체이다.
>
> 인간 역시 반야공(般若空) 집합체로 살아 움직이는 공(空)들이다.
> 영체(靈體)의 진화(進化)의 최정상에 인간(人間)이 있다.
> 마음의 근본 뿌리들도 다 공(空)의 집합체이다.
>
> 진화(進化)의 과정에 윤회(輪廻)의 법칙이 자리한다.

---

* 메시아이신 미륵부처님 직강 : 제1회 정본반야바라밀다심경 강의 동영상(2016.2.8..
http://brahmanedu.org/hanguk/books/heart/books_heart_vods1.html)

금강궁과 보물우주

[금강궁(金剛宮)]*

> 대공(大空) 내에 존재하면《중계(中界)의 우주(宇宙)》가 끝이 났을 때 처음 만들어진다.
>
> 《하계(下界)의 우주(宇宙)》로 들어갈 때 진화가 완성된 자들만 들어갈 수 있는 곳.
>
> 눈물도 없고 죽음도 없고 밥 먹는 것도 없는 등 아주 살기 좋고 쾌락한 자리.
>
> 최소 자격은 성문(聲聞)의 아라한**이 되어야 갈 수 있다.

[보물우주]***

> 법공(法空) 바깥에는 법공(法空) 크기의 60배인 완성된 우주가 있다. 그 곳은 완전히 진화가 된 보석별들이 가득찬 우주이다.

---

* 메시아이신 미륵부처님 직강 : 제1회 정본반야바라밀다심경 강의 동영상(2016.2.8.)
** 아라한은 성문승(聲聞乘)의 최고위로 우주간의 법(法)인 보살도(菩薩道)의 길에 들어야 불법(佛法) 일치된 완전한 깨달음의 부처 이룸의 자리로 나아갈 수 있다.
*** 메시아이신 미륵부처님 직강 : 제1회 정본반야바라밀다심경 강의 동영상(2016.2.8., http://brahmanedu.org/hanguk/books/heart/books_heart_vods1.html)

악의 탄생 : 비로자나 1세의 역사

(서기 2000년으로부터 220억년 전)

법공 파동~4억년
"사선근위(四善根位)": 난법
→정법→인법→세제일법

4억년~5억년 :
일부의 세제일법진공이 상대적으로 가벼운 암흑물질들과 결합함으로써 음(陰)의 여섯뿌리진공으로 변함

20억년~25억년 :
정명궁 상극의 길이 1-4의 길로부터 5억년 거리로 분출된 전자와 중간자와 양의 여섯 뿌리 진공이 한 곳에 모여 4-1의 길을 통해 또 하나의 거대한 공을 형성. 정명궁은 천궁의 변화상을 커블랙홀 완성으로부터 40억간 겪음.

5억년 :
세제일법진공과 음(陰)의 여섯뿌리진공이 법공 내부로 1-3의 길을 통해 분출 시작.

5억년~10억년 :
1-3의 길을 통해 분출되면서 음(陰)의 여섯뿌리진공이 상대적으로 무거운 암흑물질과 결합함으로써 양(陽)의 여섯뿌리진공 만들어지기 시작.

10억년~15억년 :
대공의 경계 형성
대공의 경계 맨 북쪽에 3-1의 길을 통해 하나의 거대한 공 형성.
거대한 공은 음(陰)의 여섯뿌리진공과 세제일법 진공으로 꽉 차 있음.

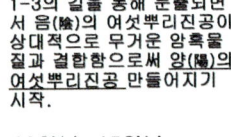

25억년~30억년 :
또 하나의 거대한 공이 커블랙홀의 작용에 들어가면서 진명궁(眞明宮)이라 불림.

또 하나의 거대한 공이 커블랙홀 작용에 들어가면서 석가모니 하나님 부처님 두번째 분신인 비로자나 1세가 그 핵으로 자리하게 하신다. 비로자나 1세와 원조 가이아신이 자리함.

15억년~20억년 :
거대한 공의 커블랙홀 과정.
→이때부터 정명궁(正明宮)이라 불림. 즉, 커블랙홀 과정 시작부터 천궁(天宮)이라 불림. 커블랙홀 과정은 오온의 과정과 다섯 기초 원소 생성되는 단계로 상극의 길이 만들어짐. 다섯기초원소 중 중성자, 양전자, 양자는 정명궁 중심핵을 구성하기 위해 남고, 전자와 중간자는 상극의 글이 1-4의 길을 통해 분출됨.

두번째 형성된 거대한 공이 커블랙홀 작용에 들어가면서 진명궁(眞明宮)이라 불린다. 석가모니 하나님 부처님 분신의 궁(宮)으로써의 진명궁(眞明宮)이 된다.

메시아이신 미륵부처님의 직강 : 제2회 정본 반야바라밀다심경 강의 동영상(2016.2.20)
(개정판) 묘법화의 실상의 법(미륵불, 2015) 74쪽

최고 대마왕신 비로자나 1세의 나이*

법공(法空)의 진화

	기간	비고
1회 진화기	우주 전체 시간 10,000억년 (지구계 시간 1,000억년)	
2회 진화기	우주 전체 시간 10,000억년 (지구계 시간 1,000억년)	
3회 진화기	우주 전체 시간 10,000억년 (지구계 시간 1,000억년)	
4회 진화기	우주 전체 시간 10,000억년 (지구계 시간 1,000억년)	석가모니 하나님 부처님 2번째 분신(分身)인 비로자나 1세 첫 태어남. 비로자나 1세와 원조 가이아 할매 사이에서 원조 가이아신 태어남.
5회 진화기	우주 전체 시간 10,000억년 (지구계 시간 1,000억년)	
6회 진화기 (현재 우주)	우주 전체 시간 10,000억년 (지구계 시간 1,000억년)	현재 2,200억년(220억년) 경과된 상태임. 최고 대마왕신인 비로자나 1세의 나이 : 22,200억 살(2,220억 살)
↓	↓	↓
10,000회 진화기	우주 전체 시간 10,000억년 (지구계 시간 1,000억년)	
10,000번	우주 전체 시간 100,000,000억년(지구계 시간 10,000,000억년)	

* 메시아이신 미륵부처님 직강 : 제2회 정본반야바라밀다심경 강의 동영상(2016.2.20..
http://brahmanedu.org/hanguk/books/heart/books_heart_vods2.html)

현 법공 진화기(6번째 법공 진화기)에서의 최고 대마왕신 비로자나 1세의 최초 반란과 1차 우주 쿠데타*

※ 지구계 시간 기준

시기	법공 진화 과정	사건
법공의 파동 시작(220억년 전)~4억년	법성(法性)의 1-6체계에서의 사선근위(四善根位)의 과정	
4억년 ~5억년	암흑물질층과 인접한 법성의 1-6체계에서 세제일법진공이 상대적으로 가벼운 암흑물질과 첫 삼합(三合)을 함으로써 음(陰)의 여섯뿌리진공이 만들어지는 시기	
5억년	세제일법(世第一法) 진공과 음(陰)의 여섯뿌리진공이 법성(法性)의 1-6체계가 허물어짐으로써 법공(法空) 내부로 이동하기 시작함.	
5억년 ~10억년	5억년 거리로 이동함. 이동 과정에서 음(陰)의 여섯뿌리진공은 상대적으로 무거운 암흑물질과 결합함으로써 양(陽)의 여섯뿌리진공 탄생시킴.	
10억년	세제일법 진공, 음(陰)의 여섯뿌리진공, 양(陽)의 여섯뿌리진공이 5억년 이동하여 법공내 암흑물질층 내부에 도착함.	
10억년 ~15억년	음(陰)의 여섯뿌리진공으로 대공의 경계 형성. 세제일법 진공과 음(陰)의 여섯뿌리진공이 대공의 경계 맨 북쪽에 거대한 구 형성함.	
15억년 ~20억년	처음 형성된 거대한 구가 커블랙홀 작용을 하는 기간. 이때부터 천궁(天宮)이라 불리며, 정명궁(正明宮)이라 한다. 이때 오온(五蘊)의 과정과 다섯 기초 원소 생성이 활발히 진행됨. 이 과정에 양(陽)의 여섯 뿌리 진공과 정명궁(正明宮)에서 만들어진 다섯 기초원소 중 전자와 중간자는 상극의 길인 1-4의 길을 통해 5억년 거리로 분출함.	정명궁(正明宮)커블랙홀 과정 중 1-3-1의 진화의 길을 걷는 신(神)들과 1-3-1의 진화의 길에서 1-2의 진화의 길을 걷는 신(神)들이 태어남.

* 메시아이신 메시아이신 미륵부처님 직강 : 제1회 정본반야바라밀다심경 강의 동영상(2016.2.8. http://brahmanedu.org/hanguk/books/heart/books_heart_vods1.html)
제2회, 제3회 정본반야바라밀다심경 강의 동영상(2016.2.20.)

시기		정명궁(正明宮)	진명궁(眞明宮)	비고
20억년		정명궁(正明宮) 커블랙홀 완성		
20억년~60억년 - 정명궁(正明宮)이 천궁(天宮)의 변화상	20-30	정명궁(正明宮) 태양수 ⊕의 핵	20억년~25억년 : 정명궁(正明宮)으로부터 분출된 전자, 중간자와 양(陽)의 여섯뿌리진공이 한 군데 모여 또 하나의 거대한 공(空)을 형성함.	
			25억년~30억년 : 형성된 거대한 공의 커블랙홀의 작용을 함. 이때부터 진명궁(眞明宮)이라 불림. 역시 오온(五蘊)의 과정과 다섯기초원소 탄생이 활발히 이루어지면서 천궁내에서는 세 갈래의 길이 형성됨.	비로자나 1세를 비롯한 1-4-1의 진화의 길을 걷는 신(神)들이 태어남. 진명궁 핵에 비로자나 1세 자리. 비로자나 1세와 원조 가이아 할매가 진명궁에 자리하여 역심을 품고 악(惡)의 씨앗을 신(神)들이 태어날 때 이미 심음.
	30		진명궁(眞明宮) 커블랙홀 완성	
	30-40	정명궁(正明宮) 화이트홀	30억년~70억년 : 진명궁(眞明宮)의 천궁의 변화상(태양수 ⊕의 핵→화이트홀→퀘이샤→황금알대일).	
	40-50	정명궁(正明宮) 퀘이샤		
	50-60	황금알대일		
60억년		황금태양 탄생		

* 개천이전(開天以前) 천궁(天宮)의 과정에서는 세제일법 진공이 존재하나, 개천이후(開天以後) 천궁(天宮)의 작용에서는 여섯뿌리진공에서 각종 작용이 전개된다.

시기	정명궁(正明宮)	진명궁(眞明宮)	비고
60억년~70억년	황금태양의 내부 핵 붕괴기		
70억년		진명궁(眞明宮) 황금태양 탄생	
70억년~80억년	정명궁(正明宮) 황금태양 축소기로, 이 기간에 황금태양이 중성자알대일로 바뀜.	70억년~80억년 : 진명궁(眞明宮) 황금태양 내부 핵 붕괴기	진명궁 핵(核) 붕괴로 바깥으로 나옴. 음(陰)의 36궁이 형성. 이때 비로자나 1세와 원조 가이아 할매는 석가모니 하나님 부처님께 붙들려 앞으로 법신(法身)의 진화를 하지 못하고 인간 육신을 가지고 태어나 진화하는 길만 허용하시어 진명궁으로부터 쫓겨남.
80억년~100억년		80억년~110억년 : 진명궁(眞明宮) 황금태양축소기.	※ 30억년 기간(70억년째~100억년째)은 정명궁과 진명궁 핵 붕괴로 인한 완성된 음(陰)의 36궁 내에서 고온고압이 작용하여 많은 물질합성이 활발히 이루어진 기간이다.
100억년 (AD2000년으로부터 120억년전)	중성자대일의 대폭발*		
100억년~110억년	상천궁 10성이 1억년마다 1성(星)씩 태어남.		

* 개천(開天). 현대 과학 용어로는 빅뱅(Big Bang)로 알려져 있다.

시기	정명궁(正明宮)	진명궁(眞明宮)	비고
110억년 (개천이후 10억년)	상천궁(上天宮) 완성. 상천궁의 마지막 별인 양자태양성의 내부 핵 붕괴.	진명궁(眞命宮) 황금태양 폭발	
110억년 ~120억년	상천궁(上天宮)의 양자태양성의 내부 핵 붕괴 물질분에 의해서 천일궁(天一宮) 10의 궁(宮)이 만들어짐.	현재의 북극성을 포함한 북두칠성이 태어남.	115억년 전 : 상천궁(上天宮)에서 제신(諸神)들이 인간 육신을 가지고 처음 태어남. 이때 비로자나 1세와 가이아신 1세 사이에서 아들이 태어났는데, 이때 그 아들의 이름을 원천창조주이신 석가모니 하나님 부처님 호를 도적질하여 석가모니라 호칭함. 그 뒤 석가모니 하나님 부처님께서는 악마의 신(神)인 화신(化神)의 석가모니에게도 법신(法身)의 진화를 하지 못하고 인간으로 태어나서 진화할 수 있는 기회만 내리심. 전 우주를 지배하고자 하는 음모가 드러난 때.

시기	정명궁(正明宮)	진명궁(眞明宮)	비고
120억년 (개천이후 20억년 또는 100억년 전)	작은곰자리 별자리로 알려진 천일궁(天一宮) 10의 궁 완성.	현재의 북극성을 포함한 북두칠성 완성.	당시 1-3-1의 진화의 길에서 1-2의 진화의 길에 있는 다보불과 문수보살 등이 동참하여 아미타불 시해 사건 터짐(1차 우주 쿠데타 발발).
	천일궁과 북두칠성을 포함하는 양(陽)의 36궁이 형성됨.		이후 선천우주 동안의 관세음보살이셨던 대비관세음보살 등이 가담하게 됨. 작은곰자리 베타성에서 아미타불이 인간 사회에서 왕으로 태어났을 때임.
이후	천(天)과 인(人)의 우주 만들어짐.	지(地)의 우주 만들어짐.	

지상에서의 문명

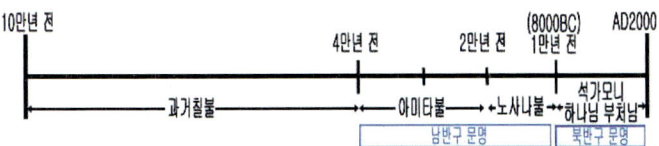

10만 년전부터 1만 년전까지 펼쳐진 문명은 천상(天上)에서 발발하였던 1차 우주 쿠데타가 발생했던 천일궁(天-宮)을 포함한 천일우주(天-宇宙) 100의 궁(宮)의 9개 성단의 인간 무리들의 진화를 위해 지상(地上)에서 9만년 동안 펼쳐진 문명이다.

인간 외형의 아름다움을 갖춘 인간들로 진화해 본래의 성단으로 되돌아갔다. 이 중 과거칠불에 의해 일어난 6만년 동안의 문명기의 인간은 현재 인간 크기보다 3배수 큰 외형을 갖춘 인간들로 진화했으며, 이후 남반구 문명기의 인간은 현재와 같은 크기의 외형을 갖추었다.

9만년 동안 천일우주 100의 궁의 모든 성단들의 인간 무리들이 그동안의 인간 외형의 아름다움을 갖춘 인간들로 진화해 본래의 자리로 돌아갔기 때문에,

1만년전부터 현재까지 전개된 지상의 마지막 문명기인 북반구 문

명*은 그 9만년 동안 지구의 지상(地上)에서 바람, 돌, 곤충, 물고기, 짐승 등의 진화를 하며 구석기인으로 진화하여 온 지상(地上)의 무리들을 하늘의 씨앗인 삼진(三眞)을 심어 신석기인을 거쳐 인간으로 진화시켜 도덕성과 사회정의를 심는 기간이 된다.

* 메시아이신 미륵부처님 직강 : 제2회 정본반야바라밀다심경 강의 동영상(2016.2.20..
http://brahmanedu.org/hanguk/books/heart/books_heart_vods2.html)

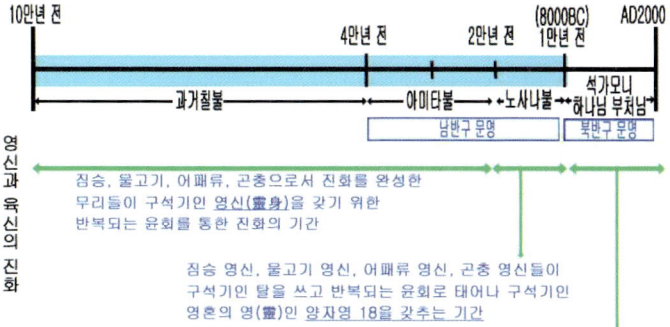

■ 천상에서 발발했던 1차 우주 쿠데타가 발생했던 천일우주(天一宇宙) 100궁(宮)의 9개 성단의 인간 무리들의 진화를 위한 지상에서 펼쳐진 문명으로, 인간 외형의 아름다움을 갖춘 인간들로 진화해 본래의 성단으로 되돌아 갔다(10만년전부터 1만년전까지).

이 중 과거칠불에 의해 일어난 6만 년 동안의 문명기의 인간은 현재 인간 크기보다 3배수 큰 외형을 갖춘 인간들로 진화했으며, 이후 남반구 문명기의 인간은 현재 인간과 같은 크기의 외형을 갖추었다.

BC 8000년부터 전개된 지상의 마지막 문명기인 북반구 문명은 천일 우주 100의 궁 모든 성단들의 무리들이 그동안의 인간의 외형의 아름다움을 갖춘 인간들로 진화해서 본래의자리로 돌아갔기 때문에 <u>북반구 문명기간은 지상에서 영체의 진화를 하여 오던 무리들이 구석기인으로 진화를 함</u>으로써 그들에게 하늘의 씨앗인 삼진을 심어 신석기인을 거쳐 인간들로 진화시켜 도덕성과 사회정의를 심는 기간이 된다.

※ 중앙천궁상궁(中央天宮上宮) 운행 시작으로 인한 문명의 종말은 서기 2000년에 일어나기로 되어 있었으나, 그 운행은 현재(2016AD)로 부터 24년 남았다.

참고 : 메시아이신 미륵부처님의 직강
-제2회 우주간의 법 해설 삼일신고 강의 동영상 (2016.10.1)
-제4회 우주간의 법 해설 삼일신고 강의 동영상 (2016.10.15)

우주 쿠데타, 지상에서의 마지막 문명, 그리고 인간 추수기*

	시기	사건	장소	비고
법공 팽창기	법공의 파동으로부터 120억년 (개천이후 20억년 또는 빅뱅이후 20억년)	1차 우주 쿠데타	작은곰자리 베타성에서 발발.	
	27BC~2000AD	2차 우주 쿠데타	지상의 로마제국 건국(27BC)과 함께 시작해서 서기 2000년까지	선천우주(先天宇宙) 마감을 앞두고 <u>지상의 마지막 문명인 북반구 문명</u> 때에 대마왕과 악(惡)의 신(神)들이 발악을 하여 인간들 정신세계를 완전히 더럽히고 종교에서 마왕사상과 관념 심음. **해결책** : 각종 종교 등으로 인한 사상과 관념은 스스로가 버려야 한다.
	서기 2000BC (개천이후 120억년 또는 빅뱅 이후 120억년)	선천우주(先天宇宙) 마감의 때이자 후천우주(後天宇宙) 시작.		1차 인간 추수기
	개천이후 240억년			2차 인간 추수기
	개천이후 360억년			3차 인간 추수기
법공 소멸기 (140억년)	개천이후 480억년			인간 추수기
	개천이후 600억년	축소기		

* 메시아이신 미륵부처님 직강 : 제2회 정본반야바라밀다심경 강의 동영상(2016.2.20..
http://brahmanedu.org/hanguk/books/heart/books_heart_vods2.html)

[최근 10만 년 간 지상(地上)에서 문명(文明)이 펼쳐진 이유와 목적]*

1. 인간 육신의 아름다움을 갖추게 하기 위함.

: 우주간에서의 인간 외형은 천차만별이다. 현재 지상(地上)의 인간들의 외형이 제일 아름다운 외형으로 이러한 외형을 갖기 위해서는 법공의 제로 지점에 위치한, 목성, 달, 화성, 지구가 있는 곳으로 내려와야 지상의 인간의 외형을 가질 수 있게 된다.

2. 천일우주(大一宇宙) 100의 궁(宮) 때의 반란으로 마성(魔性)이 깊어졌던 인간들을 교화시킬 필요가 있었기 때문임.

---

* 메시아이신 미륵부처님 직강 : 제2회 정본반야바라밀다심경 강의 동영상(2016.2.20..
http://brahmanedu.org/hanguk/books/heart/books_heart_vods2.html)

사선근위와 오행의 원천

표) 사선근위(四善根位)

순서	단계	비고
1	난법(煖法)	법성(法性)의 근본 바탕인 착함(善)이 무색 투명한 고열을 가진 것
2	정법(頂法)	파동
3	인법(忍法)	순수 공(空)들의 분열의 과정
4	세제일법(世第一法)	이합(二合)의 세제일법 진공(眞空) 탄생

※ 사선근위(四善根位)의 과정은 법성(法性)의 1-6체계 내에서 펼쳐진다.
※ 순수 공(空)과 세제일법 진공(眞空)이라 불리는 순수 진공(眞空)의 차이는 순수 공(空)은 절대온도를 가지나 순수 진공(眞空)은 고열을 가진다.

표) 세제일법(世第一法) 순수 진공(眞空) 5 : 오행(五行)의 원천*

1-6	6각고리	① -- : 水
		② -+ : 土
		③ ++ : 金
	석명광(釋明光)	④ 석광(--) : 木
		⑤ 명광(++) : 火

※ 사실, 1-6체계에서 1은 음(陰)의 육각고리이며 6은 양(陽)의 육각고리에 의미한다.

* 메시아이신 미륵부처님의 직강 : 제10회 정본 반야바라밀다심경 강의 동영상
(2016.4.16., http://brahmanedu.org/hanguk/books/heart/books_heart_vods10.html)

법공도(法空圖)

[그림] 휴식기 법공도(法空圖)

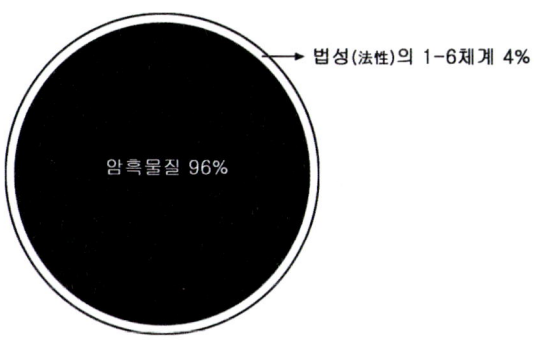

[그림] 진화기 법공도(法空圖)

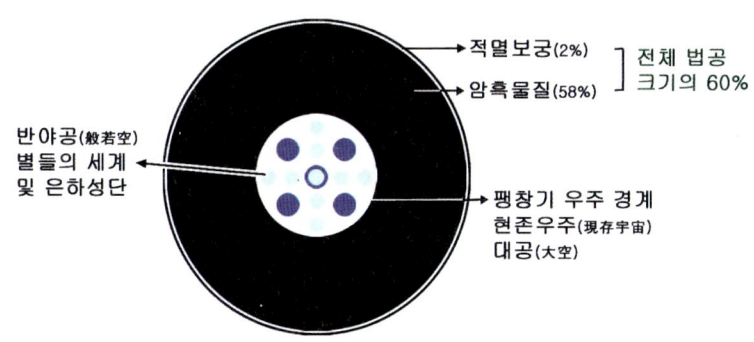

참조 : 제11회 정본 반야바라밀다심경 강의(2016년 4월 16일,
http://brahmanedu.org/hanguk/books/heart/books_heart_vods11.html)

[알파와 오메가] (십거일적수)

정명궁(正明宮) 진화의 기간 : 100억년 ⎤ 19 수리 : 알파와 오메가 또는 십거일적수
진명궁(眞明宮) 진화의 기간 : 90억년   ⎦ ↑ 190억년

※ 19수의 중요성 : 우주 팽창의 근본 이치.

경전 왜곡의 예) ~~일적십거~~

참조 : 메시아이신 미륵부처님의 직강 '제12회 (개정판) 정본 반야바라밀다심경 강의 동영상(2016.5.7)'

기(氣)의 실체

오온(五蘊)의 전 과정에 있는 반야공들, 암흑물질,
세제일법 진공, 여섯뿌리진공, 절대 온도를 가진 순수 공,
양(陽)의 진공, 마구니들이 한 행위들 등이 혼재된 것

메시아이신 미륵불의 직강 제13회 정본 반야바라밀다심경 강의 동영상(2016.5.7)

음양(陰陽)의 가변성

	개천전후	상계의 우주	중계의 우주
음(陰)의 36궁(宮)	적멸보궁	상천궁	중앙천궁상궁
양(陽)의 36궁(宮)	상천궁 등	천일궁, 북두칠성 등	중앙우주 100의 궁

참고 : 메시아이신 미륵부처님의 직강 '제13회 (개정판) 정본 반야바라밀다심경 강의 동영상(2016.5.7)' 등

[현재 우주의 좌표]

법공(法空), 대공(大空), 상천궁(上天宮) 위치와 크기

현재의 북극성이 진공화된 상천궁을 중심한 36궁(宮)의 경계를 돌고 있다.

上天宮과 36宮
120억년전 탄생한 최초의 하늘
상천궁 40광년
현재의 북극성(Polaris)

[상천궁(上天宮)]
단면의 둘레 : $2\pi r = 2 \times 3.14 \times 40 = 251.2$광년
부피 : $4/3 \times \pi r^3 = 4/3 \times 3.14 \times 40^3 = 367,946.667$

大空
현존 우주가 펼쳐진 별들의 세계

상천궁 40광년
←현재의 북극성
800광년
지구 (대공의 중심 영역에 위치)

[대공(大空)]
단면의 둘레 : $2\pi r = 2 \times 3.14 \times 840 = 5,275.2$광년
부피 : $4/3 \times \pi r^3 = 4/3 \times 3.14 \times 840^3 = 2,481,454,080$

[천일우주(天一宇宙) 100의 궁(宮)]
단면의 둘레 : $2\pi r = 2 \times 3.14 \times 80$광년 $= 502.4$광년
부피 : $4/3 \times \pi r^3 = 4/3 \times 3.14 \times 80^3 = 2,153,573.333$

진화기 法空圖

상천궁
현재의 북극성→
→천일우주 100의 궁(宮)
1,140.055399광년
중앙천궁상궁
대공 40%
암흑물질층 58%
→적멸보궁(寂滅寶宮) 2%

[법공(法空)]
부피 = $2,481,454,080$(대공의 부피)$\div 40 \times 100 = 6,203,635,200$
$r^3 = 6,203,635,200 \div 4 \div 3.14 \times 3 = 1,481,760,000$
$r = \sqrt[3]{1,481,760,000} = 1,140.055399$광년
법공의 반지름 : 1,140.055399광년
단면의 둘레 : $2\pi r = 2 \times 3.14 \times 1,140.055399 = 7,159.54706$광년
부피 : $4/3 \times \pi r^3 = 4/3 \times 3.14 \times 1,140.055399^3 = 6,203,635,200$

미륵부처님께서 밝히시는 문명의 종말(2011 출간)

제14회 정본 반야바라밀다심경 강의 동영상(2016.5.21.) 등 참조.

법공의 파동으로부터 상계의 우주 하늘과 북극성을 포함한, 북두칠성 탄생 역사

- **0년**: 법공의 파동
  - 사선근위(난법, 청법, 인법, 세제일법)의 과정(4억년간)
  - → 세제일법진공 탄생(4억년째)
  - → 음(陰)의 여섯뿌리진공 탄생(1억년)
- **5억년**: 진공들의 이동과 양의 여섯뿌리진공 탄생(5억년간)
- **10억년**: 대공의 경계 형성, 거대한 구 형성(5억년간)
- **15억년**: 정명궁(正明宮) 천궁의 변화상 (45억년간)
  - 커블랙홀(5억년간)
  - 태양수 +9의 핵(10억년간)
  - ↓
  - 화이트홀(10억년간)
  - ↓
  - 퀘이샤(10억년간)
  - ↓
  - 황금알대일(10억년간)
  - ● 또 다른 거대한 구(球) 형성 (5억년간)
- **20억년**: 진명궁(眞明宮) 천궁의 변화상 (45억년간)
  - 커블랙홀(5억년간)
  - 태양수 +9의 핵(10억년간)
  - ↓
  - 화이트홀(10억년간)
  - ↓
  - 퀘이샤(10억년간)
  - ↓
  - 황금알대일(10억년간)
- **60억년**: 중성자 태양성 탄생
  - 핵붕괴기(10억년간)
- **70억년**: 수축기(30억년간)
  - ● 황금태양 탄생
  - 핵붕괴기(10억년간)
- **80억년**: ● 수축기(30억년간)
- (AD2000년으로부터 120억년 전)
- **100억년**: **중성자알 대일 대폭발 (개천 또는 빅뱅)**
- **110억년**: **상천궁 10성 완성.**
  - 상천궁 마지막 별인 양자태양성 내부 핵 붕괴
  - ● 진명궁 대폭발
- **120억년**: **천일궁 10의 궁 완성**
  - 작은곰자리 별자리 등.
  - ● 현재의 북극성 포함한 북두칠성 탄생

● 지구계 시간 기준   : 하늘

우주 탄생과 진화 경로 및 위치

지구계 시간 기준   각 우주 크기 및 위치   우주 탄생과 그 이동 경로

- 120억년 전 (*우주 전체시간으로는 1,200억년 전)
- 상천궁
- 북극성
- 40광년
- 160광년
- 오리온좌 알파성
- 60억년 전   인일일 우주에서 목성 탄생
- 56억년 전   지일일 우주에서 태양성 탄생
- 45억년 전   인일이 우주에서 지구 탄생
- 360광년
- 은하수
- 240광년
- 지이삼 우주
- 중앙천궁상궁
- 40광년
- AD2000년 (현재 기준)

- 상천궁을 포함한 36궁
- 천일우주 100의 궁
- 천일일 우주
- 천일삼 우주   천일이 우주
- 인일일 우주   지일일 우주
- 인일이 우주   지일이 우주
- 인일삼 우주   지일삼 우주
- 천이삼 우주
- 인이삼 우주
- 지이삼 우주
- 중앙천궁상궁을 포함한 36궁

⬇ 1-3-1의 길
⬇ 1-4-1의 길

대공(大空)

암흑물질층

※ 지금으로부터 120억년 전 개천(開天, 빅뱅)이 되면서 대공의 북쪽에서 상천궁(上天宮)이 만들어지면서 대공(大空)의 중심점을 향해 내려오면서 우주가 만들어지는 시기와 지금까지 만들어진 우주들이다.

참조 :
메시아이신 미륵부처님 직강 - 제14회 정본 반야바라밀다심경 강의 동영상
(2016.5.21., http://brahmanedu.org/hanguk/books/heart/books_heart_vods14.html)
메시아이신 미륵부처님 직강 : 제11회 삼일신고(三一神誥)
(2016.12.3. http://brahmanedu.org/hanguk/books/samilsingo/books_samilsingo_vods11_20161203.html)

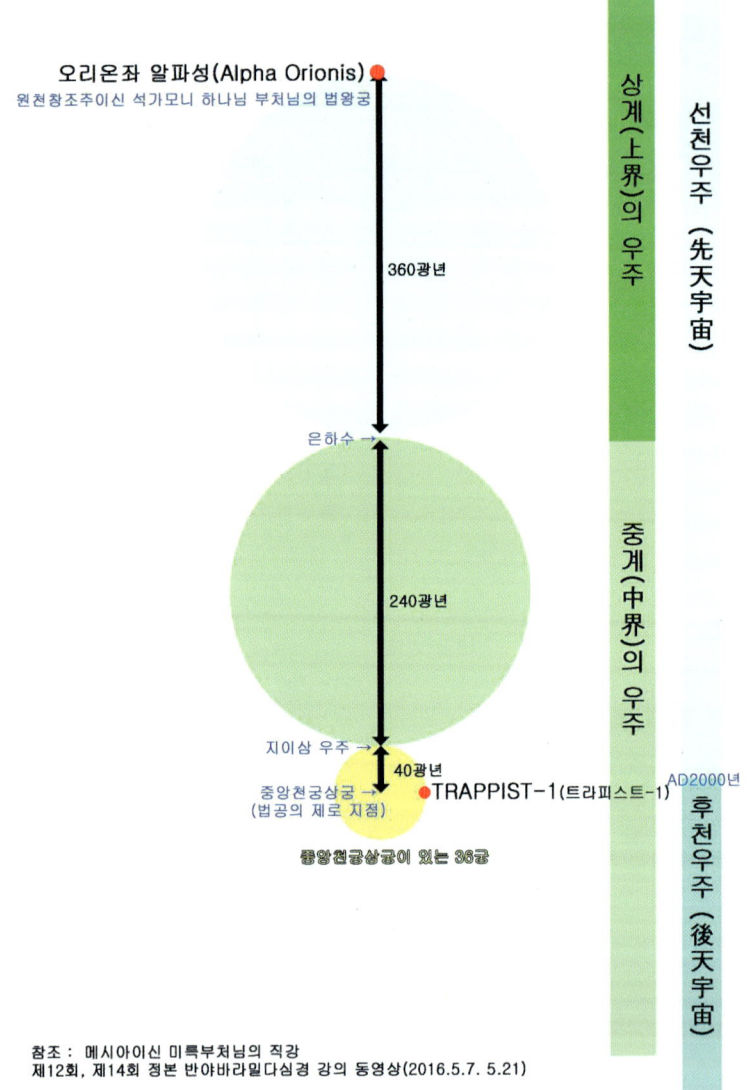

현재 우리들 태양계의 좌표

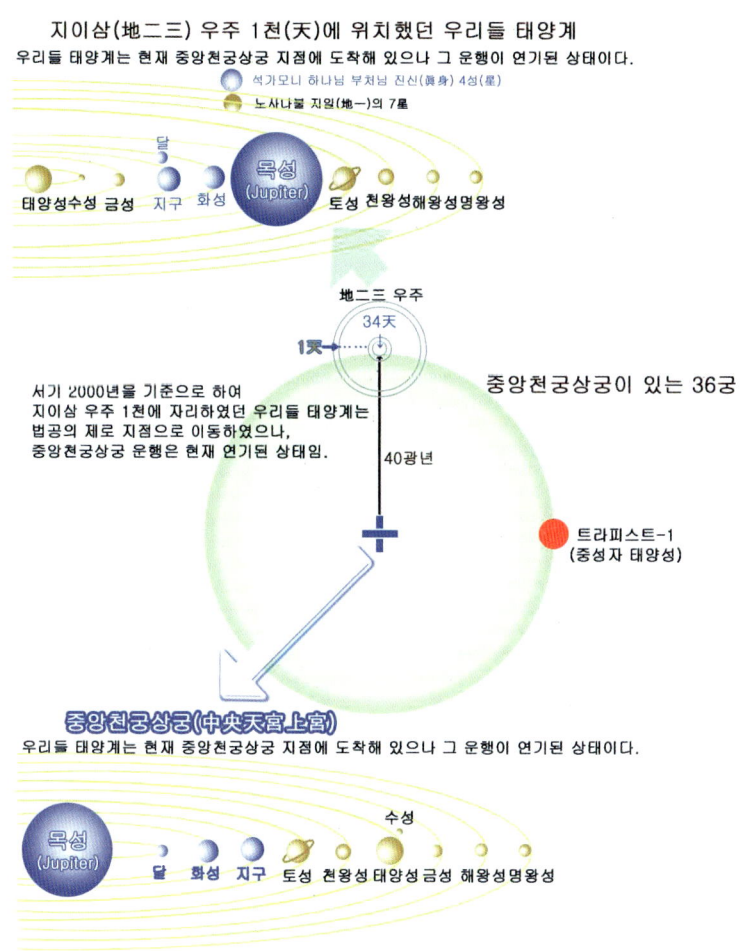

참조 : 제14회 정본 반야바라밀다심경 강의 동영상(2016.5.21.
http://brahmanedu.org/hanguk/books/heart/books_heart_vods14.html)

트라피스트-1(TRAPPIST-1)의 탄생

오리온좌 성단

석가모니 하나님 부처님 법왕궁(法王宮)

Betelgeuse
(Alpha Orionis)

현재 법공의 중심인 지구로부터 40광년까지가 '중앙천궁상궁이 있는 36궁(宮)'의 영역이다. 2016년 5월 3일자에 네이쳐(Nature) 지에 발표된 '트라피스트-1'과 지구와 같은 3성(星)이 지구로부터 약 40광년 떨어진 곳에서 발견이 된 것이 그 증거이다. 40광년 이후부터 '중앙우주 100의 궁(宮)'이 펼쳐지게 된다.

1. 베텔게우스(Betelgeuse, Alpha Orionis)로 알려진 석가모니 하나님 부처님 법왕궁에서 10억년간 물질분출을 일으킨다.

2. 분출된 물질들은 한 곳에 모여 5억년간 거대한 공을 형성한다.

3. 형성된 공은 커블랙홀(Kerr black hole)로 전환하여 커블랙홀 작용을 5억년간 한다.

4. 이후 태양수 +9의 핵 10억년, 화이트홀 10억년, 케이샤 10억년, 황금알대일 10억년 총 40억년 과정을 거친다.

5. (60억년 만에) 황금알대일의 대폭발

6. 이후 6억년간 중성자 태양성이 탄생된다. 현대 과학에서는 이 중성자 태양성을 '트라피스트-1(TRAPPIST-1)'으로 명명했다.

7. 트라피스트-1(TRAPPIST-1)으로 명명된 중성자 태양성은 1억년간의 태중기간을 거친다.

8. 이후 중성자 태양성은 매 1억년마다 1개의 별을 탄생시켜 3개의 별을 탄생시켰다.

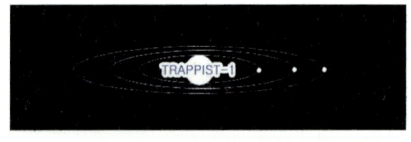

참조 : 제12회 정본 반야바라밀다심경 강의 동영상(2016.5.7.,
http://brahmanedu.org/hanguk/books/heart/books_heart_vods12.html)

영체 진화

진명궁(眞明宮)과 진명궁(眞命宮)의 육합(六合)

1	3	3	3		1	3	3	3	➡ 정명궁(正明宮)
육합(六合)의 삼합(三合)	육합(六合)의 육합(六合)	육합(六合)의 구합(九合)	육합(六合)의 십이합(十二合)		1	3	6	9	➡ 진명궁(眞明宮)

1	3	6	9
1	3	6	9
1	3	6	9
1	3	6	9

노사나불 불(佛)의 용(用)의 수(數) 4

《진명궁(眞明宮)》의 완성으로 태어난 《태양계》 현재의 《북극성(北極星)》과 《북두칠성(北斗七星)》 《개천이후(開天以後)》 《태양계(太陽界)》를 이룬 《진명궁(眞命宮)》의 합(合)

4×18=72궁(宮)

《36궁(宮)》과 《36궁(宮)》으로써 현재의 《진명궁(眞命宮)》 《태양계(太陽界)》인 《북두칠성(北斗七星)》과 《지일일(地一一)》 우주인 《거문고 성단(星團)》이 《36궁(宮)》을 이루고 있으며 《지일이(地一二)》 우주인 《황소자리 성단》이 《36궁(宮)》을 이루고 있는 것이다.

참조 : 제13회 정본 반야바라밀다심경 강의 동영상(2016.5.7..
http://brahmanedu.org/hanguk/books/heart/books_heart_vods13.html)

[영체 진화에서 지상의 인간 무리들의 진화적 위치]

영체 진화

↓

식(識)의 반야공 진화 기간 (10억년)

↓

삼합   　　　화성에서 영체 진화를 하는 식(識)의 반야공
　　　　　　들이 진화를 다 마치고 이후 지구에서 인간
↓　　　　　무리로 태어났기 때문에 현재 화성(火星)에
　　　　　　물이 존재하지 않는 것이다.

다섯기초원소

↓
↓

인간 태어남을 위한 첫 삼합

영혼의 영(목성에서 정명에 의해)과
영신(태양성에서 진명에 의해)으로 진화.

↓

인간자궁 속에서 두번째 삼합

↓

세번째 삼합

↓

인간 완성 → 현재 지구상에 인간 육신을 가지고 태어난 무리들
　　　　　　에게 남아있는 과정은 <u>마지막 인간 완성의 과정</u>에 놓
　　　　　　여 있으나, 현재 시점 지상의 인간들은 대마왕들과
별들의 진화　악(惡)의 신(神)들인 대마왕신(神)들의 사상과 관념에
바로 진정한　천인　사로잡혀 이로부터 벗어나지 못하고 있는 실정이다.
인간진화　↓　<u>모든 종교와 사상과 관념을 버리고 도덕성과 사회</u>
의 길　　　<u>정의를 회복하여 인간성을 회복하였을 때 최소한</u>
　　　　　　<u>구원의 대열에 들 수 있다.</u>

★ 참고 : 메시아이신 미륵부처님의 직강 '제14회 (개정판) 정본 반야바라밀다심경 강의 동영상(2016.5.21)' 등

법공 내 작용으로 살펴본 창조와 진화의 범위

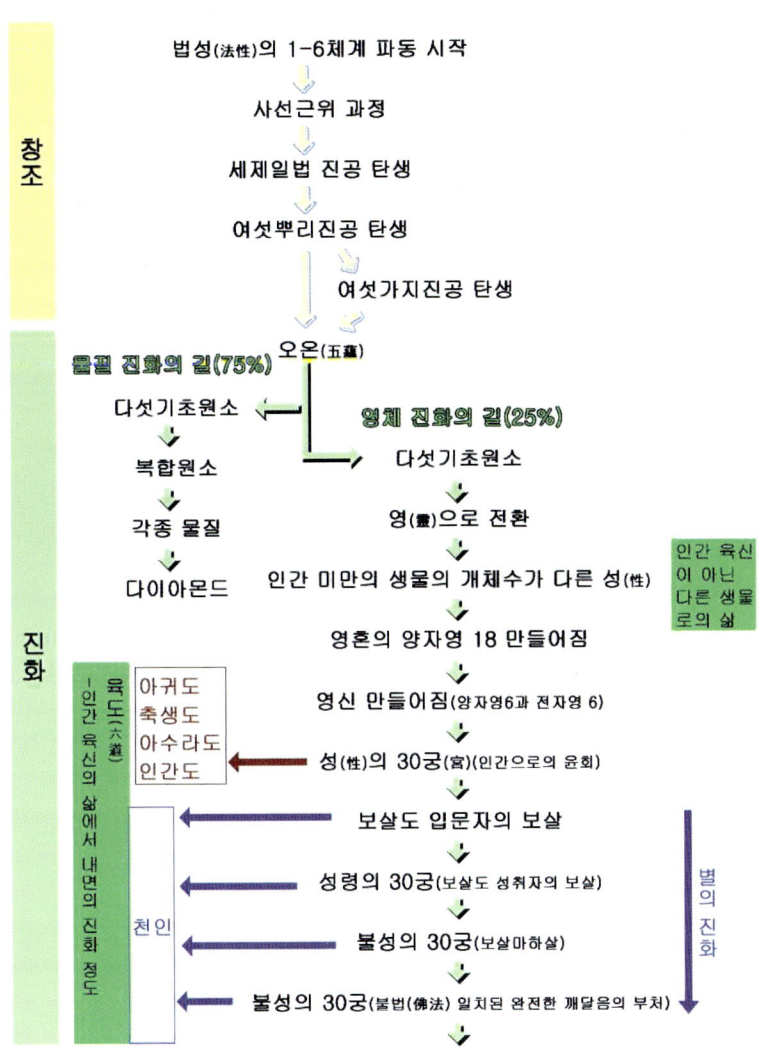

참조 : 제14회 강의 정본 반야바라밀다심경(2016.5.21..)
http://brahmanedu.org/hanguk/books/heart/books_heart_vods14.html)

보살

1. 보살도 입문의 보살
2. 보살도 성취의 보살
3. 보살마하살

※ 보살도 성취의 보살은 성문(聲聞)의 최고위인 아라한과 같은 지위로 법신(法身)인 별의 진화의 길을 걸으므로 불법(佛法) 일치된 완전한 깨달음을 이룰 수 있다. 하지만 성문승의 최고위인 아라한은 우주간의 법에 들지 않고 세간법에 머물기 때문에 무상정등정각(즉, 아뇩다라삼먁삼보리)를 이룰 수 없다.

참고 : 메시아이신 미륵부처님의 직강 '제9회 (개정판) 정본 반야바라밀다심경 강의 동영상(2016.4.2)' 등

인간 평면도

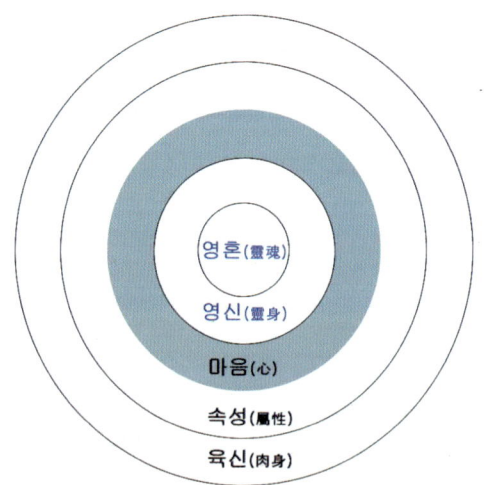

인간 육신

(세포 수 : 100억조개)

- 개체의 전자영들 : 신경망

- 개체의 양자영들 : 혈액
  - 흰 핏돌 : 인체의 배(倍)면 (1-3-1의 길, 산소O의 원자핵의 길)
  - 붉은 핏돌 : 인체의 복(腹)면 (1-4-1의 길, 탄소C의 원자핵의 길)

  참고 : 제18회, 제19회 정본 반야바라밀다심경 강의 동영상(2016.06.18)

마음층

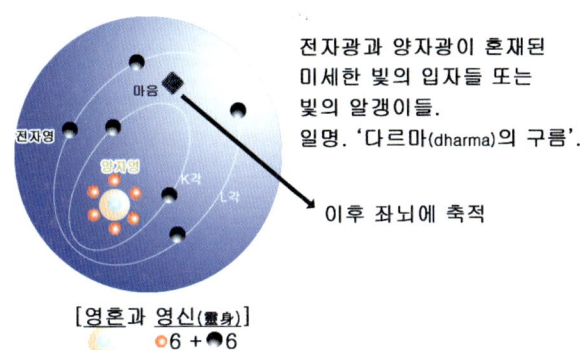

전자광과 양자광이 혼재된
미세한 빛의 입자들 또는
빛의 알갱이들.
일명. '다르마(dharma)의 구름'.

이후 좌뇌에 축적

[영혼과 영신(靈身)]
 ●6 + ●6

참고 : 제18회, 제19회 정본 반야바라밀다심경 강의 동영상(2016.06.18)

[한민족(韓民族) 문자]

- 한문(韓文) : 양(陽)의 문자, 뜻글자
- 한글 : 음(陰)의 문자, 소리글

제18회 정본 반야바라밀다심경 강의 동영상(2016.06.18)

[우파니샤드 해설편]

> ... 중략 ...　　　　　　　　　※ 영신(靈身)의 작용 중 전자영 6
> 본다는 것은 눈과 함께 <u>숨</u>이 보는 것
> 듣는다는 것은 귀와 함께 <u>숨</u>이 듣는 것
> 생각한다는 것은 <u>마음과 함께</u> 모든 <u>숨</u>이 생각하는 것
> <u>숨을 쉰다</u>는 것은 숨과 함께 모든 <u>숨</u>이 숨쉬는 것
> 그러므로 가장 <u>훌륭한</u> 것은 숨 중에 있도다
>
> 『까우쉬 따끼 우파니샤드』 제3장 2항

미륵부처님 직강-제19회 정본 반야바라밀다심경 강의 동영상(2016.06.19)

> 　　　　　　　　　　　　　　※ 영혼(靈魂)이 머무는 자리
> ... 중략 ...
> <u>심장 속 빈 공간으로 이루어진 곳</u>은　영혼이 머무는 곳.
> '환희'그 자체인 <u>지고의 존재</u>가 머무는 곳
> 그는 바로 <u>우리 자신</u>이며 우리가 '<u>요가</u>'를 통해 가고자 하는 목적지다.
> 이것 또한 <u>불과 태양(太陽)</u>과 <u>열기</u>이다.
> 　　　　　　　양자영 18　　중성자영 6
>
> 『마이뜨리 우파니샤드』 제6장 27편

미륵부처님 직강-제19회 정본 반야바라밀다심경 강의 동영상(2016.06.19)

그러자 쁘라자 빠디가 말했다.
물질적인 아뜨만이라 불리는 것이 있으니 그가 업의 밝고 어둠에 따라 이러저러한 자궁으로 들어가고 그가 위로 다니기도 하고 아래로 돌아 다니기도 하고 즐거움과 괴로움을 겪기도 하는 것이다.
_{속성(屬性)}

_{육근(六根, 안이비설신의) 중 안이비설신의}
다섯 근원 요소들이 가진 세밀한 성질들이 '물질'이며 그 다섯 근원 요소들 자체도 물질이다. 이것들이 결합한 것이 육신(肉身)이다. 그러므로 육신 안에 그것이 있다고 할 때 그것은 물질적인 아뜨만을 말하는 것이다.

_{성(性)의 30궁(宮)}
그 물질적 아뜨만 안에 있는 불멸하는 아뜨만은 (물에 피었으나) 물이 닿지 않는 수련꽃과 같다. 그러므로 자연의 속성에 영향 받는 것은 (불멸의 아뜨만이 아니라) 이 물질적인 아뜨만이다. 그 영향으로 인해 그는 미혹의 단계로 간다. 이 미혹으로 인하여 그 사람은 자신 안에 있는 신(神)을 보지 못하는 것이다.

그 신이 그의 안에서 행위를 하게 하는 자이다.
속성의 흐름에 영향 받아 그에 따라 태어나고 죽으며 (두려움에) 떨며 당황하며 욕망을 품으며 괴로워하며 "이것은 나", "이것은 나의 것"이라 하며 자만하다 이렇게 사람은 새가 덫에 걸린 것처럼 스스로 이 물질적 아뜨만에 얽매이는 것이다.

다른 많은 스승들도 행하는 자는 이 물질적 아뜨만이라고 하셨으니 감각기관들을 통해 행하게 하는 자는 (몸) 안에 있는 뿌루샤이다.
_{반야공(般若空)}

쇳덩어리가 불에 달구어져 여러 속성들이 두들기는 대로 여러 형태로 굳어진다. 그 형태는 네 가지로 된 덮개이기도 하고 여든네 가지가 되기도 하니 그는 다양성의 주인이다.
_{영신(靈身) 6×6 구조} _{영신(靈身)}

_{양자영 18}
이들 다양한 존재들은 도공의 회전판처럼 그 뿌루샤의 주위를 돈다. 쇳덩어리를 두드릴 때 (쇠를 달군 뜨거운) 불이 영향을 받지 않듯 이 뿌루샤는 영향을 받지 않는다. 다만, 그 물질적 아뜨만이 물질에 대한 집착으로 인하여 영향 받는 것이다.

『마이뜨리 우파니샤드』 제3장 2, 3편

미륵부처님 직강-제19회 정본 반야바라밀다심경 강의 동영상(2016.06.19)

[정본(正本) 반야바라밀다 해설편]

(韓文) (正本) 般若波羅蜜多心經
(한문) (정본) 반야바라밀다심경

海東 大韓民國 브라만法華研修院 彌勒佛 譯

총론	佛言 般若波羅蜜多行 불언 반야바라밀다행		
	照見五蘊 《自性》 皆空 度一切苦厄 조견오온 《자성》 개공 도일체고액	대공에서 진화되는 부분	
	《諸菩薩 阿羅漢》 應如是覺 《제 보살 아라한》 응여시각		
인(因)	《色性是空 空性是色》 色不異空 空不異色 《색성시공 공성시색》 색불이공 공불이색		
	色卽是空 空卽是色 受想行識 亦復如是 색즉시공 공즉시색 수상행식 역부여시		
	《識性是空 空性是識 識不異空 空不異識 《식성시공 공성시식 식불이공 공불이식		
	識卽是空 空卽是識》 식즉시공 공즉시식》		
본론	《諸 菩薩 阿羅漢》 是諸法空相 《제 보살 아라한》 시제법공상	법공 전체	
	不生不滅 不垢不淨 不增不減 불생불멸 불구부정 부증불감		
연(緣)	是故 空中無色 無受相行識 無眼耳鼻舌身意 시고 공중무색 무수상행식 무안이비설신의		
	無色聲香味觸法 無眼界 乃至 無意識界 무색성향미촉법 무안계 내지 무의식계		
	無無明 亦無無明盡 乃至 無老死 亦無老死盡 무무명 역무무명진 내지 무노사 역무노사진		
	無苦執滅道 無智亦無得 무고집멸도 무지역무득		
과(果)	以無所得故 菩提薩埵 《依般若空進化》 이무소득고 보리살타 《의반야공진화》	힘과 능력 (인연과보의 결과물)	
	依般若波羅蜜多故 心無罣礙 無罣礙故 의반야바라밀다고 심무가애 무가애고		
	無有恐怖 遠離顚倒夢想 究竟涅槃 무유공포 원리전도몽상 구경열반		
보(報)	三世諸佛 依般若波羅蜜多故 得阿耨多羅三藐三菩提 故知 삼세제불 의반야바라밀다고 득아뇩다라삼먁삼보리 고지		
결론	般若波羅蜜多 是大神呪 是大明呪 是無上呪 是無等等呪 반야바라밀다 시대신주 시대명주 시무상주 시무등등주		
	能除一切苦 眞實不虛 故說 般若波羅蜜多呪 卽說呪曰 능제일체고 진실불허 고설 반야바라밀다주 즉설주왈		
비밀주	阿帝阿帝 波羅阿帝 波羅乘阿帝 菩提 娑婆訶 (세 번) 아제아제 바라아제 바라승아제 모지 사바하 (세 번)		

(정본) 반야바라밀다심경 제호 해설

(정본) 반야바라밀다심경
(正本) 般若波羅蜜多心經
　　　　　　　　　　　　　마음을 다스리는 경
　　　　　　　　　　천궁(天宮)으로 들어가는
　　지혜의 완성을 이룬 양자영들이 순리를 따라 돌아서

(정본) 반야바라밀다심경 총론 해설

석가모니 하나님 부처님께서 말씀하시기를
　　　　지혜의 완성을 이룬 양자영들이 순리를 따라 돌아서 천궁으로 들어가며
　　　　　　　　　　　　　　　　　　　　　　　"움직임"
佛言 般若波羅蜜多行
불언 반야바라밀다행

음(陰)의 세계에서 무리들이 서로가 서로를 위하여 모이는 다섯 단계(色受想行識)
　　　　　　　　　　　　　　　모든 고난에서 벗어나다.
照見五蘊 《自性》 皆空 度一切苦厄
조견오온 《자성》 개공 도일체고액
밝게 비추어 보다　　진화하는 성(性)　모두가 공(空)들

《諸 菩薩 阿羅漢》 應如是覺
《제 보살 아라한》 응여시각
　　모든　 성문승 최고위　마땅히 이와 같이 깨달아라.
보살도 입문의 보살
보살도 성취의 보살
보살마하살

(* 상기 본문의 '제보살아라한'에서의 '보살'에는 보살마하살은 포함되지 않음)

《석가모니 하나님 부처님》께서 말씀하시기를,

《지혜(智慧)》의 완성을 이룬 양자영들이
순리를 따라 돌아서 《천궁(天宮)》으로 들어가면

색(色), 수(受), 상(相), 행(行), 식(識) 등 《오온(五蘊)》과
《여섯 뿌리 진공(眞空)》과 《여섯 가지 진공(眞空)》 모두가
공(空)들임을 환히 비추어 봄으로써
모든 고난에서 벗어나니

모든 보살들과 아라한들은 마땅히
이와 같이 깨달아라.

(정본) 반야바라밀다심경 본론 - 인(因)의 해설

```
                암흑물질           음(陰)의 세제일법 진공
                     ↑            ↑   절대온도를 가진 순수 공(空)              여섯뿌리진공
                     └────┬───────┘   ↓   양(陽)의 세제일법진공                ↑      ↑
                          │            ↓  ↓                                    │      │
                     <色性是空 空性是色>                                    色不異空 空不異色
                     <색성시공 공성시색>                                    색불이공 공불이색
                          여섯뿌리진공  암흑물질                             └──→ 암흑물질 ←──┘
                                    ─오온(五蘊)─
                          色卽是空 空卽是色                                  受相行識 亦復如是
                          색즉시공 공즉시색                                  수상행식 역부여시
                     알음알이의 일부인 여섯뿌리진공                            반야공(般若空)
                     <識性是空 空性是識>                                    識不異空 空不異識
                     <식성시공 공성시식>                                    식불이공 공불이식
                                암흑물질          ─── 알음알이 ───
                          識卽是空 空卽是識>
                          식즉시공 공즉시식>
                               반야공(般若空)
                               ─ 알음알이 ─
```

암흑물질과 《음(陰)의 세제일법 진공(世第一法眞空)》이 삼합을 한 것이
곧 여섯뿌리진공이며
절대온도를 가진 순수 공(空)과 고열을 가진 《양(陽)의 세제일법진공》이
삼합하여 진공을 이룬 이후 바람이 되어 오랜 세월 단련을 받아
진화(進化)를 이룬 것이 곧 《암흑물질》이니

암흑물질이 여섯뿌리진공과 다르지 않고
여섯뿌리진공이 암흑물질과 다르지 않으니
다만 《양음(陽陰)》과 《음양(陰陽)》 관계일 뿐이니라.

나아가 《오온(五蘊)의 색(色)》이 곧
암흑물질과 여섯뿌리진공이 양음(陽陰)짝을 한 반야공이며
여섯뿌리진공과 암흑물질이 음양(陰陽)짝을 한 것이
곧 《오온(五蘊)의 색(色)》이다.

이로써 서로 받아들임과 색깔·모양이 결정되는 과정과
삼합을 하는 과정과 알음알이 과정 역시 마찬가지로써

《알음알이의 일부인 여섯뿌리진공》이 진화를 한 것이
《반야공(般若空) 음(陰)》의 부분이며
《암흑물질과 여섯뿌리진공》이 《양음(陽陰)》 짝을 하여
진화(進化)한 것이 《알음알이》이니

《알음알이》가 《반야공》과 다르지 않고
《반야공(般若空)》이 《알음알이》와 다르지 않으므로

나아가 《알음알이》가 곧 《반야공》이며
《반야공》이 곧 《알음알이》가 되는 것이니라.

(정본) 반야바라밀다심경 본론 - 연(緣)의 해설

법공(法空)의 모양

<諸 菩薩 阿羅漢> 是諸法空相
<제 보살 아라한> 시제법공상

不生不滅 不垢不淨 不增不減
불생불멸 불구부정 부증불감

법성(法性)의 1-6체계의 진공층 오온(五蘊)
=무여열반 ;
진화의 최종 목적지

是故 空中無色 無受相行識
시고 공중무색 무수상행식

無眼耳鼻舌身意 無色聲香味觸法 無眼界 乃至 無意識界
무안이비설신의 무색성향미촉법 무안계 내지 무의식계
　　육근(六根)　　　　육경(六境)　　　　　육식(六識)

無無明 亦無無明盡 乃至 無老死 亦無老死盡
무무명 역무무명진 내지 무노사 역무노사진
　　　　십이인연법(무명, 행, 식, 명색, 육입, 촉, 수, 애, 취, 유, 생, 노사)

無苦執滅道 無智亦無得
무고집멸도 무지역무득
　사제법(四諦法) 슬기

모든 《보살》들과 《아라한》들이여,
이 전체적인 《법공(法空)》의 모양은

생겨나는 것도 없어지는 것도 아니며
더러워지지도 깨끗해지는 것도 아니며
늘어나고 줄어드는 것도 아니니라.

이러한 연고로 《법성(法性)》의 순수 《진공(眞空)》 가운데는
《오온(五蘊)》의 《색(色)》의 단계도 없으며,
서로 받아들임(受)과 색깔·모양이 결정되는 과정(相)과
삼합(三合)을 하는 과정(行)과 알음알이(識)의 과정이 없으며

눈, 귀, 코, 혀, 몸, 뜻도 없으며
빛, 소리, 향내, 맛, 닿음, 기억도 없으며
볼 수 있는 주위가 없으니 생각할 범위도 없으며

밝지 못한 씨종자도 없으니 밝지 못한 씨종자가 다함 또한 없으며
늙고 죽는 것이 없으니 늙고 죽는 것이 다함 또한 없느니라.

괴로움과 집착과 사라져 없어짐과 다스릴 길도 없으며
슬기가 없으므로 또한 얻을 것이 없느니라.

(정본) 반야바라밀다심경 본론 - 과(果)의 해설

보살도 성취를 목적으로 하는 보살
以無所得故 菩提薩埵 <依般若空進化>
이무소득고 보리살타 <의반야공진화>

依般若波羅蜜多故 心無罣碍 無罣碍故 無有恐怖
의반야바라밀다고 심무가애 무가애고 무유공포

遠離顚倒夢想 究竟涅槃
원리전도몽상 구경열반

이로써 얻을 바가 없는 연고로
《보살도(菩薩道)》 성취를 목적으로 하는 《보살》은
《반야공(般若空)》 진화(進化)의 길을 따라

지혜의 완성을 이룬 양자영들이 순리를 따라 돌아서
《천궁(天宮)》으로 들어가는 것에 의지하는 연고로

아무 걸림이 없는 마음이 되느니라.

아무 걸림이 없는 연고로 두려움은 있을 수가 없으며

뒤바뀐 꿈의 생각이 멀리 떠나게 되므로
궁극에는 열반에 이르느니라.

(정본) 반야바라밀다심경 본론 - 보(報)의 해설

<small>과거, 현재, 미래의 모든 부처님들　　　무상정등정각(無上正等正覺) 또는 진정평등각지</small>
三世諸佛 依般若波羅蜜多故 得阿耨多羅三藐三菩提 故知
삼세제불 의반야바라밀다고 득아뇩다라삼먁삼보리 고지

<small>지혜의 완성을 이룬 양자영들이 순리를 따라서 천궁으로 들어가는 것</small>
般若波羅蜜多 是大神呪 是大明呪 是無上呪 是無等等呪
반야바라밀다 시대신주 시대명주 시무상주 시무등등주

<small>　　　　　　　양전자영 10의 작용　　충성자영 20의 작용
　　　　　　　(등각위의 두가지 도(刂))　(묘각위의 두가지 도(刂))</small>

과거, 현재, 미래의 모든 부처님들도
지혜의 완성을 이룬 양자영들이 순리를 따라 돌아서
천궁(天宮)으로 들어가는 것에 의지하였던 연고로

《불법(佛法)》 일치된 완전한 깨달음을 얻게 되는 것을 아는
까닭이니라.

지혜의 완성을 이룬 양자영들이 순리를 따라 돌아서
《천궁(天宮)》으로 들어가면

마(魔)를 항복받을 수 있는 《대신(大神)》의 힘과 능력과

큰 《밝음》으로 사방을 훤히 비추어 보는 힘과 능력과

태양성(太陽星)과 밝은 별(星)의 법신(法身)으로
《세간(世間)》과 법계(法界)를 두루 비추어
《만물(萬物)》을 화육(化育)하는 큰 힘과 능력과

불(佛)의 진신삼사성(眞身三四星)과
법신(法身), 보신(報身), 화신(化身) 등 삼신(三身)으로
나타나는 힘과 능력이

(정본) 반야바라밀다심경 결론 해설

주문, 진언, 또는 다라니

能除一切苦 眞實不虛 故說 般若波羅蜜多呪 卽說呪曰
능제일체고 진실불허 고설 반야바라밀다주 즉설주왈

지혜의 완성을 이룬 양자영들이 순리를 따라서 천궁으로 들어가는 것

모든 고난을 능히 소멸할 수 있으며

진실되어 허망하지 아니함으로써

지혜의 완성을 이룬 양자영들이 순리를 따라 돌아서 천궁으로 들어가는 주문을 설하는 것이니

곧 주문을 설하여 일러 주노라.

(정본) 반야바라밀다심경 비밀주 해설

음(陰)의 아제=음(陰)의 석가모니 하나님 부처님=대공(大空)=아만(阿曼)

수레: 광의의 뜻 - 천궁을 중심한 은하성단
협의의 뜻 - 각각의 별들

阿帝阿帝 波羅阿帝 波羅乘阿帝 菩提 娑婆訶 (세 번)
아제아제 바라아제 바라승아제 모지 사바하

근본(根本)

원만성취
보리=정각(正覺)=바른 깨달음

양(陽)의 아제=양(陽)의 석가모니 하나님 부처님=은하성단=나반(那般)

진언(眞言)

「석가모니 하나님 부처님, 석가모니 하나님 부처님,
근본(根本)이신 석가모니 하나님 부처님,
성단(星團)들의 주인이신 석가모니 하나님 부처님,
바른 깨달음을 원만성취하게 하소서.」 (세 번)